BIBLIOTHÈQUE LATINE-FRANÇAISE

PUBLIÉE

PAR

C. L. F. PANCKOUCKE

ŒUVRES

COMPLÈTES

DE CICÉRON

TRADUCTION NOUVELLE

Par MM. Andrieux, Agnant, Bompart, Champollion-Figeac, Charpentier, Chevalier, E. Greslou, De Guerle, Delcasso, De Golbery, Du Rozoir, Ajasson de Grandsagne, Gueroult, Liez, J. Mangeart, Matter, Naudet, C. L. F. Panckoucke, Pericaud, Pierrot, Stiévenart.

TOME VINGT-DEUXIÈME.

PARIS
C. L. F. PANCKOUCKE, ÉDITEUR
OFFICIER DE L'ORDRE ROYAL DE LA LÉGION D'HONNEUR
RUE DES POITEVINS, N. 14

M DCCC XL

BIBLIOTHÈQUE
LATINE-FRANÇAISE

PUBLIÉE

PAR

C. L. F. PANCKOUCKE.

Exegi monumentum ære perennius.
(Hor., *Od.* lib. iii, ode 30.)

PARIS. — IMPRIMERIE PANCKOUCKE,
Rue des Poitevins, n. 14.

OEUVRES
COMPLÈTES
DE CICÉRON

LETTRES

REVUES

PAR M. DE GOLBERY

DÉPUTÉ
CONSEILLER A LA COUR ROYALE DE COLMAR
CORRESPONDANT DE L'INSTITUT (INSCRIPTIONS ET BELLES-LETTRES)
MEMBRE DE L'INSTITUT ARCHÉOLOGIQUE DE ROME.

TOME CINQUIÈME.

PARIS

C. L. F. PANCKOUCKE, ÉDITEUR

OFFICIER DE L'ORDRE ROYAL DE LA LÉGION D'HONNEUR

RUE DES POITEVINS, N. 14

M DCCC XL

LETTRES
DE M. T. CICÉRON.

— Ans de Rome 704 à 707 —

M. T. CICERONIS
EPISTOLÆ.

EPISTOLA CCCLII.
(ad Att., IX, 11.)

Scrib. in Formiano, xiii kal. apr. A. V. C. 704.

CICERO ATTICO SAL.

Lentulum nostrum scis Puteolis esse? Quod quum e viatore quodam esset auditum, qui se diceret eum in Appia, quum is paullum lecticam aperuisset, cognosse, etsi vix verisimile, misi tamen Puteolos pueros, qui pervestigarent, et ad eum litteras. Inventus est vix, in hortis suis se occultans, litterasque mihi remisit, mirifice gratias agens Cæsari; de suo autem consilio C. Cæcio mandata ad me dedisse. Eum ego hodie exspectabam, id est xiii kalend. april. Venit etiam ad me Matius Quinquatribus, homo mehercule, ut mihi visus est, temperatus et prudens: existimatus quidem est semper auctor otii. Quam ille hæc non probare mihi quidem visus est! quam illam νεκυίαν, ut tu appellas, timere!

LETTRES
DE M. T. CICÉRON.

LETTRE CCCLII.

Formies, 20 mars 704.

CICÉRON A ATTICUS.

Savez-vous que Lentulus [1] est à Pouzzoles? Un voyageur assurait qu'il l'avait rencontré sur le grand chemin d'Appius, et que, Lentulus ayant entr'ouvert sa litière, l'avait fort bien reconnu; quoique cela ne me parût guère vraisemblable, j'envoyai néanmoins quelques-uns de mes gens à Pouzzoles pour s'en informer, et je leur donnai une lettre pour lui. Ce n'est qu'avec beaucoup de peine qu'ils le trouvèrent dans sa maison de campagne, où il se tenait caché. Il se loue fort de César dans la réponse qu'il m'a faite, et me marque que C. Cécius [2] me rendra compte de ses résolutions; je l'attends aujourd'hui 20 mars. J'ai vu chez moi Matius le 19; c'est, à ce qu'il me parut, un homme très-modéré et très-prudent, et l'on a toujours été persuadé qu'il engageait César à la paix. Que j'ai bien vu qu'il n'approuve point ce que fait César, et qu'il craint tous les gens qui l'entourent!

Huic ego in multo sermone epistolam ad me Caesaris ostendi, eam, cujus exemplum ad te antea misi; rogavique, ut interpretaretur, quid esset, quod ille scriberet, consilio meo se uti velle, gratia, dignitate, ope rerum omnium. Respondit, se non dubitare, quin et opem et gratiam meam ille ad pacificationem quaereret. Utinam aliquod in hac miseria reipublicae πολιτικὸν opus efficere et navare mihi liceat! Matius quidem et illum in ea sententia esse confidebat, et se auctorem fore pollicebatur. Pridie autem apud me Crassipes fuerat, qui se pridie nonas mart. Brundisio profectum, atque ibi Pompeium reliquisse dicebat: quod etiam, qui VIII idus illinc profecti erant, nuntiabant. Illic vero omnes, in quibus etiam Crassipes, quae portenta putas ostendere? sermones minaces, inimicos optimatium, municipiorum hostes, meras proscriptiones, meros Sullas? quae Lucceium loqui? quae totam Graeciam? quae vero Theophanem? et tamen omnis spes salutis in illis est; et ego excubo animo, nec partem ullam capio quietis; et, ut has pestes effugiam, cum dissimillimis nostri esse cupio. Quid enim tu illic Scipionem, quid Faustum, quid Libonem praetermissurum sceleris putas? quorum creditores convenire dicuntur. Quid eos autem, quum vicerint, in cives effecturos?

Quam vero μακροψυχίαν Cnaei nostri esse? nuntiant Aegyptum, et Arabiam εὐδαίμονα, et Μεσοποταμίαν co-

En parlant avec lui de différentes choses, je lui ai montré cette lettre de César dont je vous ai envoyé une copie, et je l'ai prié de me donner l'explication de cet endroit, où il me marque qu'il veut mettre à profit mes conseils, mon crédit, mon autorité et mon pouvoir. Matius m'a dit qu'il ne doutait point que ce ne fût pour ménager un accommodement. Plût aux dieux que, dans ces malheureux temps, je pusse travailler si utilement pour la république! Matius est persuadé que César pense véritablement à la paix, et il m'a promis de proposer lui-même cette affaire. J'avais vu le jour d'auparavant Crassipès, qui me dit qu'il était parti de Brindes le 6, et que Pompée y était encore. Ceux qui en sont partis le 8, l'y ont aussi laissé. Ils disent tous, et Crassipès comme les autres, que ceux qui sont avec Pompée menacent hautement tous les hommes de quelque distinction et les villes municipales[3] (jugez par-là de leur prudence); qu'ils ne parlent que de proscription, qu'enfin on croit être au temps de Sylla. Avec quelle hauteur parlent Luccéius, et tous ces Grecs qui sont à la suite de Pompée, et principalement Théophane! Voilà cependant les gens de qui dépend le salut de la république. C'est par rapport à eux que mon esprit est dans une agitation qui ne me laisse aucun repos; et, pour fuir ces pestes publiques qui sont dans l'autre parti, je me vois réduit à souhaiter d'embrasser celui de gens qui me ressemblent si peu. Qu'est-ce que Scipion, Faustus et Libon ne se croiront pas permis sous Pompée? Ne sait-on pas que déjà il y a contre eux des réunions de créanciers[4]? Avec quelle insolence abuseraient-ils de leur victoire?

Mais admirez, je vous prie, les grands et vastes projets de Pompée[5]! Il ne pense plus, dit-on, à passer en

gitare, Hispaniam abjecisse. Monstra narrant; quæ falsa esse possunt. Sed certe et hæc perdita sunt, et illa non salutaria. Tuas litteras jam desidero. Post fugam nostram nunquam diei nostrarum intervallum fuit. Misi ad te exemplum litterarum mearum ad Cæsarem, quibus me aliquid profecturum puto.

CICERO IMP. S. D. CÆSARI IMP.

Scrib. in Formiano, xiv kal. apr.

Ut legi tuas litteras, quas a Furnio nostro acceperam, quibus mecum agebas, ut ad Urbem essem, te velle uti consilio et dignitate mea, minus sum admiratus : de gratia et de ope quid significares, mecum ipse quærebam : spe tamen deducebar ad eam cogitationem, ut te pro tua admirabili ac singulari sapientia de otio, de pace, de concordia civium agi velle arbitrarer; et ad eam rationem existimabam satis aptam esse et naturam et personam meam. Quod si ita est, et si qua de Pompeio nostro tuendo, et tibi ac reipublicæ reconciliando cura te attingit, magis idoneum, quam ego sum, ad eam causam profecto reperies neminem; qui et illi semper, et senatui, quum primum potui, pacis auctor fui; nec, sumptis armis, belli ullam partem attigi; judicavique eo bello te violari, contra cujus honorem, populi ro-

Espagne, et il va chercher du secours dans l'Égypte, dans l'Arabie Heureuse et dans la Mésopotamie. Est-il rien de plus incompréhensible? Mais cela est peut-être faux. Ce qui est sûr, c'est qu'autant que les entreprises de César sont funestes à la république, autant les mesures de Pompée sont mal prises et pour elle et pour lui. J'attends de vos nouvelles avec impatience; vous en avez reçu tous les jours des miennes depuis que je suis parti de Rome. Je vous envoie la copie de la lettre que j'ai écrite à César, j'espère qu'elle produira quelque effet.

CICÉRON, IMP. A. CÉSAR, IMP. 6.

Formies, 19 mars 704.

Quand j'ai lu la lettre dont vous avez chargé Furnius pour m'engager à revenir à Rome, je n'ai pas été surpris d'y trouver que vous vouliez vous servir de mes conseils et de la considération que je puis avoir; mais je n'ai pas bien compris ce que vous ajoutez, que vous avez aussi besoin de mon crédit et de tout ce qui dépend de moi. Cependant, comme je connais votre admirable prudence, je me suis porté naturellement à croire que vous vouliez rétablir la paix et la tranquillité publique; et il m'a paru que cela convenait assez à mon caractère et à la situation où je me trouve. S'il est vrai que vous pensiez à vous réconcilier avec Pompée et à le rendre à la république, vous ne trouverez certainement personne qui soit, plus que moi, en position de ménager cette affaire, car je l'ai toujours porté à la paix, et j'ai parlé de même dans le sénat, dès que j'en eus l'occasion. Depuis qu'on a pris les armes, j'ai gardé une

mani beneficio concessum, inimici atque invidi niterentur. Sed ut eo tempore non modo ipse fautor dignitatis tuæ fui, verum etiam ceteris auctor ad te adjuvandum, sic me nunc Pompeii dignitas vehementer movet. Aliquot enim sunt anni, quum vos duo delegi, quos præcipue colerem, et quibus essem, sicut sum, amicissimus.

Quamobrem a te peto, vel potius omnibus precibus oro et obtestor, ut in tuis maximis curis aliquid impertias temporis huic quoque cogitationi, ut tuo beneficio bonus vir, gratus, pius denique esse in maximi beneficii memoria possim. Quæ si tantum ad me ipsum pertinerent, sperarem me a te tamen impetraturum : sed, ut arbitror, et ad tuam fidem, et ad rempublicam pertinet, me e paucis, et ad utriusque vestrum, et ad civium concordiam, per te, quam accommodatissimum, conservari.

Ego, quum antea tibi de Lentulo gratias egissem, quum ei saluti, qui mihi fuerat, fuisses : tamen lectis ejus litteris, quas ad me gratissimo animo de tua liberalitate beneficioque misit, eamdem me salutem a te accepisse putavi, quam ille : in quem si me intelligis esse gratum, cura, obsecro, ut etiam in Pompeium esse possim.

exacte neutralité, persuadé qu'on vous faisait une injustice, et que c'était par animosité et par jalousie qu'on voulait vous ôter le privilège que le peuple romain vous avait accordé. Mais, comme vous me le demandâtes, je ne me contentai pas de favoriser vos prétentions, je mis encore plusieurs personnes dans vos intérêts; il est juste aussi que j'aie quelques égards pour un homme d'un rang aussi distingué que Pompée : car, depuis quelques années, je m'étais attaché à vous deux d'une manière particulière, et j'étais lié, comme je le suis encore, avec l'un et l'autre d'une amitié très-étroite.

Je vous prie donc, ou plutôt je vous conjure, de prendre quelques momens sur vos grandes occupations, pour penser comment vous pourrez me laisser les moyens et la liberté de m'acquitter de ce qu'un homme doit à un ami qui lui a rendu des services qu'on ne peut oublier sans crime. Quand il ne s'agirait que de ma propre satisfaction, je me flatte que vous voudriez bien avoir pour moi cet égard. Mais il me paraît même que, pour le bien de la république, et pour montrer que vous souhaitez véritablement la paix, vous devez me laisser dans une situation où je puisse ménager un accommodement entre vous deux et tous les citoyens; ce qui convient à peu de personnes autant qu'à moi.

Je vous ai déjà remercié de ce que vous avez bien voulu conserver la vie à Lentulus, mon libérateur; mais, depuis qu'il m'a marqué lui-même avec combien d'honnêteté et de douceur vous l'avez traité, j'y ai été aussi sensible que si j'avais reçu de vous le même bienfait. Si vous approuvez ma reconnaissance à son égard, permettez-moi, je vous prie, d'en avoir autant pour Pompée.

EPISTOLA CCCLIII.

(ad Att., IX, 12 pars prior.)

Scrib. in Formiano, a. d. XII kal. apr., A. V. C. 704.

CICERO ATTICO SAL.

Legebam tuas litteras XIII kalend. quum mihi epistola affertur a Lepta, circumvallatum esse Pompeium, ratibus etiam exitus portus teneri. Non medius fidius præ lacrymis possum reliqua nec cogitare nec scribere. Misi ad te exemplum. Miseros nos! cur non omnes fatum illius una exsecuti sumus? Ecce autem a Matio et Trebatio eadem; quibus Minturnis obvii Cæsaris tabellarii. Torqueor infelix, ut jam illum Mucianum exitum exoptem.

At quam honesta, at quam expedita tua consilia, quam evigilata tuis cogitationibus, qua itineris, qua navigationis, qua congressus sermonisque cum Cæsare! omnia tum honesta, tum cauta. In Epirum vero invitatio quam suavis, quam liberalis, quam fraterna!

De Dionysio, sum admiratus : qui apud me honoratior fuit, quam apud Scipionem Panætius : a quo impurissime hæc nostra fortuna despecta est. Odi hominem, et odero : utinam ulcisci possem! sed illum ulciscentur mores sui.

LETTRE CCCLIII.

Formies, 21 mars 704.

CICÉRON A ATTICUS.

Je lisais votre lettre le 20 mars, lorsque j'en reçus que de Lepta, qui me mande que Brindes est bloqué, et que César a fait fermer l'entrée du port avec des radeaux. Je suis si accablé de cette nouvelle, que je ne puis vous en faire le détail; je vous envoie une copie de la lettre de Lepta. Malheureux que nous sommes! pourquoi n'avons-nous pas couru la même fortune que Pompée? Cette nouvelle vient de m'être confirmée par une lettre de Matius et de Trebatius, qui ont rencontré à Minturnes ceux que César avait dépêchés. J'éprouve tant de douleur, que je désire le même sort que Mucius [1].

Mais, pour revenir à votre lettre, combien de générosité, de lumière, de pénétration dans les conseils que vous me donnez sur le chemin que je dois prendre, sur mon embarquement, et sur mon entrevue avec César! la prudence y paraît sans faiblesse et sans lâcheté. Que la manière dont vous m'offrez votre maison d'Épire est honnête, obligeante, et pleine d'une tendre amitié!

Pour Dionysius, je vous avoue que j'ai été fort surpris de son procédé [2], lui qui a été auprès de moi dans une meilleure position que Panétius auprès de Scipion : me traiter si indignement, parce que je me trouve dans une fâcheuse conjoncture! J'en suis outré, et je ne lui pardonnerai jamais. Que ne puis-je lui faire sentir! mais des gens de ce caractère trouvent eux-mêmes leur châtiment.

Tu, quæso, nunc vel maxime, quid agendum nobis sit, cogita. Populi romani exercitus Cn. Pompeium circumsidet; fossa et vallo septum tenet; fuga prohibet; nos vivimus? Et stat urbs ista; prætores jus dicunt; ædiles ludos parant; viri boni usuras perscribunt; ego ipse sedeo? Coner illuc ire, ut insanus? implorare fidem municipiorum? boni non sequentur; leves irridebunt; rerum novarum cupidi, victores præsertim et armati, vim et manus afferent. Quid censes igitur?-ecquidnam est tui consilii ad finem hujus miserrimæ vitæ? Nunc doleo, nunc torqueor, quum quibusdam aut sapiens videor, quod una non ierim, aut felix fuisse. Mihi contra. Nunquam enim illius victoriæ socius esse volui; calamitatis mallem fuisse. Quid ego nunc tuas litteras, quid tuam prudentiam aut benivolentiam implorem? actum est. Nulla re jam possum juvari, qui ne quod optem quidem jam habeo, nisi ut aliqua inimici misericordia liberemur.

C'est maintenant qu'il faut que vous pensiez plus sérieusement que jamais à ce que je dois faire. Une armée romaine tient Pompée assiégé; on craint qu'il n'échappe; on en veut à sa personne, et nous vivons encore? Tout va à Rome comme à l'ordinaire : les préteurs donnent audience, les édiles préparent les jeux, nos gens de bien ne pensent qu'à faire valoir leur argent, et moi, je demeure sans action? Que faire? Tenterai-je en désespéré de pénétrer jusqu'à Brindes, et de soulever les villes de l'Italie? Nos gens de bien ne me suivront pas, les gens indifférens se moqueront de moi; et je serai exposé aux violences des partisans d'un nouvel état de choses, des vainqueurs, et surtout de ceux qui ont la force en main. Que faut-il donc faire, et à quoi me résoudre dans une si cruelle alternative? Ma douleur est plus vive que jamais, tandis que plusieurs personnes trouvent que j'ai été ou prudent ou heureux de n'avoir pas suivi Pompée. Pour moi, j'en juge tout autrement; je n'ai jamais souhaité partager sa victoire, et je voudrais être son compagnon d'infortune. De quel secours peuvent m'être maintenant vos lettres[3], votre prudence et votre amitié? c'en est fait, il ne me reste aucune espérance, et je ne vois pas même ce que je pourrais souhaiter, sinon d'être délivré de tant de misères par la pitié d'un ennemi[4].

EPISTOLA CCCLIV.

(ad Att., IX, 12 pars posterior et 13.)

Scrib. in Formiano; ix kal. apr., A. V. C. 704.

CICERO ATTICO SAL.

Οὐκ ἔστ' ἔτυμος λόγος, ut opinor, ille de ratibus. Quid enim est, quod Dolabella his litteris, quas iii idus mart. a Brundisio dedit, hanc εὐημερίαν quasi Caesaris scriberet, Pompeium in fuga esse? eumque primo vento navigaturum? quod valde discrepat ab iis epistolis, quarum exempla antea ad te misi. Hic quidem mera scelera loquuntur. Sed non erat nec recentior auctor, nec hujus rei quidem melior Dolabella.

Tuas xi kalend. accepi litteras, quibus omnia consilia differs in id tempus, quum scierimus, quid actum sit. Et certe ita est : nec interim potest quidquam non modo statui, sed ne cogitari quidem. Quanquam hae mihi litterae Dolabellae jubent ad pristinas cogitationes reverti. Fuit enim pridie Quinquatrus egregia tempestas, qua ego illum usum puto. Συναγωγή consiliorum tuorum non est a me collecta ad querelam, sed magis ad consolationem meam. Nec enim me tam haec mala angebant, quam suspicio culpae ac temeritatis meae : eam nullam puto esse, quoniam cum consiliis tuis mea facta et consilia consentiunt.

Quod mea praedicatione factum esse scribis magis,

LETTRE CCCLIV.

Formies, 24 mars 704.

CICÉRON A ATTICUS [1].

Il n'est pas vrai le bruit selon lequel César aurait fermé le port de Brindes [2], car Dolabella, dans une lettre qu'il m'écrit en date du 13 mars devant cette place, me marque comme une chose fort avantageuse pour César, que Pompée pense à s'embarquer, et qu'il fera voile au premier vent favorable : cela ne s'accorde point du tout avec ces autres lettres dont je vous ai envoyé les copies. Les partisans de César parlent ici avec beaucoup d'insolence; mais ils ne peuvent avoir des nouvelles ni plus sûres ni plus récentes que celles que j'ai eues par Dolabella.

J'ai reçu, le 22 de ce mois, la lettre dans laquelle vous me marquez que vous attendrez, pour me déterminer, que nous sachions ce qui se sera passé à Brindes. Il est très-vrai qu'on ne peut jusque-là prendre aucun parti, et qu'il serait même fort inutile d'y penser. Cependant ce que Dolabella me marque, doit, ce me semble, me faire revenir à mon premier dessein, car le vent a été fort bon le 18; apparemment que Pompée en aura profité. Si j'ai rassemblé les endroits de vos lettres où vous m'avez donné des conseils, ce n'était pas pour vous faire des reproches; je ne cherchais qu'à me consoler. Je souffrais moins des maux présens, que de la crainte où j'étais d'avoir commis une faute et une imprudence; et je suis maintenant rassuré, puisque je n'ai fait que suivre vos avis.

Quant à ce que vous me dites, que les obligations que

quam illius merito, ut tantum ei debere viderer, est ita. Ego illa extuli semper, et eo quidem magis, ne quid ille superiorum meminisse me putaret : quæ si maxime meminissem, tamen illius temporis similitudinem jam sequi deberem. Nihil me adjuvit, quum posset : et postea fuit amicus, etiam valde; ecquam ob causam plane nescio. Ergo ego quoque illi. Quin etiam illud par in utroque nostrum, quod ab iisdem illecti sumus. Sed utinam tantum ego ei prodesse potuissem, quantum mihi ille potuit! mihi tamen, quod fecit, gratissimum : nec ego nunc, eum juvare qua re possim, scio ; nec, si possem, quum tam pestiferum bellum pararet, adjuvandum putarem. Tantum offendere animum ejus hic manens nolo. Nec mehercule ista videre, quæ tu potes jam animo providere, nec interesse istis malis possem.

Sed eo tardior ad discedendum fui, quod difficile est de discessu voluntario sine ulla spe reditus cogitare. Nam ego hunc ita paratum video peditatu, equitatu, classibus, auxiliis Gallorum, quos Matius ἐλάπιζεν, ut puto; sed certe dicebat, peditum ccioo, equitum sex polliceri sumptu suo annos decem. Sed sit hoc λάπισμα. Magnas habet certe copias : et habebit non, ut ille, vectigal, sed civium bona. Adde confidentiam hominis;

je dois à Pompée ne sont devenues grandes que parce que j'ai fait trop valoir ses services ; il est vrai que j'ai fort relevé ce qu'il a fait pour moi, et je l'ai fait principalement pour le bien persuader que je ne me souvenais plus des sujets de plaintes que j'avais eus contre lui : mais, quand je ne les aurais pas oubliés, je voudrais toujours me régler sur la manière dont il en a agi à mon égard. Il est vrai qu'il ne m'a pas soutenu lorsqu'il le pouvait ; mais il s'est depuis déclaré pour moi, et avec beaucoup de chaleur, sans que je puisse deviner les raisons d'une conduite si opposée ; je dois donc me déclarer aussi pour lui. Nous avons même cela de commun, que nous avons été trompés par les mêmes personnes[3]. Je voudrais maintenant lui être aussi utile qu'il me l'a été autrefois. Quoiqu'il n'ait pas fait pour moi tout ce qu'il pouvait faire, je ne laisse pas de lui avoir beaucoup d'obligation. Mais je ne vois pas en quoi je pourrais le servir ; et, quand je le pourrais, je ne croirais pas devoir lui aider à allumer une guerre si funeste. Je veux seulement sortir de l'Italie, pour lui ôter tout sujet de plainte ; aussi bien je ne pourrais pas me résoudre à voir tout ce que vont faire ici les partisans de César, ce que vous pouvez aisément vous figurer par avance.

Si j'ai différé si long-temps, c'est qu'on a bien de la peine à se condamner soi-même à l'exil, lorsqu'on ne voit aucune espérance de retour. J'en juge par les grandes forces qu'a César en infanterie, en cavalerie et sur mer, sans compter les troupes que les Gaulois doivent lui fournir. Ils lui offrent, à ce que dit Matius, dix mille hommes d'infanterie et six de cavalerie, qu'ils entretiendront à leurs dépens pendant dix années. Je crois bien qu'il y a là un peu d'exagération ; mais il est toujours

adde imbecillitatem bonorum virorum; qui quidem, quod illum sibi merito iratum putant, oderunt, ut tu scribis, ludum. Ac vellem, quinam hi, significasses. Sed et iste, quia plus ostenderat, quam fecit, amatur; et vulgo illum, qui amarunt, non amant. Municipia vero et rustici romani illum metuunt, hunc adhuc diligunt. Quare ita paratus est, ut, etiamsi vincere non possit, quo modo tamen vinci ipse possit, non videam.

Ego autem non tam γοητείαν hujus timeo, quam πει θανάγκην. Αἱ γὰρ τῶν τυράννων δεήσεις, inquit Πλάτων, οἶσθ᾽ ὅτι μεμιγμέναι ἀνάγκαις. Illa ἀλίμενα video tibi non probari; quae ne mihi quidem placebant: sed habebam in illis et occultationem et ὑπηρεσίαν fidelem quae si mihi Brundisii suppeterent, mallem. Sed ibi occultatio nulla est. Verum, ut scribis, quum scierimus.

Viris bonis me non nimis excuso. Quas enim eos coenas et facere et obire scripsit ad me Sextus! quam

sûr qu'il a beaucoup de troupes, et, qui plus est, il ne lèvera pas seulement des subsides comme Pompée, il sera maître du bien de tous les citoyens. Joignez à cela son humeur hardie et entreprenante, et la faiblesse de nos gens de bien, qui, comme vous le remarquez, ne sont fâchés de cette guerre [4] que parce qu'ils se sont attiré l'inimitié de César; mais je voudrais que vous m'eussiez marqué en particulier ceux dont vous voulez parler [5]. D'ailleurs César a gagné les esprits [6], parce qu'il a fait paraître plus de modération que les commencemens n'en semblaient promettre; et, au contraire, ceux qui étaient affectionnés à Pompée sont fort refroidis. Les villes de l'Italie et les gens de la campagne craignent ce dernier, et jusqu'à présent ils paraissent contens de l'autre. César a donc un parti si puissant, que, quand même il ne pourrait vaincre, je ne vois pas comment il pourrait être vaincu.

Pour ce qui me regarde, je ne crains pas de me laisser séduire par ses caresses trompeuses; j'appréhende plutôt qu'en me voulant persuader il ne me force : car, comme dit Platon, les prières des tyrans [7] ne laissent guère la liberté des refus. Je vois bien que vous ne jugez pas à propos que je me retire dans une ville où il n'y ait point de port; je sens bien cet inconvénient, mais, d'un autre côté, je pourrais plus aisément m'y tenir caché, et j'y serais servi plus fidèlement. Si je pouvais l'être de même à Brindes, je m'y trouverais beaucoup mieux, quoiqu'il me serait toujours impossible d'y demeurer caché : mais, comme vous me le dites, il faut attendre des nouvelles de ce qui se passe.

Je me mets fort peu en peine de ce que pensent de moi vos gens de bien. Quelle description Péducéus me fait

lautas! quam tempestivas! sed sint quamvis boni, non sunt meliores quam nos : moverent me si essent fortiores.

De Lanuino Phameæ, erravi : Trojanum somniabam. Id ego volui D; sed pluris est. Istud tamen cuperem emeres, si ullam spem fruendi viderem. Nos, quæ monstra quotidie, intelligimus ex illo libello, qui in epistolam conjectus est. Lentulus noster Puteolis est ἀδημονῶν, ut Cæcius narrat, quid agat : διατροπὴν Corfiniensem reformidat : Pompeio nunc putat satisfactum : beneficio Cæsaris movetur; sed tamen movetur magis perspecta re*

Mene hæc ferre posse! omnia misera, sed hoc nihil miserius : Pompeius N. Magium de pace misit; et tamen oppugnatur. Quod ego non credebam : sed habeo a Balbo litteras, quarum ad te exemplum misi : lege, quæso, et illud infimum caput ipsius Balbi optimi, cui Cnæus noster locum ubi hortos ædificaret, dedit; quem cui nostrum non sæpe prætulit? Itaque miser torquetur. Sed, ne bis eadem legas, ad ipsam te epistolam rejicio. Spem autem pacis habeo nullam.

de la longueur et de la délicatesse de leurs soupers! Mais quoiqu'ils aient véritablement du zèle pour la république, je n'en ai pas moins qu'eux : s'ils avaient plus de courage, je pourrais me mettre en peine de leur censure.

Quant au Lanuinum de Phaméas[8], je m'étais trompé : je croyais que c'était celui qui est auprès de Troie, dont j'ai offert autrefois cinq cent mille sesterces : celui-ci vaut davantage ; je souhaiterais néanmoins que vous l'achetassiez, si l'on pouvait espérer d'en jouir. Vous verrez, par les nouvelles que je joins à ma lettre, combien il en vient ici d'extraordinaires. Cécius m'a dit que Lentulus était toujours à Pouzzoles, où il s'abandonne à son chagrin. Que voulez-vous? il appréhende qu'il ne lui arrive encore quelque affaire comme celle de Corfinium : il croit avoir assez fait pour Pompée ; il est touché de la manière dont César l'a traité, et encore plus, à ce que je crois, des progrès qu'il fait tous les jours.

Est-il rien de plus indigne[9] que ce que je viens d'apprendre? Quoique nous soyons accoutumés aux plus fâcheuses nouvelles, ne serez-vous pas outré de celle-ci? Pompée a envoyé N. Magius à César, pour lui proposer un accommodement, et cependant on le tient toujours assiégé. Cela m'a fort surpris, mais je le sais par une lettre de César même, que Balbus m'a envoyée, et dont je joins ici la copie. Remarquez surtout, je vous prie, la fin de celle de Balbus, cet honnête homme à qui Pompée a donné une place pour y bâtir une maison de plaisance ; en est-il un seul de nous[10] auquel il ne l'ait moins préféré? aussi le pauvre homme est dans une agitation cruelle : mais, afin que vous ne lisiez pas deux fois la même chose, je vous renvoie à sa lettre. Je n'espère nullement que la paix se fasse.

Dolabella suis litteris, idibus mart. datis, merum bellum loquitur. Maneamus ergo in illa eadem sententia misera et desperata, quando hoc miserius esse nihil potest.

BALBUS CICERONI IMP. S.

Cæsar nobis litteras perbreves misit, quarum exemplum subscripsi. Brevitate epistolæ scire poteris, eum valde esse distentum, qui tanta de re tam breviter scripserit. Si quid præterea novi fuerit, statim tibi scribam.

CÆSAR OPPIO, CORNELIO S.

« A. D. VII id. mart. Brundisium veni : ad murum castra posui : Pompeius est Brundisii. Misit ad me N. Magium de pace. Quæ visa sunt, respondi. Hoc vos statim scire volui. Quum in spem venero, de compositione aliquid me conficere, statim vos certiores faciam.»

Quomodo me nunc putas, mi Cicero, torqueri, postquam rursus in spem pacis veni, ne qua res eorum compositionem impediat? namque, quod absens facere possum, opto. Quod si una essem, aliquid fortasse proficere possem videri. Nunc exspectatione crucior.

Dolabella ne parle que guerre dans sa lettre du
15 mars. Il faudra donc m'en tenir à mon premier dessein, quoique ce soit une cruelle extrémité : mais c'en serait encore une plus grande pour moi de demeurer ici.

BALBUS A CICÉRON, IMP.

Nous avons reçu une lettre de César, dont vous trouverez ici la copie; elle est fort courte; et il faut qu'il soit bien occupé, puisqu'il nous écrit en si peu de mots une affaire de cette importance.

CÉSAR A OPPIUS ET A BALBUS.

« Je suis arrivé le 9 mars devant Brindes; et je l'ai investie. Pompée est dans la place. Il m'a envoyé N. Magius, pour me proposer un accommodement; je lui ai répondu comme je l'ai jugé à propos. J'ai été bien aise de vous apprendre cette nouvelle. Dès que je verrai quelque espérance de conciliation, je vous le manderai. »

Imaginez-vous, mon cher Cicéron[11], dans quelle inquiétude je suis depuis que j'ai ce nouvel espoir de paix, et combien j'appréhende que l'affaire ne se rompe. Je ne puis de si loin que faire des souhaits. Si j'étais sur les lieux, peut-être que je ferais quelque chose de plus; maintenant je suis dans une cruelle agitation.

EPISTOLA CCCLV.
(ad Att., IX, 14.)

Scrib. in Formiano, viii kal. apr. A. V. C. 704.

CICERO ATTICO SAL.

Miseram ad te ix kalend. exemplum epistolæ Balbi ad me, et Cæsaris ad eum; ecce tibi eodem die Capua litteras ab Q. Pedio, Cæsarem ad se pridie id. mart. misisse hoc exemplo :

« Pompeius se oppido tenet. Nos ad portas castra habemus. Conamur opus magnum, et multorum dierum, propter altitudinem maris. Sed tamen nihil est, quod potius faciamus. Ab utroque portus cornu moles jacimus, ut aut illum quam primum trajicere, quod habet Brundisii copiarum, cogamus, aut exitu prohibeamus. »

Ubi est illa pax, de qua Balbus scripserat torqueri se? ecquid acerbius? ecquid crudelius? atque eum loqui quidam αὐθεντικῶς narrabat; Cn. Carbonis, M. Bruti se pœnas persequi, omniumque eorum, in quos Sulla crudelis hoc socio fuisset; nihil Curionem se duce facere, quod non hic, Sulla duce, fecisset ad ambitionem : a se, quibus exsilii pœna superioribus legibus non fuisset; ab illo patriæ proditores de exsilio reductos esse : queri de Milone per vim expulso : neminem tamen se violaturum, nisi qui arma contra. Hæc Bæbius quidam, a Curione iii id. profectus, homo non infans, sed quis, ulli non

LETTRE CCCLV.

Formies, 25 mars 704.

CICÉRON A ATTICUS.

Je vous envoyai, le 24, une copie de la lettre de Balbus, et de celle qu'il avait reçue de César. Le même jour j'en reçus une autre de Q. Pedius, qui me mande que César lui écrit ces mots, du 14 mars :

« Pompée est dans Brindes, et je suis campé devant la place. Je fais faire une digue des deux côtés du port : c'est un ouvrage difficile, et qui ne pourra pas être achevé en peu de jours, parce que la mer est fort profonde en cet endroit-là. Mais je ne pouvais prendre un meilleur parti. Par-là, ou j'obligerai Pompée à s'embarquer au plus tôt avec le reste de ses troupes, ou je lui fermerai le passage. »

Où sont ces espérances de paix qui tenaient Balbus dans une si grande attente? est-il rien de plus triste et de plus cruel? Quelques personnes assurent même que César dit hautement qu'il vient venger les mânes de Cn. Carbon, de M. Brutus[1], et de tous ceux contre qui Sylla avait exercé tant de cruautés, dont Pompée avait été le ministre; qu'il ne faisait rien faire à Curion que Sylla n'eût fait faire à Pompée; que ceux qu'il rappellerait avaient été condamnés à un exil perpétuel, par une affectation de sévérité contraire aux anciennes lois[2], et que Sylla avait rappelé des traîtres et des ennemis de la république; qu'enfin Pompée s'était servi de voies de fait pour faire bannir Milon[3]; que pour lui il ne traite-

dicat. Plane nescio, quid agam. Illinc equidem Cnæum profectum puto. Quidquid est, biduo sciemus. A te nihil, ne Anteros quidem quid litterarum : nec mirum. Quid enim est, quod scribamus? ego tamen nullum diem prætermitto.

Scripta epistola litteræ mihi ante lucem a Lepta Capua redditæ sunt, idib. mart. Pompeium a Brundisio conscendisse, at Cæsarem a. d. VII kalend. april. Capuæ fore.

EPISTOLA CCCLVI.
(ad Att., IX, 15.)
Scrib. in Formiano, VIII kal. apr. A. V. C. 704.

CICERO ATTICO SAL.

Quum dedissem ad te litteras, ut scires Cæsarem Capuæ VII kalend. fore, allatæ mihi sunt litteræ, eum in Albano apud Curionem V kalend. fore. Eum quum videro, Arpinum pergam. Si mihi veniam, quam peto, dederit, utar conditione : sin minus, impetrabo aliquid a me ipso. Ille, ut ad me scripsit, legiones singulas posuit Brundisii, Tarenti, Siponti. Claudere mihi videtur maritimos exitus, et tamen ipse Græciam spectare potius quam Hispanias. Sed hæc longius absunt. Me nunc et congressus hujus stimulat; is vero adest : et

rait comme ennemis que ceux qu'il trouverait les armes à la main. Un certain Bébius, que Curion a envoyé ici le 13, parle tout autrement sur César; mais on ne peut guère compter sur ce que dit un homme si obscur. Je ne sais à quoi me déterminer; sans doute que Pompée est embarqué maintenant, mais nous en aurons des nouvelles certaines dans deux jours. Comment ne m'avez-vous point écrit, pas même par Antéros? Après tout, j'ai tort d'en être surpris; qu'avons-nous à présent à nous dire? je ne laisse pas de vous écrire tous les jours.

Depuis que j'ai écrit ma lettre, j'en ai reçu avant le jour une de Lepta, qui me mande de Capoue que Pompée a fait voile le 15, et que César sera à Capoue le 26 de ce mois.

LETTRE CCCLVI.

Formies, 25 mars 704.

CICÉRON A ATTICUS.

Depuis que je vous ai mandé que César serait le 26 à Capoue, on m'a écrit de cette ville qu'il coucherait le 28 à Albe [1], chez Curion. Dès que je l'aurai vu, je m'en irai à Arpinum. Si j'obtiens la liberté que je lui demande, j'accepterai ce parti, sinon je saurai bien obtenir quelque chose de moi-même. Il m'écrit qu'il a laissé trois légions, l'une à Brindes, l'autre à Tarente, et l'autre à Siponte; c'est apparemment pour empêcher qu'on ne sorte de l'Italie : du reste, je crois qu'il pense plutôt à passer en Grèce qu'à aller en Espagne. Mais cela est encore loin : ce qui m'inquiète à présent, c'est notre entrevue, car j'y touche déjà, et les affaires qu'il proposera dès qu'il sera

primas ejus actiones horreo. Volet enim, credo, S. C. facere; volet augurum decretum; rapiemur, aut absentes vexabimur; vel ut consules roget praetor; vel dictatorem dicat, quorum neutrum jus est. Sed si Sulla potuit efficere, ab interrege ut dictator diceretur, cur hic non possit? Nihil expedio, nisi ut aut ab hoc, tanquam Q. Mucius, aut ab illo, tanquam L. Scipio.

Quum tu haec leges, ego illum fortasse convenero. Τέτλα, κύντερον. Ne illud quidem nostrum proprium. Erat enim spes propinqui reditus; erat hominum querela. Nunc exire cupimus, qua spe reditus, mihi quidem nunquam in mentem venit. Non modo autem nulla querela est municipalium hominum ac rusticorum, sed contra metuunt, ut crudelem, iratum. Nec tamen mihi quidquam est miserius, quam remansisse, nec optatius, quam evolare, non tam ad belli quam ad fugae societatem. Sed tu omnia consilia differebas in id tempus, quum sciremus, quae Brundisii acta essent. Scimus nempe, haeremus nihilominus.

Vix enim spero mihi hunc veniam daturum, etsi multa affero justa ad impetrandum. Sed tibi omnem illius meumque sermonem, omnibus verbis expressum, statim mittam. Tu nunc omni amore enitere, ut nos

à Rome. Il voudra sans doute avoir un décret du sénat et une décision des augures; il exigera de moi que je le suive à Rome; et si je le refuse, il s'en vengera sur mes biens. Il fera déclarer qu'un préteur peut présider à l'élection des consuls, ou à celle d'un dictateur, quoique l'un et l'autre soient également contre les lois. Mais, puisque Sylla s'est bien fait nommer dictateur pendant un interrègne, pourquoi César ne le ferait-il pas? Je ne sais que dire de tout cela, sinon que je cours risque d'être traité ou par celui-ci comme Scévola, ou par Pompée comme L. Scipion[2].

Quand vous recevrez cette lettre, peut-être que j'aurai déjà vu César. Il faut, me direz-vous, s'armer de constance[3]; vous avez soutenu de plus grandes épreuves. Non, mon exil n'en était pas une si grande. L'espérance d'un prompt retour, les plaintes et les murmures de tous les bons citoyens, pouvaient me consoler : mais à présent je suis obligé de me bannir; et je ne vois pas que nous puissions espérer de revenir jamais. Bien loin que les villes de l'Italie et les gens de la campagne plaignent Pompée, ils le regardent au contraire comme un homme cruel, dont ils doivent craindre le ressentiment. Cependant je suis inconsolable d'être demeuré, et je ne souhaite rien tant que de l'aller joindre, moins pour combattre que pour fuir avec lui. Vous attendiez, pour me déterminer, que nous sussions ce qui se serait passé à Brindes : nous le savons, et nous ne sommes pas moins incertains qu'auparavant.

Il n'y a guère d'apparence que César veuille me permettre de ne me mêler d'aucune affaire, quoique j'aie bien des raisons à lui alléguer; mais je vous rendrai compte mot pour mot de notre conversation, dès que

cura tua et prudentia juves. Ita subito accurrit, ut ne T. Rebilum quidem, ut constitueram, possim videre. Omnia nobis imparatis agenda. Sed tamen

Ἄλλα μὲν αὐτὸς, ut ait ille,
Ἄλλα δὲ καὶ δαίμων ὑποθήσεται.

Quidquid egero, continuo scies. Mandata Cæsaris ad consules et ad Pompeium, quæ rogas, nulla habeo; neque descripta attulit illa Lucius. E via misi ad te ante, e quibus mandata puto intelligi posse. Philippus Neapoli est, Lentulus Puteolis. De Domitio, ut facis, sciscitare, ubi sit, quid cogitet.

Quod scribis, asperius me, quam mei patiantur mores, de Dyonisio scripsisse : vide, quam sim antiquorum hominum. Te medius fidius hanc rem gravius putavi laturum esse, quam me. Nam præterquam quod te moveri arbitror oportere injuria, quæ mihi a quoquam facta sit, præterea te ipsum quodam modo hic violavit, quum in me tam improbus fuit. Sed tu id quanti æstimes, tuum judicium est. Nec tamen in hoc tibi quidquam oneris impono. Ego autem illum male sanum semper putavi, nunc etiam impurum et sceleratum puto ; nec tamen mihi inimiciorem quam sibi. De Philargyro bene : causam certe habuisti et veram et bonam, relictum esse me potius quam reliquisse.

je l'aurai vu. C'est maintenant que j'ai besoin plus que jamais des conseils d'un ami aussi zélé et aussi prudent que vous. César vient si vite, que je ne pourrai pas même voir T. Rebilus[4] avant son arrivée. Je n'ai pas le temps de me reconnaître; mais, comme dit l'autre[5],

> Ma raison et les dieux m'inspireront alors.

De quelque manière que je m'en tire, vous le saurez aussitôt. Je n'ai point vu ces propositions que César a fait faire à Pompée et aux consuls; mais, avant que d'arriver ici, je vous ai envoyé un mémoire, par où l'on peut voir ce que c'était que ces propositions[6]. Philippus est à Naples et Lentulus à Pouzzoles. Informez-vous toujours, je vous prie, où est Domitius, et à quoi il est résolu.

Quant à ce que vous me dites, que je vous ai écrit sur Dionysius d'une manière trop dure, et qui n'est point de mon caractère, voyez combien je suis du vieux temps. J'ai cru, en vérité, que vous prendriez cette affaire plus vivement que moi. Il me semblait que vous deviez être sensible à toutes les injures que je reçois, de quelque part qu'elles me viennent; et je trouvais d'ailleurs que la manière indigne dont Dionysius en a usé à mon égard retombait en quelque manière sur vous : mais c'est à vous à en juger, et je ne prétends point vous obliger à entrer dans mon ressentiment. En mon particulier, j'avais toujours connu Dionysius pour un homme sans jugement, maintenant j'ajoute sans honneur et sans probité; mais il s'est fait plus de tort qu'il ne m'en a voulu faire. Vous avez fort bien répondu à Philargyrus[7], et il est vrai en effet que c'est lui qui m'a quitté, et non pas moi qui l'ai renvoyé.

Quum dedissem jam litteras a. d. viii kalend., pueri, quos cum Matio et Trebatio miseram, epistolam mihi attulerunt hoc exemplo :

MATIUS ET TREBATIUS CICERONI IMP. S.

Quum Capua exissemus, in itinere audiimus Pompeium Brundisio a. d. xvi kalend. april. cum omnibus copiis, quas habuit, profectum esse; Cæsarem postero die in oppidum introisse; concionatum esse, inde Romam contendisse; velle ante kalend. esse ad Urbem, et paucos dies ibi commorari, deinde in Hispanias proficisci. Nobis non alienum visum est, quoniam de adventu Cæsaris pro certo habebamus, pueros ad te remittere, ut id tu quam primum scires. Mandata tua nobis curæ sunt, eaque, ut tempus postularit, agemus. Trebatius sedulo facit, ut antecedat.

Epistola conscripta, nuntiatum est nobis, Cæsarem a. d. viii kalend. april. Beneventi mansurum, a. d. vii Capuæ, a. d. vi Sinuessæ. Hoc pro certo putamus.

EPISTOLA CCCLVII.
(ad Att., IX, 16.)
Scrib. in Formiano, vii kal. apr. A. V. C. 704.

CICERO ATTICO SAL.

Quum, quod scriberem ad te, nihil haberem, tamen, ne quem diem intermitterem, has dedi litteras. A. d. vi kalend. Cæsarem Sinuessæ mansurum nuntiabant.

Ma lettre du 25 était déjà partie, lorsque j'en ai reçu une de Trebatius et de Matius, par les gens que j'avais envoyés avec ce dernier. En voici la copie.

MATIUS ET TREBATIUS A CICÉRON.

Comme nous sortions de Capoue, nous avons appris que Pompée avait fait voile, le 17 mars, avec toutes les troupes qui étaient à Brindes; que, César y étant entré le lendemain, avait harangué le peuple, et qu'il était parti aussitôt après pour Rome, où il veut être avant le 1er avril; qu'il n'y demeurera que quelques jours, et qu'il partira ensuite pour l'Espagne. Comme ces nouvelles sont très-sûres, et que nous avons cru que vous seriez bien aise d'être averti de l'arrivée de César, nous vous avons renvoyé vos gens exprès. Nous penserons à ce que vous nous avez recommandé[8], et nous agirons pour cela dès que nous en trouverons l'occasion. Trebatius Scévola[9] prend les devans.

Nous venons d'apprendre que César sera le 25 à Bénévent, le 26 à Capoue, et le 27 à Sinuesse[10]; vous pouvez compter là-dessus.

LETTRE CCCLVII.

Formies, 26 mars 704.

CICÉRON A ATTICUS.

Je ne vous écris aujourd'hui que parce que je ne veux pas être un seul jour sans vous écrire. On mande ici que César couchera le 27 à Sinuesse. J'ai reçu le 26

Ab eo mihi litteræ redditæ a. d. vii kalend. quibus jam opes meas, non, ut superioribus, opem, exspectat. Quum ejus clementiam corfiniensem illam per litteras collaudavissem, rescripsit hoc exemplo :

CÆSAR, IMP., CICERONI, IMP., S. D.

Recte auguraris de me (bene enim tibi cognitus sum), nihil a me abesse longius crudelitate. Atque ego quum ex ipsa re magnam capio voluptatem, tum meum factum probari abs te triumpho gaudio. Neque illud me movet, quod ii, qui a me dimissi sunt, discessisse dicuntur, ut mihi rursus bellum inferrent : nihil enim malo, quam et me mei similem esse, et illos sui. Tu velim mihi ad Urbem præsto sis, ut tuis consiliis atque opibus, ut consuevi, in omnibus rebus utar. Dolabella tuo nihil scito mihi esse jucundius. Hanc adeo habebo gratiam illi : neque enim aliter facere poterit; tanta ejus humanitas, is sensus, ea in me est benivolentia.

EPISTOLA CCCLVIII.
(ad Att., IX, 17.)
Scrib. in Formiano, vi kal. apr. A. V. C. 704.

CICERO ATTICO SAL.

Trebatium vi kalend. quo die has litteras dedi, exspectabam. Ex ejus nuntio Matiique litteris meditabor,

une de ses lettres, où il me marque que ce n'est plus seulement des secours qu'il attend de moi, mais qu'il en appelle à tous mes moyens [1]. Sur ce que je louais dans ma lettre la modération qu'il a fait paraître dans l'affaire de Corfinium, voici ce qu'il me répond.

CÉSAR, IMP., A CICÉRON, IMP.

Vous jugez fort bien de moi (aussi vous me connaisez depuis long-temps); rien n'est moins de mon caractère que ce qui ressent la cruauté. J'agis ainsi par inclination, et j'en suis trop bien récompensé, puisque vous approuvez ma conduite. Je ne me repens point de ce que j'ai fait, lors même que j'apprends [2] que ceux à qui j'ai donné la vie et la liberté sont déjà allés rejoindre mes ennemis. Comme je n'ai point envie de me démentir, je suis bien aise aussi qu'ils ne se démentent point. Je vous prie de vous rendre à Rome, afin que je puisse, à mon ordinaire, profiter de vos avis, et faire usage de tout ce qui dépend de vous. Personne ne m'est plus cher que Dolabella votre gendre; je compte lui avoir cette obligation. Il ne peut pas manquer de me servir auprès de vous, lui qui est si obligeant, si bon ami, et en particulier si plein d'affection pour moi.

LETTRE CCCLVIII.

Formies, 27 mars 704.

CICÉRON A ATTICUS.

Trébatius doit arriver ici aujourd'hui 27. D'après ce qu'il me dira, et ce que me mandera Matius, je verrai

quo modo cum illo loquar. O tempus miserum! nec dubito quin a me contendat, ad Urbem ut veniam. Senatum enim kalend. velle se frequentem adesse, etiam Formiis proscribi jussit. Ergo ei negandum est? Sed quid præcipio? statim ad te perscribam omnia. Ex illius sermone statuam, Arpinumne mihi eundum sit, an quo alio. Volo Ciceroni meo togam puram dare. Istic puto. Tu, quæso, cogita quid deinde. Nam me hebetem molestiæ reddiderunt.

A Curio, velim scire, ecquid ad te scriptum sit de Tirone. Ad me enim ipse Tiro ita scripsit, ut verear, quid agat. Qui autem veniunt inde, κινδυνώδη nuntiant. Sane in magnis curis etiam hæc me sollicitat. In hac enim fortuna perutilis ejus et opera et fidelitas esset.

EPISTOLA CCCLIX.
(ad Att., IX, 18.)
Scrib. Arpini, iv kal. apr. A. V. C. 704.

CICERO ATTICO SAL.

Utrumque ex tuo consilio. Nam et oratio fuit ea nostra, ut bene potius ille de nobis existimaret, quam gratias ageret, et in eo mansimus, ne ad Urbem. Illa fefellerunt, facilem quod putaramus. Nihil vidi minus. Damnari se nostro judicio, tardiores fore reliquos, si nos non venerimus, dicere. Ego, dissimilem illorum

de quelle manière je dois parler à César. Quelle triste situation! Je ne doute point qu'il ne me presse de venir à Rome; car il a fait publier à Formies qu'il souhaitait que le sénat fût fort nombreux le 1er avril. Il faut donc le refuser? Mais pourquoi me tourmenter avant le temps? Aussitôt après mon entrevue, je vous en manderai le détail; selon ce qu'il me dira, je verrai si je dois aller à Arpinum ou dans quelque autre endroit. Je pense à faire prendre la robe virile à mon fils, et Arpinum me convient fort pour cela. Pensez un peu à ce que je dois faire ensuite, car le chagrin m'a entièrement émoussé l'esprit.

Je voudrais bien savoir si Curius ne vous a rien mandé de Tiron. Tiron lui-même m'écrit d'une manière qui me fait craindre que sa santé ne soit pas bien rétablie. Ceux qui viennent de Patras n'ont pu m'en rien dire d'assuré. C'est pour moi un très-grand surcroît de chagrin; car, dans l'état où sont mes affaires, j'aurais grand besoin d'un homme si entendu et si fidèle.

LETTRE CCCLIX.

Arpinum, 29 mars 704.

CICÉRON A ATTICUS.

J'AI observé les deux choses que vous m'aviez recommandées; j'ai parlé à César d'une manière plus propre à m'en faire estimer qu'à m'attirer des remercîmens, et je lui ai refusé constamment d'aller à Rome. Mais j'avais eu grand tort de croire qu'il recevrait bien mes excuses, il ne pouvait les recevoir plus mal. M'absenter, dit-il, c'est le condamner hautement, et donner lieu à

esse causam. Quum multa : *Veni igitur, et age de pace.* Meone, inquam, arbitratu? *An tibi*, inquit, *ego praescribam?* Sic, inquam, agam, senatui non placere in Hispanias iri, nec exercitus in Græciam transportari; multaque, inquam, de Cnæo deplorabo. Tum ille, *Ego vero ista dici nolo.* Ita putabam, inquam; sed ego eo nolo adesse, quod aut sic mihi dicendum est, multaque quæ nullo modo possem silere, si adessem, aut non veniendum. Summa fuit, ut ille quasi exitum quærens, ut deliberarem. Non fuit negandum. Ita discessimus. Credo igitur, hunc me non amare. At ego me amavi, quod mihi jam pridem usu non venit.

Reliqua, o dii, qui comitatus! quæ, ut tu soles, dicere, νεκυία! in qua erat area scelerum. O rem perditam! o copias desperatas! quid, quod Servii filius, quod Titinii, in his castris fuerunt, quibus Pompeius circumsideretur? Sex habet legiones. Multum vigilat, audet: nullum video finem mali. Nunc certe promenda tibi sunt consilia. Hoc fuerat extremum. Illa tamen κατακλείς illius est odiosa, quam pæne præterii: si sibi consiliis

plusieurs autres personnes de suivre mon exemple. Je lui ai dit là-dessus qu'ils n'avaient pas les mêmes raisons que moi. Enfin, après bien des choses de part et d'autre, il m'a proposé de venir à Rome, pour travailler à un accommodement. Mais, lui ai-je dit, pourrai-je parler avec liberté? — Croyez-vous donc, m'a-t-il répondu, que je prétende vous dicter ce que vous direz? Eh bien, ai-je repris, je tâcherai de persuader au sénat qu'il ne faut point porter la guerre en Espagne, ni faire passer des troupes en Grèce, et j'ajouterai beaucoup d'autres choses sur le triste état où est réduit Pompée. Je ne veux point, m'a-t-il dit, qu'on parle de la sorte. Je m'en étais bien douté, lui ai-je répondu ; aussi est-ce pour cela que je ne veux point aller à Rome, car je ne pourrais pas me dispenser de m'expliquer ainsi, et de dire plusieurs autres choses qui ne vous plairaient pas davantage. Enfin, pour se tirer d'affaire par quelque endroit, il s'est réduit à me prier d'y penser encore : cela ne pouvait pas se refuser; je le lui ai donc promis, et nous nous sommes séparés là-dessus. Je suis persuadé qu'il est fort mécontent; mais, en récompense, je suis fort content de moi; ce qui ne m'était point arrivé depuis long-temps.

Au reste, grands dieux! quelles gens il a avec lui! L'étrange assemblage! Quelle sentine de crimes[1]! Que ne doit-on pas craindre de tant de méchans citoyens ainsi réunis? N'est-ce pas une chose indigne, que l'on voie parmi eux le fils de Servius et de Titinius? Mais il y en avait bien d'autres dans le camp devant Brindes. Dès-lors César avait six légions : on ne peut être ni plus actif ni plus entreprenant. Je n'ai plus aucune espérance, et il est temps que vous me déterminiez; nous n'attendions

nostris uti non liceret, usurum, quorum posset, ad omniaque esse descensurum.

Vidisti igitur virum? Ut scripseras. *Ingemuisti?* Certe. *Cedo reliqua.* Quid? continuo ipse in Pedanum, ego Arpinum. Inde exspecto quidem λαλαγεῦσαν illam tuam. *Tu, malum,* inquies, *actum ne agas.* Etiam illum ipsum, quem sequimur, multa fefellerunt. Sed ego tuas litteras exspecto. Nihil est enim jam, ut antea, *videamus hoc quorsum evadat.* Extremum fuit de congressu nostro : quo quidem non dubito quin istum offenderim. Eo maturius agendum est. Amabo te, epistolam, et πολιτικήν. Valde tuas litteras nunc exspecto.

EPISTOLA CCCLX.

(ad Att., IX, 19.)

Scrib. Arpini, prid. kal. apr. A. V. C. 704.

CICERO ATTICO SAL.

Ego meo Ciceroni, quoniam Roma caremus, Arpini potissimum togam puram dedi, idque municipibus nostris fuit gratum. Etsi omnes, et illos, et qua iter feci, moestos afflictosque vidi; tam tristis, et tam atrox est ἀναθεώρησις hujus ingentis mali. Delectus habentur:

pour cela que le succès de mon entrevue avec César. Mais voici ses dernières paroles, que j'ai pensé oublier, et qui m'ont fait plus de peine que tout le reste. Si vous ne voulez pas, m'a-t-il dit, que je me serve de vos conseils, je serai obligé d'en prendre d'autres, et d'en venir peut-être à de fâcheuses extrémités.

Vous l'avez donc vu, me disiez-vous dans une de vos lettres, et vous avez gémi? Oui, sans doute. Et après cela? Il est allé à Pédum², et moi à Arpinum, où, suivant vos avis, j'attendrai les hirondelles³. Si vous n'êtes pas parti plus tôt, me direz-vous, il ne faut plus y penser : c'est une affaire faite et c'est là le mal⁴; mais celui que je vais suivre a fait bien d'autres fautes. J'attends votre décision : il ne s'agit plus de voir comment les affaires tourneront, il n'y avait que cette entrevue qui nous arrêtât, et je ne doute point que César ne soit très-fâché contre moi : ainsi, je dois prendre au plus tôt mon parti. Je vous demande donc une lettre, mais bien raisonnée; jamais je n'en attendis avec plus d'impatience.

LETTRE CCCLX.

Arpinum, 31 mars 704.

CICÉRON A ATTICUS.

J'AI cru que, n'allant point à Rome, je devais choisir Arpinum, préférablement à tout autre endroit, pour donner la robe virile à mon fils, et cela a fait beaucoup de plaisir à mes compatriotes, quoique dans cette ville, et dans toutes les autres où j'ai passé, la tristesse et la consternation soient générales : aussi n'est-il point de

in hiberna deducuntur. Ea, quæ, etiam quum a bonis viris, quum justo in bello, quum modeste fiunt, tamen ipsa per se molesta sunt, quam censes acerba nunc esse, quum a perditis, in civili nefario bello, petulantissime fiant?

Cave autem putes, quemquam hominem in Italia turpem esse, qui hinc absit. Vidi ipse Formiis universos: neque mehercule unquam homines putavi; et noram omnes; sed nunquam uno loco videram. Pergamus igitur, quo placet, et nostra omnia relinquamus. Proficiscamur ad eum, cui gratior noster adventus erit quam si una fuissemus. Tum enim eramus in maxima spe; nunc, ego quidem, in nulla : nec, præter me, quisquam Italia cessit, nisi qui hunc inimicum sibi putaret. Nec mehercule hoc facio reipublicæ causa, quam funditus deletam puto, sed ne quis me putet ingratum in eum, qui me levavit iis incommodis, quibus idem affecerat; et simul, quod ea, quæ fiunt, aut quæ certe futura sunt, videre non possum.

Etiam equidem senatusconsulta facta quædam jam puto; utinam in Volcatii sententiam! Sed quid refert? est enim una sententia omnium. Sed erit injustissimus Servius, qui filium misit ad effligendum Cn. Pompeium, aut certe capiendum, cum Pontio Titiniano. Etsi hic quidem timoris causa; ille vero? Sed stomachari desinamus, et aliquando sentiamus, nihil nobis nisi id,

spectacle plus horrible que l'image des maux présens. On lève de tous côtés des troupes que l'on met en quartiers d'hiver. Si ces levées, lors même qu'elles se font avec modération, et pour une guerre juste et nécessaire, ne laissent pas d'être à charge, que doit-ce être maintenant qu'elles se font avec violence, pour une guerre si funeste?

Vous pouvez compter qu'il n'y a pas en Italie un seul homme décrié qui ne soit avec César. Je les ai tous vus à Formies, et, quoique je les connusse déjà pour ce qu'ils sont, je l'ai senti encore mieux en les voyant ainsi rassemblés. Partons donc, abandonnons tous nos biens, et allons trouver Pompée, qui m'en saura encore meilleur gré que si je l'avais suivi dès le commencement; car alors nous avions de grandes espérances, et il ne nous en reste plus : d'ailleurs, tous les autres ne l'ont suivi que parce qu'ils craignaient le ressentiment de César. Je ne prends point ce parti par rapport à ce que je dois à la république, je la crois perdue sans ressource, mais pour ne point paraître ingrat à l'égard d'un homme à qui, après tout, je n'ai d'autre obligation que d'avoir réparé le mal qu'il m'avait fait, et aussi pour n'avoir point la douleur de voir ce que l'on fait et tout ce qu'on va faire à Rome.

Je crois qu'on aura déjà fait quelques décrets, pourvu du moins qu'on ait suivi l'avis de Volcatius[1]! Après tout, cela est assez égal, il n'y aura qu'un seul avis. Mais Servius sera le plus ardent[2], lui qui a envoyé son fils à Brindes avec Pontius Titinianus, pour ôter à Cn. Pompée, ou la vie, ou du moins la liberté. Encore, pour Titinianus, c'est la crainte qui l'a fait agir; mais Servius! Laissons là ces mouvemens d'indignation, et prenons enfin

quod minime vellem, spiritum reliquum esse. Nos, quoniam Superum mare obsidetur, Infero navigabimus; et, si Puteolis erit difficile, Crotonem petemus, aut Thurios; et boni cives, amantes patriæ, mare infestum habebimus. Aliam rationem hujus belli gerendi nullam video. In Ægyptum nos abdemus. Exercitu pares esse non possumus. Pacis fides nulla est. Sed hæc satis deplorata sunt.

Tu velim litteras Cephalioni des de omnibus rebus actis, denique etiam de sermonibus hominum, nisi plane obmutuerunt. Ego tuis consiliis usus sum, maximeque quod gravitatem in congressu nostro tenui, quam debui; et, ad Urbem ut non accederem, perseveravi. Quod superest, scribe, quæso, quam accuratissime (jam enim extrema sunt), quid placeat, quid censeas : etsi jam nulla dubitatio est. Tamen, si quid, vel potius quidquid veniet in mentem, scribas velim.

EPISTOLA CCCLXI.
(ad Att., X, 1.)
Scrib. in Laterio Q. fratris, a. d. III non. apr. A. V. C. 704.

CICERO ATTICO SAL.

Tertio nonas quum in Laterium fratris venissem, accepi litteras, et paullulum respiravi, quod post has ruinas mihi non acciderat. Per enim magni æstimo, tibi firmitudinem animi nostri, et factum nostrum probari. Sexto enim nostro quod scribis probari, ita lætor, ut me quasi patris ejus, cui semper uni plu-

notre parti.... Puisque les ports de la mer Adriatique sont fermés, je m'embarquerai sur celle de Toscane, et si je trouve trop de difficulté à Pouzzoles, j'irai à Crotone ou à Thurii³. Nous allons donc, nous autres bons citoyens, faire le métier de pirates⁴? C'est la seule ressource qui nous reste. Pompée va se cacher en Égypte, il n'a pas assez de troupes pour tenir contre César, et on nous amuse par de fausses espérances de paix. Mais c'est assez déplorer nos malheurs.

Je vous prie de m'écrire, par Céphalion, tout ce qui se passe à Rome et tout ce que l'on y dit; mais peut-être que l'on n'ose plus y rien dire. J'ai suivi fidèlement vos avis, surtout en parlant à César avec la dignité qui me convenait, et en lui refusant constamment d'aller à Rome. Achevez de me conduire, puisqu'il faut enfin que je me détermine, quoiqu'il n'y ait plus à hésiter. Mais, s'il vous vient quelque chose dans l'esprit, marquez-le-moi, ou plutôt dites-moi tout ce qui vous viendra dans l'esprit.

LETTRE CCCLXI.

Écrite à la campagne de Quintus, son frère, 3 avril 704.

CICÉRON A ATTICUS.

Comme j'étais, le 3 avril, à la campagne chez mon frère¹, j'y reçus votre lettre, et je commençai un peu à respirer, ce qui ne m'était point arrivé depuis ces derniers troubles. Je compte pour beaucoup que vous soyez content du parti que j'ai pris, et de la fermeté que j'ai fait paraître. Je suis ravi d'apprendre que Peducéus pense comme vous, et cela ne me fait pas moins de plaisir que si

rimum tribui, judicio comprobari putem : qui mihi, quod sæpe soleo recordari, dixit olim, nonis illis decembribus, quum ego, Sexte, quidnam ergo?

Μὴ μὰν, inquit ille, ἀσπουδεί γε καὶ ἀκλειῶς ἀπολοίμην,
Ἀλλὰ μέγα ῥέξας τι, καὶ ἐσσομένοισι πυθέσθαι.

Ejus igitur mihi vivit auctoritas, et simillimus ejus filius eodem est apud me pondere, quo fuit ille : quem salvere velim jubeas plurimum.

Tu tuum consilium etsi non in longinquum tempus differs (jam enim illum emptum pacificatorem perorasse puto, jam actum aliquid esse in consessu senatorum; senatum enim non puto) : tamen suspensum me tenes, sed eo minus, quod non dubito, quid nobis agendum putes. Quid enim? quum Flavio legionem et Siciliam dari scribas, et id jam fieri, quæ tu scelera partim parari, et jam cogitari, partim ex tempore futura censes? Ego vero Solonis, popularis tui, et, ut puto, jamjam mei, legem negligam, qui capite sanxit, si qui in seditione non alterius utrius partis fuisset; nisi tu aliter censes; et hinc abero et filii. Sed alterum mihi est certius : nec præcipiam tamen; exspectabo tuum consilium et eas litteras, nisi alias jam dedisti, quas scripsi ut Cephalioni dares.

c'était son père même, pour qui j'avais toute l'estime
et la déférence possibles. Il me revient souvent dans la
mémoire que, le 5 décembre, jour à jamais glorieux pour
moi, lorsque je le consultai, il me dit ces vers [2] :

> Non, la mort ne doit point laisser mes jours sans gloire :
> Mes hauts faits de mon nom garderont la mémoire.

Il me semble donc que je l'entends encore, et les sentimens
d'un fils si digne d'un tel père sont pour moi du même
poids. Ne manquez pas de lui faire mes complimens.

Ce que vous attendez pour me déterminer ne peut pas
aller loin; car je crois que cet orateur gagé[3], qui devait
parler de la paix, aura déjà harangué, et qu'on aura fait
quelque décret, je ne dis pas dans le sénat, mais dans
cette assemblée de sénateurs. Cela laisse néanmoins mon
esprit en suspens, quoique, d'un côté, je voie bien à
quoi vous voulez que je me détermine. Vous me le faites
assez entendre, lorsque vous me dites que l'on envoie
dès à présent Flavius en Sicile avec une légion[4]. Combien d'autres décrets plus injustes médite-t-on, et combien en fera-t-on d'autres dans la suite? Pour moi, je
n'aurai point d'égard à cette loi de Solon, votre compa-
triote, et je puis dire aussi le mien, qui condamne à la
mort ceux qui, dans les dissensions publiques, ne pren-
dront pas un parti : ainsi, à moins que vous ne soyez
d'un autre avis, je me retirerai dans quelque endroit
neutre, et j'emmènerai avec moi nos jeunes gens. Je ne
suis pas moins déterminé sur ce dernier article que sur
le premier. Mais je ne ferai rien que je ne sache votre
sentiment, et que je n'aie reçu la lettre que je vous ai
prié de m'écrire par Céphalion : peut-être même que
vous m'aurez déjà écrit par quelque autre voie.

Quod scribis, non quo alicunde audieris, sed te ipsum putare, me attractum iri, si de pace agatur : mihi omnino non venit in mentem, quæ possit actio esse de pace, quum illi certissimum sit, si possit, exspoliare exercitu et provincia Pompeium : nisi forte iste nummarius ei potest persuadere, ut, dum oratores eant et redeant, quiescat. Nihil video, quod sperem, aut quod jam putem fieri posse; sed tamen hominis hoc ipsum probi, et unum τῶν πολιτικωτάτων σκεμμάτων, veniendumne sit in consilium tyranni, si is aliqua de re bona deliberaturus sit. Quare, si quid ejusmodi evenerit, ut arcessamur (quod equidem non curo : quid enim essem de pace dicturus, dixi; ipse valde repudiavit) : sed tamen, si quid acciderit, quid censeas mihi faciendum, utique scribito. Nihil enim mihi adhuc accidit, quod majoris consilii esset. Trebatii, boni viri et civis, verbis te gaudeo delectatum : tuaque ista crebra ἐκφώνησις, ὑπέρευ, me sola adhuc delectavit. Litteras tuas vehementer exspecto, quas quidem credo jam datas esse.

Tu cum Sexto servasti gravitatem eamdem, quam mihi præcipis. Celer tuus disertus magis est, quam sapiens. De juvenibus, quæ ex Tullia audisti, vera sunt. M. Antonii istud, quod scribis, non mihi videtur tam re esse triste, quam verbo. Hæc est ἄλη, in qua nunc sumus, mortis instar. Aut enim libere inter malos

Quant à ce que vous me marquez, que vous ne doutez point, quoique vous n'en ayez rien entendu dire, qu'on ne m'appelle à Rome, si l'on travaille à un accommodement, je ne vois pas comment on pourrait traiter cette affaire, puisque César va marcher pour se rendre maître du gouvernement de Pompée et de ses troupes, à moins que cet orateur gagé [5] ne lui persuade de ne point agir pendant que les députés iront et reviendront; mais je ne vois rien à espérer de ce côté-là. Au reste, ce serait une grande question, si un bon citoyen peut entrer dans le conseil d'un tyran, lors même qu'on doit y délibérer sur une affaire avantageuse à la république. S'il arrivait donc qu'on m'y appelât, ce que je ne crois pas devoir appréhender; car j'ai dit à César de quelle manière je parlerais, et il n'en a point du tout été content : mais si cela venait à arriver, marquez-moi ce que je devrais faire : je ne me suis point encore trouvé dans une conjoncture si embarrassante. Je suis ravi que vous ayez été satisfait de ce que vous a dit Trebatius, qui est un honnête homme et un bon citoyen; et ce *fort bien*, que vous répétez si souvent, est la seule chose qui m'ait fait, depuis long-temps, quelque plaisir. J'attends avec impatience votre lettre, que je crois déjà partie.

Vous avez conservé, vous et Peducéus, cette dignité que vous me recommandez de garder. Votre ami Celer [6] a plus d'esprit que de conduite. Ce que ma fille vous a dit de nos jeunes gens est véritable. Ce que vous me mandez d'Antoine [7] est, dans le fond, moins fâcheux qu'offensant. L'incertitude dans laquelle je suis est pour moi plus cruelle que la mort; je devais, ou parler avec

πολιτευτέον, aut vel periculose cum bonis, ut nos aut temeritatem bonorum sequamur, aut audaciam improborum insectemur. Utrumque periculosum est. At hoc, quod agimus, et turpe, nec tamen tutum.

Istum, qui filium Brundisium de pace misit (de pace idem sentio, quod tu; simulationem esse apertam, parari autem bellum acerrime), legatum iri non arbitror: cujus adhuc, ut optavi, mentio facta nulla sit. Eo minus habeo necesse scribere, aut etiam cogitare, quid sim facturus, si acciderit, ut leger.

EPISTOLA CCCLXII.

(ad Att., X, 2.)

Scrib. in Arcano Q. fratris, non. apr. A V. C. 704.

CICERO ATTICO SAL.

Ego quum accepissem tuas litteras nonis april. quas Cephalio attulerat, essemque Minturnis postridie mansurus, et inde protinus, sustinui me in Arcano fratris, ut, dum aliquid certius afferretur, occultiore in loco essemus, agerenturque nihilo minus, quae sine nobis agi possunt. Λαλαγεῦσα jam adest, et animus ardet; nec est quidquam, quo, et qua. Sed haec nostra erit cura et peritorum. Tu tamen, quod poteris, ut adhuc fecisti, nos consiliis juvabis. Res sunt inexplicabiles.

liberté devant les méchans citoyens, ou aller joindre ceux du bon parti, quelque danger qu'il pût y avoir. Il fallait ou suivre aveuglément la fortune de ces derniers, ou m'opposer à l'audace des premiers. L'un et l'autre était dangereux, je l'avoue; mais le parti que je vais prendre, s'il n'est pas honteux, n'est pas aussi entièrement sûr.

Quant à ces propositions de paix [8], je crois, comme vous, que ce n'est qu'une pure feinte, et que nous allons avoir une guerre cruelle. Quoi qu'il en soit, je crois qu'on députera celui qui a déjà envoyé son fils à Brindes pour ménager un accommodement, et qu'on ne pensera point à moi. Je suis bien aise qu'on n'en ait pas parlé : ainsi il est inutile que je vous demande, et que j'examine ce qu'en ce cas je voudrais faire.

LETTRE CCCLXII.

Écrite à la maison de campagne de son frère Quintus, le 5 avril 704.

CICÉRON A ATTICUS.

J'AI reçu, le 5 avril, la lettre que vous m'avez écrite par Céphalion. Je comptais coucher le lendemain à Minturnes, et partir aussitôt après; mais, sur ce que vous me mandez, j'ai résolu, jusqu'à ce que j'aie eu des nouvelles plus certaines, de demeurer à l'Arcanum chez mon frère : c'est un endroit fort retiré, et l'on donnera toujours ordre aux choses qui peuvent se faire sans nous. Voilà le printemps venu, et je meurs d'envie de m'échapper, quoique je ne sache pas encore où et par où ; mais nous y penserons, et nous consulterons des gens expéri-

Fortunæ sunt committenda omnia. Sine spe conamur ulla. Si melius quid acciderit, mirabimur.

Dionysium nolim ad me profectum : de quo ad me Tullia mea scripsit. Sed et tempus alienum est, et homini non amico nostra incommoda, tanta præsertim, spectaculo esse nolim : cui te meo nomine inimicum esse nolo.

EPISTOLA CCCLXIII.
(ad Att., X, 3 pars prior.)
Scrib. in Arcano, vii id. apr. A. V. C. 704.

CICERO ATTICO SAL.

Quum, quod scriberem, plane nihil haberem, hæc autem reliqua essent, quæ scire cuperem; profectusne esset; quo ni statu Urbem reliquisset; in ipsa Italia quem cuique regioni aut negotio præfecisset; ecqui essent ad Pompeium et ad consules ex senatusconsulto de pace legati : ut igitur hæc scirem, dedita opera has ad te litteras misi. Feceris igitur commode, mihique gratum, si me de his rebus, et si quid erit aliud, quod scire opus sit, feceris certiorem. Ego in Arcano opperior, dum ista cognosco.

mentés. Continuez toujours de m'aider de vos conseils, autant que vous pourrez. La prudence n'a presque point de lieu ici, il faut s'abandonner à la fortune. J'agis sans aucune espérance, et je serais fort surpris que les choses prissent une meilleure tournure.

Je serais fâché que Dionysius vînt me trouver, comme ma fille me le mande. Il prend mal son temps pour cela ; et d'ailleurs, dans le triste état où sont nos affaires, je voudrais bien ne pas donner un tel spectacle à un homme que je ne puis regarder comme mon ami. Au reste, je ne prétends point vous obliger à entrer dans mon ressentiment.

LETTRE CCCLXIII.

Arcanum, 7 avril 704.

CICÉRON A ATTICUS.

JE n'ai rien du tout à vous apprendre, et je ne vous écris que pour vous prier de me mander quelques nouvelles, que je suis bien aise de savoir avant de m'embarquer. Marquez-moi donc si César est parti, en quel état il a laissé les affaires à Rome, qui sont ceux qui commanderont en Italie pendant son absence[1], et quels départemens ils auront ; si l'on a nommé les députés[2] pour aller faire à Pompée et aux consuls des propositions de paix ; enfin, mandez-moi toutes les nouvelles qui peuvent m'intéresser, je les attendrai à l'Arcanum.

EPISTOLA CCCLXIV.

(ad Att., X, 3 pars posterior.)

Scrib. in Arcano, vii id. apr. A. V. C. 704.

CICERO ATTICO SAL.

A. D. vii id. alteram tibi eodem die hanc epistolam dictavi, et pridie dederam mea manu longiorem. Visum te aiunt in regia; nec reprehendo, quippe quum ipse istam reprehensionem non fugerim. Sed exspecto tuas litteras : neque jam sane video, quid exspectem; sed tamen, etiamsi nihil erit, id ipsum ad me velim scribas. Caesar mihi ignoscit per litteras, quod non venerim, seseque in optimam partem id accipere dicit. Facile patior, quod scribit, secum Tullum et Servium questos esse, quia non idem sibi, quod mihi, remisisset. Homines ridiculos! qui quum filios misissent ad Cn. Pompeium circumsidendum, ipsi senatum venire dubitarent. Sed tamen exemplum misi ad te Caesaris litterarum.

EPISTOLA CCCLXV.

(ad div., IV, 1.)

Scrib. circa id. apr., in Formiano, vel alia villa, A. V. C. 704.

M. T. CICERO SERV. SULPICIO S. D.

C. Trebatius, familiaris meus, ad me scripsit, te ex se quaesisse, quibus in locis essem, molesteque te

LETTRE CCCLXIV.

Arcanum, 7 avril 704.

CICÉRON A ATTICUS[1].

Voici la seconde lettre que je dicte aujourd'hui 7 avril, et je vous en écrivis hier une plus longue. On dit qu'on vous a vu dans la maison des pontifes[2]. Je ne prétends pas vous en faire un scrupule, puisque je ne m'en suis pas fait un non plus de paraître en public. J'attends vos lettres avec impatience, quoique, après tout, je ne voie pas ce que je puis encore attendre; mais, quand il n'y aurait point de nouvelles, mandez-moi toujours qu'il n'y en a point. César m'écrit qu'il ne me sait pas mauvais gré de ce que je n'ai pas voulu venir à Rome, et qu'il est entré dans mes raisons. Mais je trouve fort bon ce qu'il ajoute, que Tullus et Servius se sont plaints à lui de ce qu'il n'a pas eu pour eux la même condescendance. Les plaisantes gens! eux qui ont envoyé leurs fils pour investir Pompée dans Brindes, ils auraient fait difficulté de se trouver au sénat? Mais je vous envoie une copie de la lettre de César.

LETTRE CCCLXV.

A Formies, ou dans une autre maison de campagne, vers le 13 avril 704.

CICÉRON A SERV. SULPICIUS.

J'apprends par une lettre de C. Trebatius mon ami intime, que vous l'avez prié de vous informer où

ferre, quod me propter valetudinem tuam, quum ad Urbem accessissem, non vidisses; et hoc tempore velle te mecum, si propius accessissem, de officio utriusque nostrum communicare.

Utinam, Servi, salvis rebus (sic enim est dicendum) colloqui potuissemus inter nos! Profecto aliquid opis occidenti reipublicæ tulissemus. Cognoram enim jam absens, te, hæc mala multo ante providentem, defensorem pacis et in consulatu tuo et post consulatum fuisse. Ego autem quum consilium tuum probarem, et idem ipse sentirem, nihil proficiebam. Sero enim veneram : solus eram : rudis esse videbar in causa : incideram in hominum pugnandi cupidorum insanias.

Nunc, quoniam nihil jam videmur opitulari posse reipublicæ, si quid est, in quo nobismet ipsis consulere possimus, non ut aliquid ex pristino statu nostro retineamus, sed ut quam honestissime lugeamus, nemo est omnium, quicum potius mihi, quam tecum, communicandum putem. Nec enim clarissimorum virorum, quorum similes esse debemus, exempla, neque doctissimorum, quos semper coluisti, præcepta te fugiunt. Atque ipse antea ad te scripsissem, te frustra in senatum, sive potius in conventum senatorum esse venturum, ni veritus essem, ne animum ejus offenderem, qui a me, ut te imitarer, petebat. Cui quidem ego, me

j'étais; et que, lorsque je me suis approché de Rome [1], vous avez été fâché que votre santé ne vous ait pas permis de me voir; enfin que, si j'approchais plus près de la ville, vous seriez bien aise, dans ces conjonctures, que nous pussions conférer ensemble sur nos obligations communes.

Plût au ciel, mon cher Servius, que sans aucun inconvénient (car il faut trancher le mot) nous eussions déjà pu nous procurer cette conférence! nous aurions sans doute été de quelque secours à la république menacée de sa chute. Je n'ai pas ignoré dans mon absence que, prévoyant de loin les maux présens, vous avez toujours été le défenseur de la paix pendant et après votre consulat. J'approuvais votre dessein; les miens étaient les mêmes; mais de quelle utilité pouvais-je être? j'arrivais tard; j'étais seul; je paraissais peu versé dans la cause; je tombais parmi des insensés qui ne respiraient qu'après l'occasion de se battre.

A présent, puisqu'il y a si peu d'apparence que nous puissions secourir la république, je ne connais personne avec qui j'aime mieux examiner qu'avec vous, non si nous pouvons conserver encore quelque chose de notre ancienne dignité, mais comment nous devons nous y prendre pour la pleurer honnêtement. Vous n'ignorez ni les exemples des grands hommes auxquels nous devons ressembler, ni la doctrine des savans personnages dont vous avez sans cesse étudié les ouvrages. Mon dessein était de vous prévenir; et comptez que je vous aurais écrit qu'il était inutile d'aller au sénat, ou plutôt à l'assemblée des sénateurs [2], si je n'avais craint d'offenser celui qui souhaitait au contraire que je me réglasse sur votre exemple. Lorsqu'il me pressa de me trouver au sénat,

quum rogaret, ut adessem in senatu, eadem omnia, quæ a te de pace et de Hispaniis dicta sunt, ostendi me esse dicturum.

Res vides quomodo se habeant; orbem terrarum, imperiis distributis, ardere bello; Urbem sine legibus, sine judiciis, sine jure, sine fide relictam direptioni et incendiis. Itaque mihi venire in mentem nihil potest, non modo quid sperem, sed vix jam quid audeam optare. Sin autem tibi, homini prudentissimo, videtur utile esse, nos colloqui : quanquam longius etiam cogitabam ab Urbe discedere, cujus jam etiam nomen invitus audio, tamen propius accedam.

Trebatio mandavi, ut, si quid tu eum velles ad me mittere, ne recusaret; idque ut facias, velim; aut, si quem tuorum fidelium voles, ad me mittas, ne aut tibi exire ex Urbe necesse sit, aut mihi accedere. Ego tantum tibi tribuo, tantum mihi fortasse arrogo, ut exploratum habeam, quidquid nos de communi sententia statuerimus, id omnes homines probaturos. Vale.

EPISTOLA CCCLXVI.
(ad Att., X, 4.)
Scrib. in Cumano, postridie idus apr. A. V. C. 704.

CICERO ATTICO SAL.

Multas a te accepi epistolas eodem die, omnes diligenter scriptas; eam vero, quæ voluminis instar erat, sæpe legendam, sicuti facio : in qua non frustra labo-

je ne lui dissimulai point que je répéterais tout ce que vous aviez dit de la paix et de l'Espagne.

Vous voyez où l'on en est déjà. La guerre est allumée dans le monde entier, depuis que les commandemens sont distribués. La ville est sans lois, sans jugemens, sans droit, sans foi, et comme abandonnée au pillage et à l'incendie; je ne vois, en un mot, ni sujet d'espérance ni presque rien même que j'aie la hardiesse de désirer. Cependant je connais votre prudence. Quoique je pensasse à m'éloigner plus que jamais d'une ville dont je n'entends plus le nom qu'à regret, si vous croyez encore qu'il y ait quelque fruit à tirer de notre conférence, je consens à m'approcher.

J'ai marqué à Trebatius qu'il ne fît pas de difficulté de m'envoyer ce que vous jugeriez nécessaire, et je vous prie vous-même de prendre les soins qui conviennent là-dessus, ou de m'envoyer, si vous voulez, un de vos gens à qui je puisse parler avec confiance; vous nous exempteriez tous deux, vous de sortir de la ville, et moi de m'en rapprocher. J'ai assez bonne opinion de vous et de moi, pour ne pas douter que ce que nous ferons de concert n'obtienne l'approbation de tout le monde. Adieu.

LETTRE CCCLXVI.

Cumes, 14 avril 704.

CICÉRON A ATTICUS.

J'AI reçu le même jour plusieurs de vos lettres, toutes fort longues; mais j'ai lu plusieurs fois, et je ne saurais trop lire celle qui ferait presque un volume. Vous n'avez

rem suscepisti; mihi quidem pergratum fecisti. Quare, ut id, quoad licebit, id est quoad scies ubi simus, quam sæpissime facias, te vehementer rogo.

Ac deplorandi quidem, quod quotidie facimus, sit jam nobis aut finis omnino, si potest, aut moderatio quædam, quod profecto potest. Non enim jam, quam dignitatem, quos honores, quem vitæ statum amiserim, cogito, sed quid consecutus sim, quid præstiterim, qua in laude vixerim : his denique in malis, quid intersit inter me et istos, quos propter omnia amisimus. Hi sunt, qui, nisi me civitate expulissent, obtinere se non posse putaverunt licentiam cupiditatum suarum : quorum societatis et sceleratæ consensionis fides quo eruperit, vides. Alter ardet furore et scelere, nec remittit aliquid, sed in dies ingravescit : modo Italia expulit : nunc alia ex parte persequi, et alia provincia exspoliare conatur : nec jam recusat, sed quodam modo postulat, ut, quemadmodum est, sic etiam appelletur tyrannus. Alter, is, qui nos sibi quondam ad pedes stratos ne sublevabat quidem, qui se nihil contra hujus voluntatem aiebat facere posse, elapsus e soceri manibus ac ferro, bellum terra ac mari comparat, non injustum ille quidem, sed quum pium tum etiam necessarium, suis tamen civibus exitiabile, nisi vicerit, calamitosum etiam, si vicerit.

Horum ego summorum imperatorum non modo res

pas perdu votre temps, du moins vous m'avez fait beaucoup de plaisir. Je vous prie donc instamment de me donner souvent cette consolation, tant que vous le pourrez, c'est-à-dire tant que vous saurez où m'adresser vos lettres.

Il est temps enfin que je cesse de déplorer nos malheurs comme je fais tous les jours, ou du moins que j'y apporte quelque modération, ce qui ne me sera pas difficile; car je ne pense plus au rang et aux honneurs dont je me vois privé, mais de quelle manière j'y étais parvenu, comment je m'y étais conduit, et quelle gloire j'y avais acquise; enfin, quelle différence il y a, même dans ces temps malheureux, entre moi et ceux qui nous ont fait perdre tous ces avantages. Je parle de ces ambitieux, qui, lorsqu'ils se furent unis, crurent que s'ils ne m'éloignaient de Rome, ils ne pourraient jamais faire agir librement leurs passions. Mais vous voyez à quoi aboutit cette fatale union, que le crime avait formée. L'un poursuit avec fureur ses desseins barbares; rien ne peut ni l'arrêter ni le satisfaire. Ce n'est pas assez pour lui d'avoir chassé Pompée de l'Italie, il va lui ôter son gouvernement, et le poursuivra jusqu'en Grèce. Il ne se met guère en peine de passer pour un tyran comme il l'est en effet; il semble même qu'il s'en glorifie. L'autre, qui m'a vu autrefois à ses pieds sans me relever, et qui ne pouvait, disait-il alors, rien faire que du consentement de César, échappé maintenant des mains cruelles de ce beau-père, va allumer sur terre et sur mer une guerre juste à la vérité, entreprise, si vous voulez, par de bons motifs, et absolument nécessaire; mais elle ne laissera pas de perdre la république s'il est vaincu, et elle sera toujours funeste, quand même il serait victorieux [1].

Ainsi, non-seulement je ne mets pas les actions de

gestas non antepono meis, sed ne fortunam quidem ipsam, qua illi florentissima, nos duriore conflictati videmur. Quis enim potest, aut deserta per se patria, aut oppressa, beatus esse? et si, ut nos a te admonemur, recte in illis libris diximus, nihil esse bonum, nisi quod honestum ; nihil malum, nisi quod turpe sit : certe uterque istorum est miserrimus, quorum utrique semper patriæ salus et dignitas posterior sua dominatione et domesticis commodis fuit. Præclara igitur conscientia sustentor, quum cogito me de republica aut meruisse optime, quum potuerim, aut certe nunquam nisi divine cogitasse; eaque ipsa tempestate eversam esse rempublicam, quam ego XIV annis ante prospexerim.

Hac igitur conscientia comite proficiscar, magno equidem cum dolore, nec tam id propter me, aut propter fratrem meum, quorum jam acta ætas, quam propter pueros, quibus interdum videmur præstare etiam rempublicam debuisse : quorum quidem alter, non tam, quia majore pietate est, me mirabiliter excruciat; alter (o rem miseram! nihil enim mihi accidit in omni vita acerbius), indulgentia videlicet nostra depravatus, eo progressus est, quo non audeo dicere; et exspecto tuas litteras. Scripsisti enim, te scripturum esse plurima, quum ipsum vidisses. Omne meum obsequium in illum fuit cum multa severitate : neque unum ejus, nec parvum, sed multa magna delicta compressi. Patris autem

ces grands capitaines au dessus de ce que j'ai fait pour la république; je ne préfère pas même leur fortune, qui a été si brillante et si bien soutenue, à la mienne qui a tant été traversée. Peut-on être heureux, lorsqu'on a à se reprocher, ou d'avoir mal défendu sa patrie, ou de l'avoir opprimée? Et si, comme vous m'en faites souvenir, j'ai eu raison d'avancer, dans mes livres philosophiques, que le bonheur est inséparable de la vertu, ne doit-on pas regarder comme les hommes du monde les plus malheureux, des gens qui ont toujours préféré leur élévation et leurs intérêts particuliers à l'avantage et au salut de leur patrie? C'est donc pour moi une grande consolation de penser qu'au contraire je l'ai très-bien servie lorsque je l'ai pu; que je n'ai jamais eu pour elle que des sentimens dignes des meilleurs citoyens[2]; qu'enfin j'ai prévu, quatorze ans auparavant[3], cette tempête qui va la faire périr.

Je partirai donc, soutenu par ces bons témoignages de ma conscience, quoique avec une douleur infinie; non pas tant par rapport à mon frère et à moi, nous avons presque fourni notre carrière, que par rapport à nos enfans, à qui il me semble quelquefois que nous devrions nous conserver pour les produire dans la république. L'un m'afflige infiniment, moins parce qu'il est mon fils, que parce que je lui vois un bon naturel. Mais l'autre (que nous sommes malheureux! non, rien ne m'a jamais affligé davantage), l'autre, dis-je, abusant de la trop grande indulgence que nous avons eue pour lui, en est venu à des extrémités[4] dont je n'ose parler. J'attends ce que vous nous en écrirez, comme vous nous avez promis de le faire plus en détail, lorsque vous l'auriez vu. Pour moi, j'ai toujours mêlé avec

lenitas amanda potius ab illo, quam tam crudeliter negligenda.

Nam litteras ejus ad Cæsarem missas ita graviter tulimus, ut te quidem celaremus; sed ipsius videmus vitam insuavem reddidisse. Hoc vero ejus iter, simulatioque pietatis qualis fuerit, non audeo dicere. Tantum scio, post Hirtium conventum, accersitum ab Cæsare : cum eo, de meo animo ab suis rationibus alienissimo, et consilio relinquendi Italiam ; et hæc ipsa timide. Sed nulla nostra culpa est : natura metuenda est. Hæc Curionem, hæc Hortensii filium, non patrum culpa, corrupit.

Jacet in mœrore meus frater, neque tam de sua vita, quam de mea metuit. Huic tu, huic tu malo affer consolationes, si ullas potes; maxime quidem illam velim : ea, quæ ad nos delata sint, aut falsa esse aut minora. Quæ si vera sint, quid futurum sit in hac vita et fuga, nescio. Nam si haberemus rempublicam, consilium mihi non deesset nec ad severitatem, nec ad indulgentiam. Hæc, sive iracundia, sive dolore, sive metu permotus, gravius scripsi, quam aut tuus in illum amor, aut meus postulabat. Si vera sunt, ignosces : si falsa, me libente eripies mihi hunc errorem. Quoquo modo vero se res habebit, nihil assignabis nec patruo nec patri.

l'indulgence beaucoup de sévérité, et je l'ai empêché par-là plus d'une fois de faire de très-grandes fautes. Si mon frère a eu trop de bonté, son fils devait l'aimer davantage, bien loin d'en abuser si cruellement.

Lorsque nous sûmes qu'il avait écrit à César, cela nous donna tant de chagrin, que nous ne voulûmes point vous le mander; mon frère en est inconsolable. J'ose à peine vous parler de ce voyage, et de la manière dont il a voulu en colorer le motif. Ce que je sais, c'est qu'après qu'il eut vu Hirtius, César le fit venir, et que notre neveu lui dit que je lui étais fort opposé, et que je pensais à sortir de l'Italie; je ne vous dis cela qu'avec peine. Au reste, il ne faut pas s'en prendre à nous, mais à son mauvais naturel; comme on ne doit pas attribuer à Curion et à Hortensius la mauvaise conduite de leur fils. Mon frère est accablé de douleur, et il craint moins pour sa vie que pour la mienne.

Tâchez, s'il se peut, de donner quelque consolation à un père si malheureux. La meilleure pour nous, ce serait que tout ce qu'on nous a rapporté fût faux, ou du moins beaucoup exagéré. Mais si on ne nous a rien dit que de véritable, je ne vois pas comment y remédier dans la situation où nous sommes. Si la république était tranquille, je saurais bien comment m'y prendre pour le ramener, soit par la sévérité, soit par la douceur. Peut-être que la colère, ou la douleur, ou la crainte, me font parler d'une manière trop forte d'un neveu pour qui vous avez tant d'amitié, et pour qui je n'en ai pas moins. Mais vous devez me pardonner, si ce que je vous mande est véritable; et si cela se trouve faux, je me verrai détrompé avec joie. Quoi qu'il en soit, vous ne devez vous en prendre ni à son oncle ni à son père.

Quum hæc scripsissem, a Curione mihi nuntiatum est, eum ad me venire. Venerat enim is in Cumanum vesperi pridie, id est idibus. Si quid ejus igitur sermo ejusmodi attulerit, quod ad te scribendum sit, id his litteris adjungam.

Præteriit villam meam Curio, jussitque mihi nuntiari, mox se venturum : cucurritque Puteolos, ut ibi concionaretur. Concionatus est : rediit : fuit ad me sane diu. O rem fœdam ! nosti hominem : nihil occultavit; in primis nihil esse certius, quam ut omnes, qui lege Pompeia condemnati essent, restituerentur; itaque se in Sicilia eorum opera usurum. De Hispaniis, non dubitabat, quin Cæsaris essent : inde ipsum cum exercitu, ubicumque Pompeius esset : ejus interitu finem belli fore. Plane iracundia elatum voluisse Cæsarem occidi Metellum tribunum plebis. Propius factum esse nihil. Quod si esset factum, cædem magnam futuram fuisse. Permultos hortatores esse cædis : ipsum autem non voluntate aut natura non esse crudelem, sed quod putaret popularem esse clementiam : quod si populi studium amisisset, crudelem fore : eumque perturbatum, quod intelligeret, se apud ipsam plebem offendisse de ærario. Itaque ei quum certissimum fuisset, antequam proficisceretur, concionem habere, ausum non esse, vehementerque animo perturbato profectum.

Quum autem ex eo quærerem, ecquod videret exemplum reipublicæ, plane fatebatur nullam speciem reli-

J'avais écrit ceci, lorsque Curion m'envoya dire qu'il allait venir chez moi. Il arriva à Cumes hier au soir, 13 de ce mois. S'il m'apprend quelque chose qui mérite de vous être mandé, je le joindrai ici.

Curion, ayant passé par chez moi, me fit dire qu'il allait revenir. Il courait haranguer le peuple à Pouzzoles. Il revint aussitôt après, et nous fûmes très-long-temps ensemble. Que d'indignités j'ai apprises! Vous connaissez le personnage; il ne m'a rien caché. Il me dit d'abord, comme une chose absolument sûre, que tous ceux qui avaient été bannis en exécution de la loi de Pompée seraient rappelés, et qu'il emploierait ceux qu'il trouverait en Sicile. Il compte que César sera bientôt maître de l'Espagne, qu'ensuite il marchera avec toutes ses forces contre Pompée, et que la guerre ne finira point qu'il ne s'en soit défait; que César s'était fort emporté contre Metellus[5], et qu'il avait pensé le faire tuer; que sa mort aurait sans doute été suivie de celle de beaucoup d'autres; que bien des gens voulaient le porter à la cruauté, et qu'il n'avait point pris le parti de la douceur par inclination, mais par politique et pour se conserver l'affection du peuple; que si cela ne lui réusissait pas, il ne garderait plus de ménagement; qu'il avait été piqué de ce que la populace même s'était élevée contre lui, lorsqu'il avait fait enfoncer les portes du trésor public; et que cela l'avait tellement déconcerté, qu'il n'avait pas voulu se hasarder à haranguer le peuple avant que de partir, comme il y était d'abord résolu.

Je demandai à Curion ce qu'il pensait de l'avenir, si la république subsisterait, ou du moins s'il en resterait

quam. Pompeii classem timebat : quæ si esset, se de Sicilia abiturum. « Quid isti, inquam, sex tui fasces? si ab senatu, cur laureati? si ab ipso, cur sex? — Cupivi, inquit, ex senatusconsulto surrepto : nam aliter non poterat. At ille impendio nunc magis odit senatum : a me, inquit, omnia proficiscentur. — Cur autem sex? — Quia duodecim nolui : nam licebat. »

Tum ego, « Quam vellem, inquam, petiisse : ab eo, quod audio Philippum impetrasse : sed veritus sum, quia ille a me nihilim petrabat. — Libenter, inquit, tibi concessisset. Verum puta te impetrasse. Ego enim ad eum scribam, ut tu ipse voles, de ea re nos inter nos locutos. Quid autem illius interest, quoniam in senatum non venis, ubi sis? quin nunc ipsum minime offendisses ejus causam, si in Italia non fuisses. » Ad quæ ego, me recessum et solitudinem quærere, maxime quod lictores haberem. Laudavit consilium. « Quid ergo? inquam; num mihi cursus in Græciam per tuam provinciam est, quoniam ad mare Superum milites sunt? — Quid mihi, inquit, optatius? » Hoc loco multa perliberaliter. Ergo hoc quidem est profectum, ut non modo tuto, verum etiam palam navigaremus.

quelque image. Il me dit naturellement qu'il ne fallait point s'y attendre. Il craint que Pompée ne soit maître de la mer; en ce cas, Curion abandonnera la Sicile. « Mais que signifient, lui dis-je, ces six faisceaux? Si c'est le sénat qui vous les a donnés, pourquoi sont-ils entourés de lauriers? et si c'est César, pourquoi n'y en a-t-il que six? — Je voulais, m'a-t-il dit, surprendre un décret du sénat, car il n'y avait point d'autre voie. Mais César est plus opposé que jamais à cette compagnie, et il a voulu que je tinsse tout de lui. S'il ne m'en a donné que six, c'est que je n'en ai pas voulu davantage, car j'en étais le maître. »

« Que je voudrais, lui dis-je ensuite, avoir demandé à César ce que j'apprends qu'il a accordé à Philippe?! mais j'ai eu peur qu'il ne me l'accordât pas, parce qu'il n'a pu rien obtenir de moi. — Il vous l'aurait accordé sans peine, m'a répondu Curion; mais faites comme s'il vous l'avait accordé, et je me chargerai, si vous voulez, de lui écrire que nous en sommes convenus ensemble. En effet, dès-lors que vous ne voulez point aller au sénat, que lui importe où vous soyez? Je suis même persuadé qu'il n'aurait point trouvé mauvais que vous fussiez d'abord sorti de l'Italie. » Je dis là-dessus à Curion que je pensais à me retirer dans quelque lieu écarté, surtout à cause de mes *licteurs*, et il a approuvé mon dessein. « Eh bien, ai-je repris, pour aller en Grèce, il faut que je passe par la province où vous commanderez, à cause des troupes qui sont sur les côtes de la mer Adriatique. — Je suis ravi, m'a-t-il dit, d'avoir cette occasion de vous rendre service; » ce qu'il a accompagné de beaucoup d'honnêtetés. Ainsi je pourrai passer la mer, non-seulement sans danger, mais même sans être obligé de me cacher.

Reliqua in posterum diem distulit : ex quibus scribam ad te, si quid erit epistola dignum. Sunt autem, quæ præterii, interregnumne esset exspectaturus; an, quo modo dixerit ille quidem, ad se deferri consulatum, sed se nolle in proximum annum. Et alia sunt, quæ exquiram. Jurabat ad summam, quod nullo negotio facit, amicissimum mihi Cæsarem esse debere. « Quid enim, inquit, scripsit ad me Dolabella, ad illum quum scripsisset, quod te cuperet ad Urbem venire, illum quidem gratias agere maximas, et non modo probare, sed etiam gaudere? » Quid quæris? acquievi. Levata est enim suspicio illa domestici mali, et sermonis Hirtiani. Quam cupio illum dignum esse nobis : et quam ipse me invito, ne quid putem de ullo suspicaudum! Sed quid opus fuit Hirtio convento? Est profecto nescio quid : sed velim quam minimum. Et tamen eum nondum redisse miramur. Sed hæc videbimus.

Tu Oppios Terentiæ dabis. Jam enim Urbis unum periculum est. Me tamen consilio juva, pedibusne Rhegium, an hinc statim in navem. Ceterum, quoniam commoror, ego ad te statim habebo quod scribam, si-

Curion a remis à demain ce qu'il a encore à me dire : s'il y a quelque chose qui mérite de vous être mandé, je ne manquerai pas de vous l'écrire. J'ai oublié de lui demander si César attendait l'interrègne pour faire élire les magistrats [8] ; ou si.... Que dirai-je? Curion m'a déjà dit que César lui avait offert le consulat, mais qu'il n'en avait point voulu pour l'année prochaine. J'ai encore plusieurs autres questions à lui faire. Pour conclusion, il me jura, ce qui ne lui coûte guère [9], qu'il y avait toutes les apparences du monde que César était content de moi; qu'il en jugeait par ce que lui mandait Dolabella. Qu'est-ce que c'est? lui dis-je. « Dolabella, reprit-il, ayant écrit à César qu'il souhaitait fort que vous vinssiez à Rome, César dans sa réponse, après l'avoir remercié de ses bonnes intentions, ajoute qu'il approuve les raisons que vous avez eues pour n'y pas venir, et qu'il en est même bien aise. » Que voulez-vous que je vous dise? J'ai commencé à respirer, et cela a fort diminué le soupçon que nous avions sur cette conversation que notre neveu a eue avec Hirtius. Que je souhaite qu'il soit digne de nous, et que c'est bien malgré moi que je pense autrement [10]! Mais pourquoi aller trouver Hirtius? Il y a quelque chose là-dessous. Je souhaite que le mal ne soit pas plus grand. Nous sommes surpris qu'il ne soit pas encore revenu; mais nous saurons bientôt ce qui en est.

Vous donnerez à Terentia l'argent que j'avais chez les Oppius [11], car on ne peut plus le placer sûrement à Rome. Dites-moi, je vous prie, si vous me conseillez d'aller par terre à Rhegium, ou de m'embarquer ici. Au reste, puisque je ne pars pas de suite, j'aurai matière

mul ut videro Curionem. De Tirone cura, quæso, quod fecis, ut sciam, quid is agat.

EPISTOLA CCCLXVII.
(ad div., VIII, 16.)
Scrib. mense aprili A. V. C. 704.

M. COELIUS M. T. CICERONI S.

Exanimatus sum tuis litteris, quibus te nihil nisi triste cogitare ostendisti : neque, id quid esset, perscripsisti; neque non tamen, quale esset, quod cogitares, aperuisti. Has illico ad te litteras scripsi. Per fortunas tuas, Cicero, per liberos te oro, obsecro, ne quid gravius de salute et incolumitate tua consulas. Nam deos hominesque, amicitiamque nostram testificor, me tibi prædixisse, neque temere monuisse; sed, postquam Cæsarem convenerim, sententiamque ejus, qualis futura esset parta victoria, cognorim, te certiorem fecisse.

Si existimas, eamdem rationem fore Cæsari in dimittendis adversariis, et conditionibus ferendis, erras. Nihil nisi atrox et sævum cogitat, atque etiam loquitur. Iratus senatui exiit : his intercessionibus plane incitatus est. Non mehercule erit deprecationi locus.

pour vous écrire dès que j'aurai vu Curion. Informez-vous toujours, je vous prie, comment se porte Tiron.

LETTRE CCCLXVII.

Écrite dans le mois d'avril 704.

M. CÉLIUS A M. CICÉRON.

Vous me faites trembler. Vous ne méditez que des choses terribles ; c'est ce que vous me faites entendre dans votre lettre, sans m'expliquer quels sont vos desseins. Vous me les faites néanmoins pénétrer, et je ne veux pas différer un moment à vous écrire. Par votre fortune, mon cher Cicéron, par la tendresse que vous portez à vos enfans, je vous conjure de ne prendre aucun parti qui puisse nuire à votre sûreté. J'atteste les dieux, les hommes et mon amitié, que mes prédictions n'étaient pas vaines ; que les avis que je vous ai donnés étaient motivés ; et que je ne me suis déterminé à vous avertir qu'après avoir appris, de la bouche même de César, la conduite qu'il était résolu de tenir après la victoire.

Si vous vous figurez qu'il conservera toujours les mêmes dispositions, et qu'il sera toujours prêt à traiter ses ennemis avec la même indulgence, vous vous trompez. Il se lassera de faire des offres inutiles ; et soyez certain qu'ayant été choqué de l'opposition qu'il a trouvée de la part du sénat, ses idées et son langage sont déjà changés : il est sorti en colère ; il prend un ton terrible, et je vous proteste que les prières ne seront plus de saison.

Quare, si tibi tu, si filius unicus, si domus, si spes. turæ reliquæ tibi caræ sunt; si aliquid apud te nos, si vir optimus, gener tuus, valemus : eorum fortunam non debes velle conturbare, ut eam causam, in cujus victoria salus nostra est, odisse aut relinquere cogamur, aut impiam cupiditatem contra salutem tuam habeamus.

Denique illud cogita, quod offensæ fuerit, in ista cunctatione te subisse. Nunc te contra victorem facere, quem dubiis rebus lædere noluisti, et ad eos fugatos accedere, quos resistentes sequi nolueris, summæ stultitiæ est. Vide ne, dum pudet te parum optimatem esse, parum diligenter, quod optimum sit, eligas. Quod si totum tibi persuadere non possum, saltem, dum, quid de Hispaniis agamus, scitur, exspecta; quas tibi nuntio adventu Cæsaris fore nostras. Quam isti spem habeant amissis Hispaniis, nescio. Quod porro tuum consilium sit ad desperatos accedere, non mediusfidius reperio.

Hoc, quod tu non dicendo mihi significasti, Cæsar audierat, ac simul atque, ave, mihi dixit, statim, quid de te audisset, exposuit. Negavi me scire : sed tamen ab eo petii, ut ad te litteras mitteret, quibus maxime ad remanendum commoveri posses. Me secum in Hispaniam ducit. Nam, nisi ita faceret, ego prius, quam ad

Si donc vous avez quelque amour pour vous-même, pour votre maison, pour un fils unique et pour tout le reste de vos espérances; si mes prières, si celles d'un gendre qui doit vous être cher, sont capables de faire sur vous quelque impression, ne ruinez pas notre fortune, ne nous mettez pas dans la nécessité de haïr et d'abandonner un parti dans lequel notre sûreté consiste, ou de former des vœux impies contre le vôtre.

Enfin, considérez qu'en demeurant incertain si longtemps, vous avez déjà donné de justes sujets de plaintes, et que de vous déclarer aujourd'hui contre un vainqueur que vous n'avez pas cru devoir offenser quand sa cause était douteuse, surtout pour accompagner un homme qui fuit, et que vous n'avez pas voulu suivre lorsqu'il était en état de résister, ce serait assurément une extrême folie. Prenez garde qu'en voulant paraître trop bon citoyen, vous ne décidiez un peu trop légèrement en quoi consiste aujourd'hui cette qualité. Mais si je ne puis vous fléchir entièrement, attendez du moins de quelle manière les affaires tourneront en Espagne. Je suis persuadé que cette province sera à nous aussitôt que César y paraîtra. Quel espoir leur reste-t-il après avoir perdu l'Espagne? Et quelles peuvent être vos vues en embrassant une cause désespérée? en vérité, je cherche en vain pour la comprendre.

A l'égard de ce que vous me faites entendre par votre silence, César a reçu des informations, et dès que je me suis présenté devant lui, il m'a dit qu'on lui avait parlé de vous. Je lui ai protesté que j'ignorais absolument ce qu'on lui avait rapporté, et je l'ai prié de vous écrire dans les termes les plus convenables à vous arrêter. Il m'engage à le suivre en Espagne; sans quoi, je n'aurais rien

Urbem accederem, ubicunque esses, ad te percurrissem, et hoc a te præsens contendissem, atque omni vi te retinuissem.

Etiam atque etiam, mi Cicero, cogita, ne te tuosque omnes funditus evertas, nec te sciens prudensque eo demittas, unde exitum vides nullum esse. Quod si te aut voces optimatium commovent, aut nonnullorum hominum insolentiam et jactationem ferre non potes : eligas censeo aliquod oppidum vacuum a bello, dum hæc decernuntur, quæ jam erunt confecta. Id si feceris, et ego te sapienter fecisse judicabo, et Cæsarem non offendes.

EPISTOLA CCCLXVIII.
(ad Att., X, 5.)
Scrib. in Cumano, a. d. xv kal. maii A. V. C. 704.

CICERO ATTICO SAL.

De tota mea cogitatione scripsi ad te antea satis, ut mihi visus sum, diligenter. De die nihil sane potest scribi certi, præter hoc, non ante lunam novam, Curionis sermo postridie eamdem habuit fere summam, nisi quod apertius significavit, se harum rerum exitum non videre. Quod mihi mandas de Quinto regendo, Ἀρκαδίαν. Tamen nihil prætermittam. Atque utinam tu! sed modestior non ero. Epistolam ad Vestorium statim detuli,

de plus pressant que de vous rejoindre, dans quelque lieu que vous soyez, pour entrer là-dessus en dispute avec vous, et vous forcer, malgré vous-même, de ne pas quitter l'Italie.

Considérez plus d'une fois, mon cher Cicéron, que vous allez perdre, et vous, et tout ce qui vous appartient. Ne vous précipitez pas volontairement dans un abîme d'où vous voyez bien qu'il vous sera impossible de sortir. Si vous craignez les reproches de ceux à qui vous croyez devoir de la considération, ou si vous avez peine à supporter l'insolence de certaines gens, retirez-vous dans quelque endroit éloigné du bruit des armes, jusqu'à la fin de cette querelle, dont la décision ne peut être fort éloignée. Je crois que vous n'avez point de parti plus sage à choisir, et j'ose vous garantir que César ne s'en offensera point.

LETTRE CCCLXVIII.

Cumes, 17 avril 704.

CICÉRON A ATTICUS.

Je crois vous avoir rendu compte assez exactement, dans ma dernière lettre, de la résolution et des mesures que j'ai prises. Pour le jour de mon départ, tout ce que je puis vous dire de certain, c'est que ce ne sera pas avant la nouvelle lune. Ce que me dit Curion, le lendemain, revient à peu près à ce que je vous ai mandé, sinon qu'il m'assura, d'une manière encore plus positive, qu'il ne voyait point de remède aux maux présens. En me chargeant de veiller sur la conduite de notre ne-

ac valde requirere solebat. Commodius tecum Vectenus est locutus, quam ad me scripserat. Sed mirari satis hominis negligentiam non queo.

Quum enim mihi Philotimus dixisset, H.-S. L emere de Canuleio deversorium illud posse, minoris etiam empturum, si Vectenum rogassem; rogavi, ut, si quid posset, ex ea summa detraheret: promisit: ad me nuper, se H.-S. xxx emisse; ut scriberem, cui vellem addici; diem pecuniae id. novembr. esse. Rescripsi ei stomachosius, cum joco tamen familiari. Nunc, quoniam agit liberaliter, nihil accuso hominem, scripsique ad eum, me a te certiorem esse factum. Tu, de tuo itinere quid et quando cogites, velim me certiorem facias. A. d. xv kalend. maii.

EPISTOLA CCCLXIX.
(ad Att., X, 6.)
Scrib. in Cumano, circa x kal. maii A. V. C. 704.

CICERO ATTICO SAL.

ME adhuc nihil praeter tempestatem moratur. Astute nihil sum acturus, fiat in Hispania quidlibet; et tamen retice. Meas cogitationes omnes explicavi tibi superio-

veu, vous me donnez une commission bien difficile[1]; mais je ne négligerai rien. Vous en viendrez à bout bien mieux que moi ; je ne serai pas néanmoins plus indulgent que vous[2]. J'ai porté sur-le-champ cette lettre à Vestorius, qui s'en était informé plusieurs fois[3]. Ce que vous a dit Vectenus est bien plus raisonnable que ce qu'il m'avait écrit ; mais je ne saurais assez m'étonner de son peu d'attention[4].

Philotime m'avait écrit qu'on aurait cette maison de Canuleius pour cinquante mille sesterces, et que Vectenus pourrait même me la faire obtenir à un prix moins élevé, si je lui en écrivais. Je le priai donc de me faire diminuer quelque chose, et il me le promit. Il m'écrivit dernièrement qu'il l'avait achetée trente mille sesterces, que je lui marquasse à qui je voulais qu'on l'adjugeât, et qu'il fallait que l'argent fût prêt pour le 13 novembre. Je lui ai répondu d'une manière un peu sèche, en plaisantant néanmoins ; mais, puisqu'il agit honnêtement, je n'ai plus lieu de me plaindre ; je lui ai mandé que vous m'en aviez écrit. Marquez-moi quelles mesures vous avez prises pour votre voyage, et quand vous comptez partir. Le 17 avril.

LETTRE CCCLXIX.

Cumes, vers le 22 avril 704.

CICÉRON A ATTICUS.

Je n'attends plus pour partir que le beau temps : je n'userai point de finesse ; que les affaires tournent en Espagne comme elles voudront : n'en dites mot néan-

ribus litteris. Quocirca hæ sunt breves, et tamen, quia festinabam, eramque occupatior. De Quinto filio, fit a me quidem sedulo : sed nosti reliqua.

Quod dein me mones, et amice et prudenter mones; sed erunt omnia facilia, si ab uno illo cavero. Magnum opus est. Mirabilia multa : nihil simplex, nihil sincerum. Vellem suscepisses juvenem regendum. Pater enim nimi sindulgens, quidquid ego adstrinxi, relaxat. Si sine illo possem, regerem : quod tu potes. Sed ignosco : magnum, inquam, opus est. Pompeium pro certo habemus per Illyricum proficisci in Galliam. Ego nunc, qua et quo, videbo.

EPISTOLA CCCLXX.

(ad Att., X, 7.)

Scrib. in Cumano, circa v kal. maii A. V. C. 704.

CICERO ATTICO SAL.

Ego vero Apuliam, et Sipontum, et tergiversationem istam probo : nec tuam rationem eamdem esse duco, quam meam; non quin in republica rectum idem sit utrique nostrum; sed ea non agitur. Regnandi contentio

moins. Je vous ai rendu compte, dans mes dernières lettres, de tout ce que je pense, et c'est pour cela que celle-ci sera fort courte. D'ailleurs, étant à la veille de mon départ, j'ai fort peu de loisir. Vous me recommandez de veiller sur la conduite de notre neveu : je le fais avec soin [1]; vous savez le reste.

Quant aux autres avis que vous me donnez, j'y reconnais votre prudence et votre amitié; mais il n'y a rien à craindre que de la part de notre neveu; il est très-difficile à gouverner, et a un étrange caractère : il est inégal et dissimulé. Je voudrais qu'il fût sous votre direction; car son père est trop indulgent, et détruit par-là tout le bien que ma sévérité pourrait produire. J'espérerais en venir à bout si je le gouvernais tout seul, comme vous le pourriez faire; mais je vous pardonne de ne vouloir pas vous en charger : je le répète encore, c'est une grande entreprise. On dit ici, comme une nouvelle certaine, que Pompée va passer dans les Gaules par l'Illyrie [2] : il faut là-dessus que je voie où je dois aller, et quel chemin je dois prendre.

LETTRE CCCLXX.

Cumes, 27 avril 704.

CICÉRON A ATTICUS.

Je trouve que vous ferez bien de passer par la Pouille, et de vous embarquer à Siponte [1], pour cacher votre marche; car vous n'avez pas les mêmes engagemens que moi. Ce n'est pas que nous n'ayons les mêmes obligations lorsqu'il s'agit des intérêts de la république; mais on

est : in qua pulsus est modestior rex, et probior, et integrior, et is, qui nisi vincit, nomen populi romani deleatur necesse est; sin autem vincit, Sullano more exemploque vincet. Ergo hac in contentione neutrum tibi palam sentiendum, et tempori serviendum est. Mea causa autem alia est, quod beneficio vinctus ingratus esse non possum : nec tamen in acie, sed Melitæ, aut alio in simili oppidulo, futurum puto. « Nihil, inquies, juvas eum, in quem ingratus esse non vis. » Immo minus fortasse voluisset. Sed de hoc videbimus. Exeamus modo : quod ut meliore tempore possimus, facit Adriano mari Dolabella, Fretensi Curio.

Injecta autem mihi spes quædam est, velle mecum Serv. Sulpicium colloqui. Ad eum misi Philotimum libertum cum litteris. Si vir esse volet, præclara συνοδία : sin autem, erimus nos, qui solemus. Curio mecum vixit, jacere Cæsarem putans offensione populari, Siciliæque diffidens, si Pompeius navigare cœpisset. Quintum puerum accepi vehementer. Avaritiam video fuisse, et spem magni congiarii. Magnum hoc malum est. Sed scelus illud, quod timueramus, spero nullum fuisse. Hoc autem vitium puto te existimare non nostra indulgentia, sed a natura profectum : quam tamen nos disciplina regimus.

ne les soutient guère maintenant; l'ambition seule arme ces deux rivaux; et, pour notre malheur, nous avons déjà vu réduit à prendre la fuite celui qui a le plus de modération, de vertu et de probité, dont la perte entraînerait celle de la liberté romaine, et dont la victoire, d'un autre côté, ne serait pas moins funeste que celle de Sylla. Ainsi, vous faites bien de ne vous déclarer pour aucun des deux partis, et de vous accommoder au temps. Les obligations que j'ai à Pompée ne me laissent pas la même liberté; cependant je crois que je n'irai point dans son camp, mais que je me retirerai ou à Malte, ou dans quelque autre petite ville. « C'est, me direz-vous, ne rien faire pour un homme à qui vous croyez être si redevable; » peut-être, au contraire, qu'il en aurait encore moins exigé de moi; mais je verrai ce que j'aurai à faire; commençons toujours par sortir de l'Italie. Comme Dolabella sera maître sur la mer Adriatique, et Curion sur celle de Sicile, je pourrai attendre la belle saison.

J'ai quelque soupçon que Serv. Sulpicius souhaite avoir une conférence avec moi, et je lui ai écrit par Philotime, mon affranchi. S'il est homme de résolution, je ne puis avoir une meilleure compagnie; sinon, je ne me démentirai point. J'ai passé quelques jours avec Curion, qui m'a dit que César avait été fort mortifié de ce que le peuple avait paru ne lui être pas favorable. Pour Curion, il ne croit pas pouvoir tenir dans la Sicile, si Pompée se met en mer avec la flotte. J'ai reçu notre neveu de la bonne manière; tout ceci n'a été qu'avarice; il comptait tirer de César une grosse gratification : c'est toujours un très-grand mal; mais je crois qu'il n'a pas eu cette mauvaise intention dont nous l'avions soupçonné. Pour

De Oppiis Veliensibus quid placeat, cum Philotimo videbis. Epirum nostram putabimus, sed alios cursus videbamur habituri.

EPISTOLA CCCLXXI.
(ad div., IV, 2.)

Scrib. in Cumano, exeunte aprili A. V. C. 704.

M. T. CICERO SERV. SULPICIO S. D.

A. D. III kalend. maias quum essem in Cumano, accepi tuas litteras, quibus lectis cognovi, non satis prudenter fecisse Philotimum, qui, quum abs te mandata haberet, ut scribis, de omnibus rebus, ipse ad me non venisset, litteras tuas misisset : quas intellexi breviores fuisse, quod eum perlaturum putasses. Sed tamen, postquam litteras tuas legi, Postumia tua me convenit, et Servius noster. His placuit, ut tu in Cumanum venires; quod etiam mecum, ut ad te scriberem, egerunt.

Quod meum consilium exquiris, id est tale, ut capere facilius ipse possim, quam alteri dare. Quid enim est, quod audeam suadere tibi, homini summa auctoritate, summaque prudentia? Si, quid rectissimum sit, quærimus, perspicuum est; si, quid maxime expediat, obscurum. Sin ii sumus, qui profecto esse debemus, ut nihil arbitremur expedire, nisi quod rectum honestumque sit, non potest esse dubium, quid faciendum nobis

l'avarice, vous voyez qu'elle vient plutôt du naturel que de l'éducation; mais nous tâcherons d'y remédier. Vous règlerez avec Philotime cette affaire des Oppius. Je regarderai l'Épire comme m'appartenant[2]; mais je ne crois pas aller de ce côté-là.

LETTRE CCCLXXI.

Cumes, fin d'avril 704.

M. T. CICÉRON A SERV. SULPICIUS.

J'ai reçu votre lettre, le 29 avril, dans ma terre de Cumes, et j'ai reconnu en la lisant que Philotime, qui me l'avait envoyée, aurait été plus prudent s'il était venu lui-même, puisque vous l'aviez chargé particulièrement de vos ordres. J'ai même pensé que votre lettre n'était si courte que parce que vous aviez supposé qu'il me la remettrait lui-même. Cependant, depuis que je l'ai reçue, votre chère Postumia[1] et notre cher Servius sont venus me voir, et leur avis est que vous preniez la peine de vous rendre à Cumes : ils m'ont même engagé à vous l'écrire.

Je suis très-embarrassé pour vous répondre sur le conseil que vous me demandez : il me serait bien plus aisé de le prendre pour moi-même. Quel conseil oserais-je donner à un homme de votre prudence et de votre poids? Si c'est le parti le plus honnête que nous cherchons, il n'y a point de difficulté : si c'est le plus avantageux, je ne vois rien de si obscur. Sommes-nous tels que nous devons être, c'est-à-dire n'estimons-nous rien d'avantageux que ce qui est juste et honnête, la

sit. Quod existimas, meam causam conjunctam esse cum tua, certe similis in utroque nostrum, quum optime sentiremus, error fuit. Nam omnia utriusque nostrum consilia ad concordiam spectaverunt : qua quum ipsi Caesari nihil esset utilius, gratiam quoque nos inire ab eo, defendenda pace, arbitrabamur.

Quantum nos fefellerit, et quem in locum res deducta sit, vides. Neque solum ea perspicis, quae geruntur, quaeque jam gesta sunt, sed etiam, qui cursus rerum, qui exitus futurus sit. Ergo aut probare oportet ea, quae fiunt, aut interesse, etiam si non probes : quorum altera mihi turpis, altera etiam periculosa ratio videtur. Restat, ut discedendum putem. In quo reliqua videtur esse deliberatio., quod consilium in discessu, quae loca sequamur. Omnino quum miserior res nunquam accidit, tum ne deliberatio quidem difficilior.

Nihil enim constitui potest, quod non incurrat in magnam aliquam difficultatem. Tu, si videbitur, ita censeo facias, ut si habes jam statutum, quid tibi agendum putes, in quo non sit conjunctum consilium tuum cum meo, supersedeas hoc labore itineris : sin autem est, quod mecum communicare velis, ego te exspectabo. Tu quod tuo commodo fiat, quam primum velim venias, sicut intellexi et Servio et Postumiae placere. Vale.

conduite que nous avons à tenir n'est pas douteuse. Vous voyez que nous avons embrassé la même cause, et j'en conviens avec vous : mais lorsque nous avons cru penser le mieux, nous étions tous deux dans l'erreur. Toutes nos vues se rapportaient à la paix; et, jugeant que César n'avait rien à désirer de plus avantageux, nous avons cru lui plaire en prenant le parti de la paix.

Vous voyez où cette fausse opinion nous a conduits. Ce n'est pas sur le présent et sur le passé seulement qu'il faut jeter les yeux; mais considérez le cours des affaires [2], et jugez quel en peut être le terme. Je ne vois point d'issue. D'approuver tout ce qui se passe, ou d'être témoin de ce qu'on n'approuve pas, l'un me paraît honteux, et l'autre n'est pas sans danger. Il reste, à la vérité, le parti de la retraite; mais nous avons à délibérer sur les mesures de notre départ et sur le lieu que nous devons choisir pour asile. L'état des affaires n'ayant jamais été plus déplorable, jamais aussi des délibérations n'ont été plus difficiles.

A quoi pouvons-nous nous arrêter qui ne rencontre, en effet, de grandes difficultés? Voici mon sentiment, que vous suivrez si vous le jugez à propos : si vous avez déjà pris quelque résolution qui ne s'accorde point avec les vues que vous me connaissez, épargnez-vous la peine d'un voyage inutile; mais, s'il reste quelque chose sur quoi vous vouliez conférer avec moi, je vous attendrai volontiers. Hâtez-vous seulement de venir, autant que vous le pourrez commodément. J'ai compris que vous ne pouviez rien faire de plus agréable à Servius et à Postumia. Adieu.

EPISTOLA CCCLXXII.

(ad div., II, 16.)

Scrib. in Cumano, exeunte aprili A. V. C. 704.

M. T. CICERO, IMP., M. COELIO S. P. D.

Magno dolore me affecissent tuæ litteræ, nisi jam et ratio ipsa depulisset omnes molestias, et diuturna desperatione rerum obduruisset animus ad dolorem novum. Sed tamen quare acciderit, ut ex meis superioribus litteris id suspicarere, quod scribis, nescio. Quid enim fuit in illis, præter querelam temporum, quæ non meum animum magis sollicitum haberet, quam tuum? Nam non eam cognovi aciem ingenii tui, quod ipse videam, te id ut non putem videre. Illud miror, adduci potuisse te, qui me penitus nosse deberes, ut me existimares aut tam improvidum, qui ab excitata fortuna ad inclinatam et prope jacentem desciscerem, aut tam inconstantem, ut collectam gratiam florentissimi hominis effunderem, a meque ipse deficerem, et, quod initio semperque fugi, civili bello interessem.

Quod est igitur meum triste consilium? ut discederem fortasse in aliquas solitudines? Nosti enim non modo stomachi mei, cujus tu similem quondam habebas, sed etiam oculorum, in hominum insolentium indignitate, fastidium. Accedit etiam molesta hæc pompa lictorum

LETTRE CCCLXXII.

Cumes, fin d'avril 704.

M. T. CICÉRON, IMP., A M. CÉLIUS.

Votre dernière lettre m'aurait causé beaucoup de chagrin, si la raison ne m'avait déjà rendu supérieur à toutes sortes de peines, et si, depuis si long-temps que j'ai perdu l'espérance, je ne m'étais endurci contre les nouvelles douleurs. Cependant je ne comprends point comment mes lettres précédentes ont pu vous faire naître le soupçon que vous me témoignez. Qu'y avez-vous trouvé, que des plaintes générales du temps, qui n'ont pas dû vous troubler plus que moi ? Connaissant votre pénétration, je dois juger que ce qui frappe mes yeux doit aussi frapper les vôtres : mais je suis surpris que, devant me connaître vous-même, vous ayez pu me croire, ou assez inconsidéré pour abandonner une fortune solidement rétablie, en faveur d'un parti chancelant et presque abattu, ou assez inconstant pour regarder avec indifférence l'amitié d'un homme puissant, après avoir réussi à l'obtenir, pour me manquer à moi-même, et me mêler dans une guerre civile pour laquelle j'ai toujours eu de l'aversion.

Quels sont donc mes tristes projets ? de me retirer peut-être dans quelque solitude ; car vous savez que l'insolence et l'indignité de certaines gens choquent non-seulement ma raison, comme elles choquaient autrefois la vôtre [1], mais blessent jusqu'à mes yeux. C'est un autre embarras pour moi que cette pompe de mes licteurs et

meorum, nomenque imperii, quo appellor. Eo si onere carerem, quamvis parvis Italiæ latebris contentus essem. Sed incurrit hæc nostra laurus non solum in oculos, sed jam etiam in voculas malivolorum.

Quod quum ita esset, nihil tamen unquam de profectione, nisi vobis approbantibus, cogitavi. Sed mea prædiola tibi nota sunt. In his mihi necesse est esse, ne amicis molestus sim. Quod autem in maritimis sum facillime, moveo nonnullis suspicionem, velle me navigare; quod tamen fortasse non nollem, si possem ad otium. Nam ad bellum quidem qui convenit? præsertim contra eum, cui spero me satisfecisse; ab eo, cui jam satisfieri nullo modo potest? Deinde sententiam meam tu facillime perspicere potuisti jam ab illo tempore, quum in Cumanum mihi obviam venisti. Non enim te celavi sermonem T. Ampii. Vidisti, quam abhorrerem ab Urbe relinquenda. Quod quum audissem, nonne tibi affirmavi, quidvis me potius perpessurum, quam ex Italia ad bellum civile exiturum? Quid ergo accidit, cur consilium mutarem? Nonne omnia potius, ut in sententia permanerem? Credas hoc mihi velim, quod puto te existimare, me ex his miseriis nihil aliud quærere, nisi ut homines aliquando intelligant, me nihil maluisse, quam pacem; ea desperata, nihil tam fugisse, quam arma civilia. Hujus me constantiæ, puto fore, ut nunquam pœniteat.

le nom d'*imperator* qu'on me donne. Si je n'étais pas chargé de ce fardeau, je me bornerais volontiers à la plus petite retraite d'Italie. Mais je m'aperçois déjà que mes lauriers offusquent la vue de mes ennemis et m'attirent même leurs railleries.

Malgré tous ces dégoûts, je n'ai jamais pensé à me retirer sans l'approbation de mes amis. Vous connaissez mes petites terres; il faut bien que je m'y retire pour n'être point à charge à mes amis. On me soupçonne de vouloir passer la mer, parce que je me tiens volontiers dans celles qui en sont le plus voisines. Je ne dis point que cela fût impossible, si c'était pour trouver le repos; mais me conviendrait-il de partir pour la guerre, surtout contre un homme pour qui j'ai peut-être assez fait, mais qui a droit de croire que je ne puis faire assez pour lui? Vous avez dû pénétrer sans peine le fond de mes sentimens, dès le temps que vous êtes venu au devant de moi jusqu'à ma terre de Cumes. Je ne vous cachai point le discours de T. Ampius[2]. Vous pûtes remarquer combien j'avais d'éloignement pour quitter la ville. Et lorsque j'eus appris les vues de Pompée, ne vous assurai-je point que j'étais disposé à tout souffrir plutôt que d'abandonner l'Italie pour m'engager dans une guerre civile? Pourquoi mes résolutions seraient-elles changées? Au contraire, tout ce qui est arrivé depuis n'a-t-il pas dû les confirmer? Je vous prie d'être persuadé, et je me flatte que vous l'êtes effectivement, que je n'ai cherché, au milieu de toutes ces misères, qu'à faire connaître que je n'ai rien aimé plus que la paix, et qu'après en avoir perdu l'espoir, je n'ai rien fui avec tant de soin que les guerres civiles. J'espère n'avoir jamais à me repentir de cette constance.

Etenim memini, in hoc genere gloriari solitum esse familiarem nostrum, Q. Hortensium, quod nunquam bello civili interfuisset. Hoc nostra laus erit illustrior, quod ille tribuebatur ignaviæ : de nobis id existimari posse non arbitror. Nec me ista terrent, quæ mihi a te ad timorem fidelissime atque amantissime proponuntur. Nulla est enim acerbitas, quæ non omnibus, hac orbis terrarum perturbatione, impendere videatur : quam quidem ego a republica meis privatis et domesticis incommodis libentissime, vel istis ipsis, quæ tu me mones ut caveam, redemissem.

Filio meo, quem tibi carum esse gaudeo, si erit ulla respublica, satis amplum patrimonium relinquam memoriam nominis mei : sin autem nulla erit, nihil accidet ei separatim a reliquis civibus. Nam quod rogas, ut respiciam generum meum, adolescentem optimum, mihique carissimum : an dubitas, quum scias, quanti quum illum, tum vero Tulliam meam faciam; quin ea me cura vehementissime sollicitet? et eo magis, quod in communibus miseriis hac tamen oblectabar specula, Dolabellam meum, vel potius nostrum, fore ab iis molestiis, quas libertate sua contraxerat, liberum. Velim quæras, quos ille dies sustinuerit, in Urbe dum fuit ; quam acerbos sibi, quam ipsi mihi socero non honestos. Itaque nec hunc hispaniensem casum exspecto, de quo mihi exploratum est ita esse, ut tu scribis, nec quidquam astute cogito. Si quando erit civitas, erit profecto

Je me rappelle que Q. Hortensius, notre ami commun, se glorifiait de n'avoir jamais été mêlé dans aucune guerre civile. Il me sera plus glorieux qu'à lui d'avoir tenu la même conduite, parce qu'on n'attribuait la sienne qu'au défaut de courage, et que je ne crois pas qu'on puisse me faire le même reproche. Je ne me laisse pas même effrayer par tous les motifs de crainte que mes amis me mettent devant les yeux, parce que, dans des troubles dont l'univers entier se ressent, il semble que tout le monde est menacé du même malheur, et que j'aurais racheté volontiers le salut de la république, non-seulement par mes pertes domestiques, mais encore par toutes les disgrâces contre lesquelles on veut me mettre en garde.

Je suis charmé que vous aimiez mon fils; mais, si le ciel nous conserve une république, il trouvera un patrimoine assez riche dans la mémoire du nom de son père; et si la république périt, il essuiera le sort commun de tous ses concitoyens. Quand vous me pressez d'avoir égard à mon gendre, qui est un jeune homme de mérite et que j'aime tendrement, pouvez-vous douter, vous qui connaissez les sentimens que j'ai pour lui et pour Tullia, ma fille, que cette pensée ne me cause une vive inquiétude? Je tremble d'autant plus pour eux, que, dans nos misères communes, je trouvais de la douceur à me flatter que mon cher, ou plutôt notre cher Dolabella [3], se trouverait délivré de bien des peines qu'il s'était attirées par une conduite trop libre. Prenez la peine de vous informer si les jours qu'il a passés dans la ville ont été bien fâcheux pour lui et bien humilians pour son beau-père. Je n'attends donc point le succès de la guerre d'Espagne, qui sera, je n'en doute pas, tel que vous me l'écrivez, et je

nobis locus : sin autem non erit, in easdem solitudines tu ipse, arbitror, venies, in quibus nos consedisse audies. Sed ego fortasse vaticinor, et hæc omnia meliores habebunt exitus. Recordor enim desperationes eorum, qui senes erant, adolescente me. Eos ego fortasse nunc imitor, et utor ætatis vitio. Velim ita sit. Sed tamen....

Togam prætextam texi Oppio, puto te audisse. Nam Curtius noster dibaphum cogitat; sed eum infector moratur. Hoc adspersi, ut scires, me tamen in stomacho solere ridere. Dolabellæ, quod scripsi, suadeo videas, tanquam si tua res agatur. Extremum illud erit : nos nihil turbulenter, nihil temere faciemus. Te tamen oramus, quibuscunque erimus in terris, ut nos liberosque nostros ita tueare, ut amicitia nostra et tua fides postulabit. Vale.

EPISTOLA CCCLXXIII.
(ad div., V, 19.)
Scrib. in Cumano, exeunte aprili A. V. C. 704.

CICERO RUFO S. D.

Etsi mihi nunquam dubium fuit, quin tibi essem carissimus, tamen quotidie magis id perspicio : exstatque id, quod mihi ostenderas quibusdam litteris, hoc te

ne médite rien qui sente l'artifice. Si la ville conserve sa forme, j'y trouverai place. Si le ciel permet sa ruine, je suis persuadé que vous me suivrez vous-même dans la solitude où vous apprendrez que je me serai retiré. Mais je m'abandonne peut-être à des craintes vaines, et les affaires pourront tourner plus heureusement. Je me souviens d'avoir entendu, dans ma jeunesse, les lamentations des vieillards, qui désespéraient de l'avenir; et peut-être qu'à leur exemple je tombe dans le défaut ordinaire à cet âge. Fasse le ciel que je ne me trompe point dans cette idée! Cependant....

Vous aurez sans doute appris qu'on cherche à retenir Oppius par quelque emploi[4]. Curtius pense à l'augurat[5]; mais César l'arrête. Je laisse échapper ces plaisanteries, pour vous faire voir qu'au milieu de mes dégoûts j'aime encore à rire. Je vous exhorte à voir ce que j'ai écrit à Dolabella, comme s'il était question de votre propre intérêt. La résolution à laquelle je me fixe est de ne rien faire par emportement et au hasard. Mais, quelque pays que j'habite, je vous prie de prendre ma défense et celle de mes enfans, avec tout le zèle que demandent votre fidélité et notre amitié. Adieu.

LETTRE CCCLXXIII.

Cumes, fin d'avril 704.

CICÉRON A RUFUS[1].

QUOIQUE je n'aie jamais douté de votre amitié, je la reconnais de plus en plus tous les jours, et vous soutenez merveilleusement ce que vous m'aviez marqué dans

studiosiorem in me colendo fore, quam in provincia fuisses (etsi meo judicio nihil ad tuum provinciale officium addi potest), quo liberius judicium esse posset tuum. Itaque me et superiores litteræ tuæ admodum delectaverunt, quibus et exspectatum meum adventum abs te amanter videbam, et, quum aliter res cecidisset ac putasses, te meo consilio magnopere esse lætatum : et his proximis litteris magnum cepi fructum et judicii et officii tui; judicii, quod intelligo, te, id quod omnes fortes ac boni viri facere debent, nihil putare utile esse, nisi quod rectum honestumque sit; officii, quod te mecum, quodcumque cepissem consilii, polliceris fore; quo neque mihi gratius, neque, ut ego arbitror, tibi honestius esse quidquam potest. Mihi consilium captum jamdiu est. De quo ad te, non quo celandus esses, nihil scripsi antea, sed quia communicatio consilii tali tempore quasi quædam admonitio videtur esse officii, vel potius efflagitatio ad coeundam societatem vel periculi vel laboris. Quum vero ea tua sit voluntas, humanitas, benivolentia erga me, libenter amplector talem animum : sed ita (non enim dimittam pudorem in rogando meum), si feceris id, quod ostendis, magnam habebo gratiam; si non feceris, ignoscam, et alterum timori tribuam, alterum mihi te negare non potuisse arbitrabor.

plus d'une lettre, que votre zèle pour mes intérêts serait encore plus vif à Rome que dans la province, parce qu'il y paraîtrait plus libre. Ce n'est pas qu'il y ait rien manqué dans la province; mais j'ai ressenti une véritable satisfaction de votre première lettre, où j'ai remarqué que vous attendiez mon arrivée avec tous les sentimens d'un ami, et que vous n'avez pas laissé de vous réjouir du parti que j'ai pris, quoiqu'il soit contraire à vos idées. Je ne suis pas moins content de la dernière, et j'y trouve également une preuve de l'excellence de vos principes et de votre amitié; car c'est penser en homme de courage et d'honneur que de ne croire utile que ce qui est juste et honnête : et, d'un autre côté, me promettre que vous suivrez le parti pour lequel vous me verrez déclaré, c'est me causer toute la joie possible, et choisir en effet ce qui est capable de vous faire le plus d'honneur. Pour moi, j'avais pris depuis long-temps ma résolution : si je ne vous en ai rien marqué plus tôt, ce n'est pas que j'aie cru vous le devoir cacher; mais dans une occasion de cette nature, il semble que s'ouvrir à quelqu'un c'est l'avertir en quelque sorte de son devoir, ou plutôt vouloir l'engager dans les mêmes peines et les mêmes périls. Votre inclination, votre zèle, votre estime pour moi étant tels que vous me le témoignez, je suis charmé de vous voir dans cette disposition. Cependant, pour conserver toujours les mêmes ménagemens, j'accepte vos offres avec cette réserve, que, si vous exécutez ce que vous venez de promettre, j'en aurai beaucoup de reconnaissance, et que, si vous y manquez, je vous le pardonnerai. Dans le second cas, j'attribuerai votre changement à la crainte; et dans le premier, je me persuaderai que vous n'avez pu rien me refuser.

Est enim res profecto maxima. Quid rectum sit, apparet : quid expediat, obscurum est; ita tamen, ut, si nos ii sumus, qui esse debemus, id est studio digni et litteris nostris, dubitare non possimus, quin ea maxime conducant, quæ sunt rectissima. Quare tu, si simul placebit, statim ad me venies : sin quidem placebit, sed neque eodem nec continuo poteris, omnia tibi ut nota sint faciam. Quidquid statueris, te mihi amicum; sin id quod opto, etiam amicissimum judicabo.

EPISTOLA CCCLXXIV.
(ad Att., X, 8.)

Scrib. in Cumano, a. d. iv non. mai. A. V. C. 704.

CICERO ATTICO SAL.

Et res ipsa monebat, et tu ostenderas, et ego videbam, de iis rebus, quas intercipi periculosum esset, finem inter nos scribendi fieri tempus esse. Sed, quum ad me sæpe mea Tullia scribat, orans, ut, quid in Hispania geratur, exspectem; et semper adscribat, idem videri tibi; idque ipse etiam ex tuis litteris intellexerim : non puto esse alienum, me ad te, quid de ea re sentiam, scribere.

En effet, il n'est pas question d'une petite entreprise : on voit clairement ce que la justice demande; mais on ne voit pas de même ce qui convient à la prudence. Seulement, si nous sommes ce que nous devons être, c'est-à-dire dignes des lettres dont nous faisons notre étude, nous ne devons pas douter que ce qui convient le mieux ne soit ce qui est le plus conforme à la justice. Si vous persistez donc à prendre le même parti que moi, venez me joindre incessamment. Si, ferme dans cette résolution et dans celle de me joindre, vous ne pouvez venir sur-le-champ, j'aurai soin de vous communiquer tout ce qui se passera. Enfin, quelque parti que vous preniez, je vous regarderai comme mon ami[2], et si vous prenez le parti que je désire, comme mon excellent ami.

LETTRE CCCLXXIV.

Cumes, 2 mai 704.

CICÉRON A ATTICUS.

Vous m'aviez déjà marqué qu'il était temps enfin que nous cessassions de nous écrire, sur les affaires présentes, des lettres qui pourraient être interceptées. J'avais fait cette réflexion aussi bien que vous, et la chose parlait assez d'elle-même. Mais ma fille m'ayant écrit plusieurs fois pour m'engager à demeurer en Italie, jusqu'à ce que l'on ait vu comment les affaires tourneront en Espagne, et me marquant dans toutes ses lettres que vous êtes du même sentiment, ce qui m'a aussi paru par les vôtres, j'ai cru devoir vous exposer ce que je pense là-dessus.

Consilium istud tunc esset prudens, ut mihi videtur, si nostras rationes ad hispaniensem casum accommodaturi essemus; quod fieri dicitis oportere. Necesse est enim, aut, id quod maxime velim, pelli istum ab Hispania; aut trahi id bellum; aut istum, ut confidere videtur, apprehendere Hispanias. Si pelletur, quam gratus aut quam honestus tum erit ad Pompeium noster adventus, quum ipsum Curionem ad eum transiturum putem? si trahitur bellum, quid exspectem? aut quam diu? Relinquitur, ut, si vincimur in Hispania, quiescamus. Id ego contra puto : istum enim victorem magis relinquendum puto, quam victum, et dubitantem magis, quam fidentem suis rebus. Nam cædem video, si vicerit, et impetum in privatorum pecunias, et exsulum reditum, et tabulas novas, et turpissimorum honores, et regnum non modo romano homini, sed ne Persæ quidem cuiquam tolerabile.

Tacita esse poterit indignitas nostra? pati poterunt oculi, me cum Gabinio sententiam dicere? et quidem illum rogari prius? præsto esse clientem tuum Clodium? C. Ateii Plaguleium? ceteros? Sed cur inimicos colligo? qui meos necessarios, a me defensos, nec videre in curia sine dolore, nec versari inter eos sine dedecore potero. Quid? si ne id quidem est exploratum, fore, ut mihi liceat (scribunt enim ad me amici ejus, me illi nullo modo satisfecisse, quod in senatum non

Ce parti pourrait être bon, si, comme vous le prétendez, il fallait absolument se régler sur ce qui arrivera en Espagne; mais je suis d'un avis fort différent, et voici comme je raisonne : ou César sera chassé d'Espagne, ce que je souhaite fort, ou la guerre traînera en longueur, ou il se rendra maître de l'Espagne, comme il se le promet. S'il est battu, n'aurais-je pas bonne grâce alors d'aller trouver Pompée? Quel gré m'en saura-t-il, puisqu'en ce cas Curion lui-même pourrait bien en faire autant? Si la guerre traîne en longueur, qu'attendre, et jusqu'à quand? Reste donc, si César se rend maître de l'Espagne, que je demeure en Italie. Mais je raisonne tout autrement; je crois devoir bien plutôt le quitter lorsqu'il sera victorieux, ou que ses affaires seront en bon état, que si elles devenaient mauvaises et qu'il fût battu. S'il est victorieux, je prévois déjà qu'il répandra le sang des citoyens, qu'il s'emparera de leurs biens, qu'il rappellera les bannis, que nous verrons une banqueroute générale, et les gens les plus indignes élevés aux premiers honneurs; enfin, qu'il nous fera gémir sous une tyrannie insupportable, je ne dis pas à un Romain, mais à un Perse.

Pourrai-je, sans laisser échapper quelque plainte, soutenir toutes les indignités qu'il me faudra essuyer? Pourrai-je me résoudre à opiner avec Gabinius [1], et à opiner après lui? Pourrai-je voir assis parmi nous Clodius votre client, et Plaguleius [2] celui de C. Ateius; tant d'autres enfin de même espèce? Mais pourquoi ne parler que de mes ennemis? Je ne verrai qu'avec peine dans le sénat mes plus intimes amis [3], ceux pour qui j'ai plaidé autrefois, et je ne pourrai sans honte me trouver au milieu d'eux. Que sais-je même s'il me serait per-

venerim); tamenne dubitemus, an ei nos etiam cum periculo venditemus, quicum conjuncti ne cum præmio quidem voluimus esse?

Deinde hoc vide, non esse judicium de tota contentione in Hispaniis : nisi forte, iis amissis, arma Pompeium abjecturum putas, cujus omne consilium Themistocleum est. Existimat enim, qui mare teneat, eum necesse esse rerum potiri. Itaque nunquam id egit, ut Hispaniæ per se tenerentur : navalis apparatus ei semper antiquissima cura fuit. Navigabit igitur, quum erit tempus, maximis classibus, et ad Italiam accedet : in qua nos sedentes quid erimus? nam medios esse jam non licebit. Adversabimur igitur? quod malum majus? denique quid turpius? Ain' tu, Attice? An qui invalidi et absentis solus tuli scelus, ejusdem, cum Pompeio et cum reliquis principibus non feram? Quod si jam, misso officio, periculi ratio habenda est : ab illis est periculum, si peccaro; ab hoc, si recte fecero; nec ullum in his malis consilium periculo vacuum inveniri potest; ut non sit dubium, quin turpiter facere cum periculo fugiamus, quod fugeremus etiam cum salute.

Non simul cum Pompeio mare transierimus? Omnino non potuimus. Exstat ratio dierum. Sed tamen (fateamur enim, quod est; nec condamus quidem, ut possu-

mis d'entrer au sénat; car les amis de César me mandent qu'il a trouvé fort mauvais que je n'aie pas voulu m'y rendre en dernier lieu. Puis-je penser à me livrer à lui, lorsque je ne pourrai le faire sans danger, ne l'ayant pas voulu lorsque j'y pouvais trouver mon avantage?

Vous devez d'ailleurs considérer que l'affaire d'Espagne ne décidera pas de cette guerre, à moins que vous ne croyiez que dès que César sera maître de ce pays, Pompée mettra bas les armes; lui qui s'est tracé le même plan que Thémistocle, et qui est persuadé que celui qui est maître de la mer le sera tôt ou tard de l'empire. Aussi vous voyez qu'il ne s'est point soucié de défendre l'Espagne en personne, au lieu qu'il s'est fait d'abord un point capital d'avoir une puissante flotte. Il se mettra donc en mer quand il en sera temps, et viendra avec de nombreux vaisseaux [4] descendre en Italie. Quel parti prendrons-nous alors, nous qui y aurons demeuré, car nous ne pourrons plus être neutres? Il faudra donc résister? quelle extrémité et quelle honte pour nous!... Mais quand même je n'aurais point d'égard à mes engagemens, et que je ne songerais qu'à ma sûreté, je considère que je m'expose au ressentiment de Pompée en manquant à mon devoir, et que c'est, au contraire, en le faisant que je m'expose à celui de César. Ainsi, ne pouvant, dans la conjoncture présente, me résoudre à aucun parti qui n'ait ses dangers, je n'ai garde d'en prendre un qui me déshonorerait sans me mettre à couvert, puisque je ne le prendrais pas, même quand j'y trouverais une entière sûreté.

Pourquoi donc, me direz-vous, n'avez-vous pas d'abord passé la mer avec Pompée? C'est que je n'en ai pas été le maître, comme on peut le voir par la date des let-

mus) fefellit ea me res, quæ fortasse non debuit, sed fefellit : pacem putavi fore : quæ si esset, iratum mihi Cæsarem esse, quum idem amicus esset Pompeio, nolui. Senseram enim, quam iidem essent. Hoc verens in hanc tarditatem incidi. Sed assequor omnia, si propero; si cunctor, amitto.

Et tamen, mi Attice, auguria quoque me incitant quadam spe non dubia, non hæc collegii nostri ab Appio, sed illa Platonis de tyrannis. Nullo enim modo posse video stare istum diutius, quin ipse per se, etiam languentibus nobis, concidat; quippe qui florentissimus, ac novus, VI, VII diebus ipsi illi egenti ac perditæ multitudini in odium acerbissimum venerit; qui duarum rerum simulationem tam cito amiserit, mansuetudinis in Metello, divitiarum in ærario. Jam, quibus utatur vel sociis vel ministris, si ii provincias, si rempublicam regent, quorum nemo duo menses potuit patrimonium suum gubernare?

Non sunt omnia colligenda, quæ tu acutissime per-

tres qu'il m'écrivit alors. De plus (car il faut vous parler franchement, et vous dire une autre raison que j'aurais pu dissimuler), j'espérais que la paix se ferait ; je l'ai cru peut-être trop légèrement, mais enfin je l'ai cru ; et je savais qu'en ce cas il serait fort dangereux pour moi d'être mal avec César, pendant qu'il serait bien avec Pompée ; je m'en étais déjà fort mal trouvé, et je voyais bien qu'ils étaient toujours les mêmes. Voilà ce qui m'a empêché de me déterminer plus tôt ; mais je n'aurai rien perdu, pourvu que je parte incessamment ; au lieu qu'en différant davantage, je perds tout.

D'ailleurs, mon cher Atticus, je m'y sens porté par certains augures qui me paraissent infaillibles. Je ne parle pas de ceux dont Appius mon collègue a donné les principes [5], mais de ceux de Platon sur les tyrans. Je ne vois pas comment César pourrait se soutenir, et je ne doute point qu'il ne tombe de lui-même, quand nous ne ferions aucun effort pour l'abattre ; lui qui, avec une fortune si florissante, a échoué dès les commencemens, et s'est, en six ou sept jours, rendu odieux même à cette populace qui ne vit que du désordre et des dissensions publiques, et qui, par la manière dont il a traité Metellus [6], et par l'empressement avec lequel il a fait forcer les portes du trésor public, a laissé voir sitôt qu'il n'avait ni autant de modération ni d'aussi grandes richesses qu'il le voulait faire croire. Considérez d'ailleurs quelles sont les gens qui se sont donnés à lui, et qui lui servent de ministres. S'ils ont mangé en deux mois leur patrimoine [7], que sera-ce lorsque le gouvernement des provinces et de la république tombera entre leurs mains ?

Je pourrais joindre ici plusieurs autres réflexions qui

spicis : sed tamen ea pone ante oculos; jam intelliges id regnum vix semestre esse posse. Quod si me fefellerit, feram, sicut multi clarissimi homines in republica excellentes tulerunt, nisi forte me Sardanapali vicem in lectulo mori malle censueris, quam exsilio Themistocleo: qui quum fuisset, ut ait Thucydides, τῶν μὲν παρόντων δι' ἐλαχίστης βουλῆς κράτιστος γνώμων, τῶν δὲ μελλόντων ἐπὶ πλεῖστον τοῦ γενησομένου ἄριστος εἰκαστής, tamen incidit in eos casus, quos vitasset, si eum nihil fefellisset. Etsi is erat, ut ait idem, qui τὸ ἄμεινον καὶ τὸ χεῖρον ἐν τῷ ἀφανεῖ ἔτι προεώρα μάλιστα : tamen non vidit, nec quo modo Lacedæmoniorum, nec quo modo suorum civium invidiam effugeret, nec quid Artaxerxi polliceretur. Non fuisset et illa nox tam acerba Africano, sapientissimo viro, non tam dirus ille dies Sullanus callidissimo viro C. Mario, si nihil utrumque eorum fefellisset.

Nos tamen hoc confirmamus illo augurio, quo diximus; nec nos fallit, nec aliter accidet. Corruat iste necesse est, aut per adversarios, aut ipse per se, qui quidem sibi est adversarius unus acerrimus. Id spero vivis nobis fore. Quanquam tempus est, nos de illa perpetua jam, non de hac exigua vita cogitare. Sin quid acciderit maturius, haud sane mea multum interfuerit, utrum factum videam, an futurum esse multo ante viderim. Quæ quum ita sint, non est committendum, ut

vous viendront aisément dans l'esprit ; mais, pour peu que vous envisagiez les choses, vous comprendrez aisément que ce nouveau règne peut à peine durer six mois. Si je me trompe, je saurai prendre mon parti, à l'exemple de tant d'autres illustres républicains ; à moins que vous ne vouliez que je meure dans mon lit comme Sardanapale[8], plutôt que dans un exil glorieux comme Thémistocle, qui, selon ce que dit de lui Thucydide[9], « savait mieux que personne prendre son parti sur les affaires présentes, et former de justes conjectures sur l'avenir, » et qui néanmoins tomba dans des malheurs qu'il aurait évités s'il avait su tout prévoir. Quoique, selon le même Thucydide, « personne ne démêlât mieux ce qu'il y avait de bon et de mauvais dans les affaires, » cependant il ne put se mettre à couvert contre la jalousie des Athéniens et des Lacédémoniens, et ne prévit pas l'embarras où le jetteraient les engagemens qu'il prit avec Artaxerxès. Les jours de Scipion l'Africain[10], cet homme si prudent, n'auraient pas été abrégés, et C. Marius, le plus fin de tous les hommes, n'aurait pas été réduit par Sylla à de si cruelles extrémités[11], s'ils avaient su l'un et l'autre tout prévoir.

Mais l'augure sur lequel je me fonde ne me trompera point : c'est une chose infaillible, ou César succombera sous les efforts de ses ennemis, ou il se perdra lui-même, car il est son plus dangereux ennemi. J'espère que cela arrivera avant que je meure. Après tout, il est temps que je pense plutôt à l'immortalité qui vient des grandes actions, qu'à ce peu de jours qui me restent. Que s'ils sont abrégés, il est assez égal pour moi de voir ce changement, ou de l'avoir prévu longtemps avant qu'il arrivât. Avec de tels sentimens, je

iis pareamus, quos contra me senatus, ne quid respublica detrimenti acciperet, armavit.

Tibi sunt omnia commendata, quæ commendationis meæ pro tuo in nos amore non indigent. Ne hercule ego quidem reperio, quid scribam. Sedeo enim πλουδοκῶν. Etsi nihil unquam tam fuit scribendum, quam nihil mihi unquam ex plurimis tuis jucunditatibus gratius accidisse, quam quod meam Tulliam suavissime diligentissimeque coluisti. Valde eo ipsa delectata est; ego autem non minus. Cujus quidem virtus mirifica. Quo modo illa fert publicam cladem? quo modo domesticas tricas? quantus autem animus in discessu nostro? sit στοργή, sit summa σύντηξις, tamen nos recte facere et bene audire vult. Sed hac super re nimis, ne meam ipse συμπάθειαν jam evocem.

Tu, si quid de Hispaniis certius, et si quid aliud, dum adsumus, scribes : et ego fortasse discedens dabo ad te aliquid; eo etiam magis, quod Tullia te non putabat hoc tempore ex Italia. Cum Antonio item est agendum, ut cum Curione, Melitæ me velit esse, huic bello nolle interesse. Eo velim tam facili uti possem, et tam bono in me, quam Curione. Is ad Misenum vi nonas venturus dicebatur, id est hodie : sed præmisit mihi odiosas litteras, hoc exemplo :

n'ai garde de me soumettre à ceux contre qui le sénat m'a ordonné de prendre les armes [12] pour défendre la république.

Je vous ai recommandé toutes mes affaires, qui, par l'amitié que vous avez pour moi, vous étaient d'elles-mêmes recommandées ; ainsi, je n'ai plus rien à vous écrire ; je n'attends pour partir qu'un vent favorable. Mais je ne dois pas manquer de vous assurer, que de toutes les honnêtetés que j'ai reçues de vous en tant d'occasions, rien ne m'a fait plus de plaisir que la manière vive et obligeante avec laquelle vous vous êtes employé pour ma fille ; elle y a été très-sensible aussi bien que moi. Que j'admire sa vertu ! Avec quelle force d'esprit elle soutient, et les malheurs publics, et les petits chagrins de famille ! Mais surtout avec quel courage elle me voit partir ! Quoiqu'elle ait pour moi une amitié si vive et si tendre, elle ne considère que ce que mon devoir et mon honneur me prescrivent. N'en disons pas davantage, de peur de me laisser trop attendrir.

Si vous avez des nouvelles certaines des affaires d'Espagne, je vous prie de me les faire connaître, et d'y joindre toutes celles que vous saurez d'ailleurs. Je pourrai bien aussi vous écrire encore avant mon départ, surtout s'il est vrai, comme ma fille me le mande, que vous ne pensez plus à aller en Épire. Il faut maintenant que je tâche d'obtenir d'Antoine la liberté de me retirer à Malte, en l'assurant que je demeurerai neutre ; je souhaite qu'il soit là-dessus aussi facile que Curion. On dit qu'il doit arriver à Misène [13] aujourd'hui 2 mai ; mais il m'a écrit par avance une lettre fort peu amicale [14] : en voici la copie :

ANTONIUS, TRIB. PLEB., PROPRÆT., CICERONI, IMP., S.

Nisi te valde amarem, et multo quidem plus, quam tu putas, non extimuissem rumorem, qui de te prolatus est, quum præsertim falsum esse existimarem. Sed quia te nimio plus diligo, non possum dissimulare, mihi famam quoque, quamvis sit falsa, magni esse. Te iturum trans mare, credere non possum, quum tanti facias Dolabellam, et Tulliam tuam, feminam lectissimam, tantique ab omnibus nobis fias, quibus mehercule dignitas amplitudoque tua pæne carior est, quam tibi ipsi. Sed tamen non sum arbitratus esse amici, non commoveri etiam improborum sermone : atque eo feci studiosius, quod judicabam, duriores partes mihi impositas esse ab offensione nostra, quæ magis a ζηλοτυπίᾳ mea, quam ab injuria tua nata est. Sic enim volo te tibi persuadere, mihi neminem esse cariorem te, excepto Cæsare meo, meque illud una judicare, Cæsarem maxime in suis M. Ciceronem reponere.

Quare, mi Cicero, te rogo ut tibi omnia integra serves, ejus fidem improbes, qui tibi, ut beneficium daret, prius injuriam fecit : contra eum ne profugias, qui te, etsi non amabit (quod accidere non potest), tamen salvum amplissimumque esse cupiet. Dedita opera ad te Calpurnium, familiarissimum meum, misi,

ANTOINE, TRIB. DU PEUPLE, PROPR., A CICÉRON, IMP.

Si je ne m'intéressais pas à ce qui vous regarde, et beaucoup plus que vous ne pensez, j'aurais négligé le bruit que l'on fait courir sur votre compte, d'autant plus que je le crois sans fondement. Mais, comme j'ai pour vous une amitié toute particulière, je ne puis m'empêcher de vous dire que ces bruits, quoique faux, ne laissent pas de me faire de la peine. Je ne puis croire que vous pensiez à aller trouver Pompée ; vous aimez trop votre gendre et votre fille, qui est, en effet, une femme pleine de mérite, et vous êtes trop aimé dans le parti de César, jusque-là qu'il semble que vos intérêts nous soient plus chers qu'à vous-même. Mais, quoique je sois persuadé que ce sont des gens malintentionnés qui font courir ces bruits, j'ai cru néanmoins qu'il ne serait pas d'un bon ami de les négliger; et que je devais même avoir pour vous plus d'attention, à cause de nos anciens différends [15], qui étaient venus plutôt de quelque jalousie de ma part, que d'aucun mauvais procédé de la vôtre. Vous pouvez être persuadé qu'après César il n'y a personne qui me soit plus cher que vous, et je puis aussi vous répondre que César vous compte parmi ses meilleurs amis.

Ainsi je vous conjure, mon cher Cicéron, de ne prendre aucun engagement. Vous ne devez pas vous livrer à un homme qui, pour vous réduire à avoir besoin de lui, a commencé par vous nuire [16] ; et vous n'avez rien à craindre du côté de César. Quand même il n'aurait pas pour vous une véritable amitié, ce qui n'est pas possible, il ne laisserait pas de vous conserver tous les honneurs

ut mihi magnæ curæ tuam vitam ac dignitatem esse scires.

Eodem die a Cæsare Philotimus litteras attulit, hoc exemplo :

CÆSAR, IMP., CICERONI, IMP., S.

Etsi te nihil temere, nihil imprudenter facturum judicaram, tamen permotus hominum fama, scribendum ad te existimavi, et pro nostra benivolentia petendum, ne quo progredereris, proclinata jam re, quo, integra etiam, progrediendum tibi non existimasses. Namque et amicitiæ graviorem injuriam feceris, et tibi minus commode consulueris, si non fortunæ obsecutus videbere (omnia enim secundissima nobis, adversissima illis accidisse videntur), nec causam secutus (eadem enim tum fuit, quum ab eorum consiliis abesse judicasti), sed meum aliquod factum condemnavisse : quo mihi gravius abs te nil accidere potest. Quod ne facias, pro jure nostræ amicitiæ a te peto. Postremo, quid viro bono et quieto, et bono civi magis convenit, quam abesse a civilibus controversiis? quod nonnulli quum probarent, periculi causa sequi non potuerunt. Tu, explorato et vitæ meæ testimonio et amicitiæ judicio, neque tutius neque honestius reperies quidquam, quam ab omni contentione abesse. xv kal. maii ex itinere.

dont vous jouissez. Je vous envoie exprès Calpurnius, mon ami particulier, pour vous prouver combien j'ai à cœur que vous ne preniez pas un mauvais parti.

Le même jour Philotime m'apporta une lettre de César, dont voici la copie :

CÉSAR, IMP., A CICÉRON, IMP.

Quoique je sois persuadé que vous avez trop de prudence pour prendre un mauvais parti, j'ai cru néanmoins ne devoir pas négliger le bruit qui s'est répandu. Je vous conjure, par notre amitié, de ne pas suivre Pompée, maintenant que ses affaires se trouvent si compromises, puisque vous n'avez pas cru le devoir faire, lors même qu'il n'avait reçu aucun échec. Les choses ayant si bien tourné pour moi, et si mal pour lui, vous agiriez également contre les devoirs de l'amitié et contre vos propres intérêts, si vous ne cédiez pas à la fortune. Il paraîtrait d'ailleurs que ce ne serait point la bonté de sa cause qui vous aurait déterminé : elle n'était pas moins bonne lorsque vous avez évité de vous trouver avec ceux de son parti, et l'on ne manquerait pas de croire que j'ai fait, depuis, quelque action que vous voulez désavouer publiquement. Rien ne pourrait être plus injurieux pour moi, et je vous conjure, par notre amitié, de ne pas me faire un tel affront. Après tout, que peut faire de mieux un bon citoyen, ennemi des dissensions publiques, que de garder une exacte neutralité? Bien des gens auraient pris ce parti s'ils l'avaient cru sûr pour eux. Vous qui connaissez mon caractère et mes sentimens à votre égard, vous pouvez le prendre, et sans rien hasarder et sans blesser votre honneur.

EPISTOLA CCCLXXV.
(ad Att., X, 9.)

Scrib. in Cumano, v non. maii A. V. C. 704.

CICERO ATTICO SAL.

Adventus Philotimi (at cujus hominis, quam insulsi, et quam saepe pro Pompeio mentientis!) exanimavit omnes, qui mecum erant. Nam ipse obdurui. Dubitabat nostrum nemo, quin Caesar itinera repressisset; volare dicitur : Petreius cum Afranio conjunxisset se; nihil affert ejusmodi. Quid quaeris? etiam illud erat persuasum, Pompeium cum magnis copiis iter in Germaniam per Illyricum fecisse : id enim αὐθεντικῶς nuntiabatur. Melitam igitur, opinor, capessamus, dum, quid in Hispania : quod quidem propemodum videor ex Caesaris litteris ipsius voluntate facere posse; qui negat, neque honestius neque tutius mihi quidquam esse, quam ab omni contentione abesse. Dices, *Ubi ergo tuus ille animus, quem proximis litteris?* Adest, et idem est, sed utinam meo solum capite decernerem! Lacrymae meorum me interdum molliunt, precantium, ut de Hispaniis exspectemus.

M. Coelii quidem epistolam, scriptam miserabiliter, quum hoc idem obsecraret, ut exspectarem, ne fortunas meas, ne unicum filium, ne meos omnes tam temere proderem, non sine magno fletu legerunt pueri nostri;

LETTRE CCCLXXV.

Cumes, 3 mai 704.

CICÉRON A ATTICUS [1].

L'arrivée de Philotime a consterné tous ceux qui sont ici; pour moi, je ne sens plus rien. Vous connaissez le personnage, vous savez avec quelle légèreté il croit et débite tout ce qui est à l'avantage de Pompée. Aujourd'hui c'est un autre ton : nous ne doutions point que César n'eût retardé sa marche; bien loin de cela, il vole. On assurait que Petreius avait joint Afranius[2] : Philotime n'en a rien entendu dire. De plus, on disait ici, comme une nouvelle très-certaine, que Pompée marchait avec une nombreuse armée par l'Illyrie pour passer dans la Germanie; mais, puisque ce sont de faux bruits, je vais me retirer à Malte, jusqu'à ce qu'on ait eu des nouvelles d'Espagne. Il me paraît même, par la lettre de César, qu'il ne le trouvera pas mauvais, puisqu'il me marque que le parti le plus sûr et le plus honnête pour moi, c'est de me tenir dans quelque endroit neutre. « Où est donc, me direz-vous, ce courage qui paraissait dans votre dernière lettre? » Il est toujours le même; et plût aux dieux qu'il ne s'agît que d'exposer ma vie! mais je vous avoue que je cède quelquefois aux larmes de toute ma famille, qui me prie d'attendre ce que deviendront les affaires d'Espagne.

J'ai reçu une lettre de M. Célius, écrite d'une manière fort touchante, dans laquelle il me donne le conseil et me conjure de ne point trahir mes intérêts, ceux de mon fils unique[3] et de toute ma famille : ce que nos jeunes

etsi meus quidem est fortior, eoque ipso vehementius commovet, nec quidquam nisi de dignitate laborat. Melitam igitur : deinde, quo videbitur. Tu tamen etiam nunc mihi aliquid litterarum, et maxime si quid ab Afranio.

Ego, si cum Antonio locutus ero, scribam ad te, quid actum sit. Ero tamen in credendo, ut mones, cautus. Nam occultandi ratio quum difficilis, tum etiam periculosa est. Servium exspecto ad nonas : et adigit Postumia, et Servius filius. Quartanam leviorem esse gaudeo. Misi ad te Coelii etiam litterarum exemplum *.

EPISTOLA CCCLXXVI.

(ad Att., X, 10.)

Scrib. in Cumano, v non. maii A. V. C. 704.

CICERO ATTICO SAL.

Me caecum, qui haec ante non viderim! misi ad te epistolam Antonii. Ei quum ego saepissime scripsissem, nihil me contra Caesaris rationes cogitare, meminisse me generi mei, meminisse amicitiae; potuisse, si aliter sentirem, esse cum Pompeio; me autem, quia cum lictoribus invitus cursarem, abesse velle, nec id ipsum certum etiam nunc habere : vide, quam ad haec παροιγικῶς.

* Cf. *Epist.* cccLxvII.

gens n'ont pu lire sans verser beaucoup de larmes. Mon fils a néanmoins plus de courage, il ne pense qu'à ce que l'honneur demande de moi; mais c'est ce qui m'attendrit encore davantage. Allons donc d'abord à Malte, et je ferai ensuite ce que vous me conseillerez. Écrivez-moi, je vous prie, avant mon départ, et marquez-moi surtout quelles nouvelles on a d'Afranius.

Si j'ai une entrevue avec Antoine, je vous en rendrai compte : n'appréhendez pas que je me fie trop à ce qu'il me dira. Je ne pense plus à me tenir caché en Italie; cela serait également difficile et dangereux. J'attends Servius le 7 de ce mois, comme sa femme et son fils m'en ont prié. Je suis ravi que votre fièvre quarte soit diminuée. Je joins ici une copie de la lettre de Célius*.

LETTRE CCCLXXVI.

Cumes, 3 mai 704.

CICÉRON A ATTICUS.

Quel aveuglement à moi de n'avoir pas prévu ce qui m'arrive aujourd'hui[1]! Je vous ai déjà envoyé une lettre d'Antoine. Je lui ai écrit plusieurs fois que je ne songeais nullement à me déclarer contre César; que je me souvenais de ce que je dois à mon gendre et à César même; que si je n'avais pas voulu y avoir égard, j'aurais d'abord suivi Pompée comme j'en étais le maître, et que je ne pensais à sortir de l'Italie que parce que j'étais las de courir de côté et d'autre avec mes licteurs. Voici la réponse insolente qu'il me fait là-dessus[2] :

* *Voyez* la *Lettre* CCCLXVII.

« Tuum consilium quam verum est! Nam qui se medium esse vult, in patria manet : qui proficiscitur, aliquid de alterutra parte judicare videtur. Sed ego is non sum, qui statuere debeam, jure quis proficiscatur, nec ne. Partes mihi Cæsar has imposuit, ne quem omnino discedere ex Italia paterer. Quare parvi refert, me probare cogitationem tuam, si nihil tamen tibi remittere possum. Ad Cæsarem mittas, censeo, et ab eo hoc petas. Non dubito, quin impetraturus sis, quum præsertim te amicitiæ nostræ rationem habiturum esse pollicearis. »

Habes σκυτάλην Λακωνικήν. Omnino excipiam hominem. Erat autem v non. venturus vesperi, id est hodie. Cras igitur ad me fortasse veniet. Tentabo ut persuadeam, me nihil properare; missurum ad Cæsarem clamabo me; cum paucissimis alicubi occultabor; clam hinc istis invitissimis evolabo, atque utinam ad Curionem! σὺν θεῷ τοι λέγω. Magnus dolor accessit. Efficietur aliquid dignum nobis.

Δυσουρία tua mihi valde molesta. Medere, amabo, dum est ἀρχή. De Massiliensibus gratæ tuæ mihi litteræ. Quæso, ut sciam, quidquid audieris. Siciliam cuperem, si possem palam : quod a Curione effeceram. Hic ego Servium exspecto : rogor enim ab ejus uxore et filio; et puto opus esse.

« Le moyen de croire que vous ne dissimuliez point ! Ceux qui veulent demeurer neutres se tiennent chez eux ; dans les circonstances présentes, on ne peut sortir de l'Italie sans se déclarer pour l'un des deux partis ; mais ce n'est pas à moi à juger si vous avez de bonnes ou de mauvaises raisons. César m'a donné un ordre général de ne laisser sortir qui que ce soit ; ainsi, que j'approuve ou non votre dessein, cela est fort indifférent, car je ne suis point le maître. Je vous conseille de vous adresser directement à César ; je suis persuadé qu'il ne vous refusera point, puisque vous promettez de ne rien faire contre l'amitié qui est entre nous. »

Voilà ce qui s'appelle commander à la baguette[3]. Je recevrai bien mon homme[4] : il doit arriver ici aujourd'hui, 3 du mois ; probablement qu'il viendra demain chez moi. Je lui tendrai un piège ; je crierai bien haut que je ne pense point encore à partir[5], et que je vais envoyer un exprès à César. Je me tiendrai caché avec un fort petit nombre de domestiques ; enfin je saurai bien m'échapper malgré eux[6] : je souhaite seulement de pouvoir joindre Curion. Je suis outré jusqu'au vif ; et pourvu que les dieux me secondent, je ferai quelque chose digne de moi.

Je suis bien inquiet de votre rétention d'urine ; tâchez, je vous prie, d'y remédier dès son début. Les nouvelles qui sont venues de Marseille[7] sont fort bonnes ; mandez-moi toutes celles que vous saurez. J'irais volontiers en Sicile, si, comme j'en étais convenu avec Curion, je pouvais m'embarquer sans être obligé de le faire secrètement. J'attends ici Servius ; sa femme et son fils m'en ont prié, et je crois que je ne ferai pas mal.

Hic tamen Cytheridem secum lectica aperta portat, altera uxorem; septem praeterea conjunctae lecticae amicarum sunt, an amicorum? Vide, quam turpi letho pereamus: et dubita, si potes, quin ille, seu victor seu victus redierit, caedem facturus sit. Ego vero vel lintriculo, si navis non erit, eripiam me ex istorum parricidio. Sed plura scribam, quum illum convenero.

Juvenem nostrum non possum non amare: sed ab eo nos non amari, plane intelligo. Nihil ego vidi tam ἀνηθοποίητον, tam aversum a suis, tam nescio quid cogitans. Vim incredibilem molestiarum! sed erit curae, et est, ut regatur. Mirum est enim ingenium: ἤθους ἐπιμελητέον.

EPISTOLA CCCLXXVII.
(ad Att., X, 11.)

Scrib. in Cumano, a. d. iv non. maii A. V. C. 704.

CICERO ATTICO SAL.

Obsignata jam epistola superiore, non placuit ei dari, cui constitueram, quod erat alienus. Itaque eo die data non est. Interim venit Philotimus, et mihi a te litteras reddidit: quibus quae de fratre meo scribis, sunt ea quidem parum firma, sed habent nihil ὕπουλον, nihil fallax, nihil non flexibile ad bonitatem, nihil, quod non, quo velis, uno sermone possis perducere. Ne multa:

Au reste, vous saurez qu'Antoine mène avec lui, dans une litière découverte, la comédienne Cythéride[8]. Sa femme est dans une autre, et il en a encore sept remplies de courtisanes, et peut-être quelque chose de pire[9]. Voilà par quelles indignes mains il nous faut périr. Et doutez, après cela, que César, lorsqu'il reviendra ici, soit victorieux, soit vaincu, ne remplisse Rome de carnage. Pour moi, quand je ne trouverais point de vaisseau, je prendrais plutôt une barque pour échapper à leurs mains parricides. Mais je vous en dirai davantage lorsque j'aurai vu Antoine.

Je suis toujours plein d'amitié pour votre neveu, mais je vois avec douleur qu'il n'en a point pour nous. Jamais esprit ne fut plus difficile, plus inquiet, plus opposé à sa famille. C'est pour moi un nouveau surcroît d'affliction; mais je veillerai toujours sur lui avec soin : il a beaucoup de dispositions, seulement il faut veiller à son caractère[10].

LETTRE CCCLXXVII.

Cumes, 4 mai 704.

CICÉRON A ATTICUS.

Après que j'eus cacheté ma dernière lettre, je ne jugeai pas à propos de la remettre à celui par qui j'avais compté vous l'envoyer; je ne le crus pas assez sûr; ainsi elle ne partit pas le jour qu'elle fut écrite. Là-dessus Philotime arriva, et me rendit celle où vous vous plaignez de mon frère. Il est vrai qu'il n'a pas un caractère assez égal; mais d'ailleurs il a un très-bon cœur, sans fard et sans dissimulation, et on le fait revenir très-

omnes suos, etiam quibus irascitur crebrius, tamen caros habet, me quidem se ipso cariorem. Quod de puero aliter ad te scripsit, et ad matrem de filio, non reprehendo. De itinere et de sorore quæ scribis, molesta sunt, eoque magis, quod ea tempora nostra sunt, ut ego his mederi non possim. Nam certe mederer. Sed quibus in malis, et qua in desperatione rerum simus, vides.

Illa de ratione nummaria non sunt ejusmodi (sæpe enim audio ex ipso), ut non cupiat tibi præstare, sed in eo laborat. Sed si mihi Q. Axius in hac mea fuga H.-S. XIII non reddit, quæ dedi ejus filio mutua, et utitur excusatione temporis; si Lepta; si ceteri; soleo mirari de nescio queis H.-S. XX quum audio ex illo se urgeri. Vides enim profecto angustias. Curari tamen ea tibi utique jubet. An existimas illum in isto genere lentulum, aut restrictum? nemo est minus. De fratre satis.

De ejus filio, indulsit illi quidem suus pater semper: sed non facit indulgentia mendacem, aut avarum, aut non amantem suorum; ferocem fortasse, atque arrogantem, et infestum facit. Itaque habet hæc quoque, quæ

aisément. Enfin, quoiqu'il lui arrive souvent de s'emporter contre les siens, il ne laisse pas d'avoir pour eux une véritable amitié, et je suis sûr intérieurement qu'il m'aime plus que lui-même. Si ce qu'il vous a mandé de notre neveu ne s'accorde pas avec ce qu'il en a dit à sa femme, c'est qu'il est naturel d'écrire autrement à un oncle qu'à une mère. Ce que vous m'apprenez de votre sœur et de ce voyage de notre neveu est d'autant plus fâcheux, que, dans la situation présente, je ne puis nullement y remédier : sans cela j'en viendrais assurément à bout; mais vous voyez l'extrémité où nous sommes réduits.

Quant à cet argent que mon frère vous doit, s'il ne vous l'a point encore remboursé, ce n'est pas qu'il n'en ait véritablement la volonté et qu'il n'en cherche tous les moyens; mais quand je vois que, dans une occasion où j'en ai un si grand besoin, je ne puis être payé des treize mille sesterces que j'ai prêtés au fils de Q. Axius, et que le père s'excuse sur le malheur du temps, aussi bien que Lepta et plusieurs autres, je suis surpris, je vous l'avoue, de vous voir presser mon frère pour vingt mille sesterces, vous qui savez mieux que personne le mauvais état de ses affaires; cependant il a donné des ordres pour vous les faire toucher. Le prenez-vous pour un homme négligent ou pour un mauvais payeur? Jamais personne ne le fut moins : mais en voilà assez sur mon frère; j'en viens à notre neveu.

Il est vrai que son père a toujours eu pour lui trop d'indulgence; mais ce n'est pas ce qui rend un enfant menteur, intéressé, et sans amitié pour ses proches; cela peut le rendre fier, arrogant et d'un esprit dangereux; aussi a-t-il ces défauts, qui viennent de trop de condes-

nascuntur ex indulgentia : sed ea sunt tolerabilia. Quid enim dicam, hac juventute? Ea vero, quæ mihi quidem, qui illum amo, sunt his ipsis malis, in queis sumus, miseriora, non sunt ab obsequio nostro; non : suas radices habent; quas tamen evellerem profecto, si liceret. Sed ea tempora sunt, ut omnia mihi sint patienda. Ego meum facile teneo. Nihil est enim eo tractabilius : cujus quidem misericordia languidiora adhuc consilia cepi; et, quo ille me fortiorem vult esse, eo magis timeo, ne in eum existam crudelior.

Sed Antonius venit heri vesperi. Jam fortasse ad me veniet, aut ne id quidem, quoniam scripsit, quid fieri vellet. Sed scies continuo, quid actum sit. Nos jam nihil, nisi occulte. De pueris quid agam? parvone navigio committam? quid mihi animi in navigando censes fore? recordor enim, æstate cum illo Rhodiorum ἀφράκτῳ navigans quam fuerim sollicitus. Quid, duro tempore anni, actuariolo fore censes? Rem undique miseram! Trebatius erat mecum, vir plane et civis bonus. Quæ ille monstra, dii immortales! Etiamne Balbus in senatum venire cogitet? sed ei ipsi cras ad te litteras dabo.

Vectenum mihi amicum, ut scribis, ita puto esse. Cum eo, quod ἀποτόμως ad me scripserat de nummis curandis, θυμικώτερον eram jocatus. Id tu, si ille aliter

cendance : mais il faut les supporter; car combien de choses est-on forcé de passer aux jeunes gens? Pour ses autres défauts, qui m'inquiètent plus sensiblement que nos malheurs mêmes, tout grands qu'ils sont, ils ne proviennent point certainement de notre indulgence; ils ont en lui leur racine. Je viendrais à bout de les arracher, si, dans la conjoncture présente, il ne fallait tout souffrir. Mon fils ne me donne aucune peine, on ne peut être plus docile : c'est la compassion que j'ai pour lui qui m'a rendu jusqu'à présent si irrésolu. Plus il souhaite me voir embrasser le parti le plus généreux, plus je crains qu'il y ait de cruauté à moi de le prendre.

Au reste, vous saurez qu'Antoine est arrivé hier au soir ; probablement il me viendra voir, ou peut-être croira-t-il que c'est assez de m'avoir écrit; je vous rendrai compte de tout. Je suis résolu à partir secrètement. Mais comment emmener mon fils et notre neveu? Les exposerai-je sur un petit bâtiment? quelles alarmes n'aurai-je point? Je me souviens encore combien j'en eus l'année dernière, lorsqu'ils étaient sur un vaisseau plat des Rhodiens, quoique ce fût en été. Que sera-ce quand je les verrai sur une barque, dans une des plus mauvaises saisons de l'année? Ce ne sont de tous côtés que peines et embarras. Trebatius est ici avec moi; c'est un très-honnête homme et un très-bon citoyen. Quelles horreurs, grands dieux, ne m'a-t-il point apprises! Quoi! Balbus ose aspirer au rang de sénateur[1]? Mais vous entendrez Trebatius lui-même, à qui je donnerai demain une lettre pour vous.

Je crois, puisque vous m'en assurez, que Vectenus est véritablement mon ami. Il est vrai que, choqué de ce qu'il me pressait si fort pour ce paiement, je me suis

acceperit, ac debuit, lenies. *Monetali* autem adscripsi, quod ille ad me, *proconsuli*. Sed quoniam est homo, et nos diligit; ipse quoque a nobis diligatur. Vale.

EPISTOLA CCCLXXVIII.
(ad Att., X, 12.)
Scrib. in Cumano, iii non. maii A. V. C. 704.

CICERO ATTICO SAL.

QUIDNAM mihi futurum est? aut quis me non solum infelicior, sed jam etiam turpior? Nominatim de me sibi imperatum dicit Antonius; nec me tamen ipse adhuc viderat, sed hoc Trebatio narravit. Quid agam nunc, cui nihil procedit, caduntque ea, quæ diligentissime sunt cogitata, terrime? ego enim, Curionem nactus, omnia me consecutum putavi. Is de me ad Hortensium scripserat. Reginus erat totus noster. Huic nihil suspicabamur cum hoc mari negotii fore. Quo me nunc vertam? undique custodior. Sed satis lacrymis. Πάρωρα πλευτέον igitur, et occulte in aliquam onerariam corrependum. Non committendum, ut etiam compacto prohibiti videamur. Sicilia petenda : quam si erimus nacti, majora quædam consequemur. Sit modo recte in Hispaniis : quanquam de ipsa Sicilia utinam sit verum! sed adhuc nihil secundi. Concursus Siculorum ad Catonem

permis avec lui un ton de plaisanterie peut-être un peu trop fort. S'il a pris la chose autrement qu'il ne devait, je vous prie de faire ma paix. Je ne lui ai donné, dans l'adresse de ma lettre, la qualité de *monetalis*[2], que parce qu'il m'avait donné celle de *proconsul;* mais, puisqu'il est raisonnable et qu'il a de l'amitié pour moi, il peut compter sur la mienne. Adieu.

LETTRE CCCLXXVIII.

Cumes, 5 mai 704.

CICÉRON A ATTICUS.

Que vais-je devenir? Peut-on être plus malheureux et plus humilié que je le suis? Antoine dit qu'il a ordre exprès de ne point me laisser sortir de l'Italie. Je ne l'ai pas encore vu, mais Trebatius le tient d'Antoine même. A quoi me résoudre à présent que tout me manque, et que les mesures les plus justes me réussissent si mal? Je crus, lorsque j'eus gagné Curion, n'avoir plus rien à craindre. Il avait écrit pour moi à Hortensius[1], j'étais sûr du commandant de Rhegium[2], et je ne croyais pas qu'Antoine eût rien à voir sur cette côte. Par où me sauver maintenant? on me garde à vue de tous côtés. Mais c'est assez gémir; il faut me résoudre, malgré la mauvaise saison, à me jeter dans quelque barque, plutôt que de laisser croire que j'ai fait naître moi-même ces obstacles. Gagnons d'abord la Sicile, et nous pourrons ensuite porter plus loin nos espérances; pourvu seulement que les affaires tournent bien en Espagne, et que ce que l'on mande de Sicile soit sûr, quoique ce ne soit

dicitur factus; orasse, ut resisteret; omnia pollicitos: commotum illum, delectum habere cœpisse. Non credo, ut est luculentus auctor : potuisse certe tenere illam provinciam scio. Ab Hispaniis autem jam audietur.

Hic nos C. Marcellum habemus, eadem de re cogitantem, aut bene simulantem : quanquam ipsum non videram, sed ex familiarissimo ejus audiebam. Tu, quæso, si quid habebis novi. Ego, si quid moliti erimus, ad te statim scribam. Quintum filium severius cohibebo. Utinam proficere possim! tu tamen eas epistolas, quibus asperius de eo scripsi, aliquando concerpito, ne quando quid emanet : ego item tuas. Servium exspecto, nec ab eo quidquam ὑγιές. Scies, quidquid erit.

Sine dubio errasse nos confitendum est. At semel? at una in re? Immo omnia, quo diligentius cogitata, eo facta sunt imprudentius.

Ἀλλὰ τὰ μὲν προτετύχθαι ἐάσομεν, ἀχνύμενοί περ·

in reliquis modo ne ruamus. Jubes enim de profectione mea providere. Quid provideam? Ita patent omnia, quæ accidere possunt, ut, ea si vitem, sedendum sit cum dedecore et dolore : si negligam, periculum est, ne in manus incidam perditorum. Sed vide, quantis in mi-

encore rien de fort avantageux. On dit qu'il s'est fait un grand concours de peuple auprès de Caton ; qu'ils l'ont prié de ne point les abandonner, et qu'ils lui ont promis toutes sortes de secours ; que là-dessus Caton avait commencé à lever des troupes. L'auteur de cette nouvelle me la rend fort suspecte : ce que je sais de source certaine, c'est qu'on aurait fort bien pu demeurer maître de la Sicile. On aura bientôt des nouvelles d'Espagne.

Nous avons dans notre voisinage C. Marcellus, qui a le même dessein que moi ; il fait du moins tout ce qu'il faut pour le faire croire. Nous ne nous sommes point vus, mais je l'ai su par un de ses intimes amis. Mandez-moi tout ce qu'il y aura de nouveau, et, de mon côté, je vous rendrai compte de toutes mes démarches. Je saurai contenir notre neveu ; plût aux dieux que cela pût le changer ! Déchirez, je vous prie, toutes mes lettres où je vous ai écrit un peu vivement sur son sujet, de peur qu'un jour cela ne soit divulgué ; j'en ferai autant des vôtres. J'attends ici Servius Sulpicius [3], mais je n'attends de lui rien de raisonnable ; je vous informerai du résultat de notre entrevue.

Il faut convenir que je me suis trompé, mais ce n'a été qu'une seule fois, et dans une seule chose ; ou plutôt, pour avoir voulu garder trop de mesures, j'en ai pris de fausses. Mais laissons là le passé, et tâchons seulement de mieux nous conduire à l'avenir. Vous m'avertissez de bien penser à tout ce qui peut m'arriver dans ma fuite. Cela n'est que trop aisé à prévoir ; et je vois de plus que je ne puis l'éviter qu'en prenant le parti honteux de demeurer ici, et qu'en n'y demeurant pas je m'expose à tomber dans les mains des pervers. Voyez, je vous prie, à quelle extrémité je suis réduit. Il me

seriis simus. Optandum interdum videtur, ut aliquam accipiamus ab istis quamvis acerbam injuriam, ut tyranno in odio fuisse videamur. Quod si nobis is cursus, quem speraram, pateret, effecissem aliquid profecto, ut tu optas et hortaris, dignum nostra mora. Sed mirificæ sunt custodiæ, et quidem ille ipse Curio suspectus. Quare vi aut clam agendum est : et, si vi, forte et cum tempestate : clam autem istis. In quo si quod σφάλμα, vides quam turpe sit. Sed trahimur : nec fugiendum, si quid violentius.

De Cœlio, sæpe mecum agito; nec, si quid habuero tale, dimittam. Hispanias spero firmas esse. Massiliensium factum quum ipsum per se luculentum est, tum mihi argumento est, recte esse in Hispaniis. Minus enim auderent, si aliter esset, et scirent : nam et juncti et diligentes sunt. Odium autem recte animadvertis significatum theatro. Legiones etiam has, quas in Italia assumpsit, alienissimas esse video. Sed tamen nihil inimicius, quam sibi ipse. Illud recte times, ne ruat. Si desperarit, certe ruet. Quo magis efficiendum aliquid est, fortuna velim meliore, animo Cœliano. Sed primum quidque; quod, qualecumque erit, continuo scies.

Nos juveni, ut rogas, suppeditabimus, et Peloponnesum ipsam sustinebimus. Est enim indoles : modo ali-

semble quelquefois que je dois souhaiter de recevoir quelque mauvais traitement des gens de César, afin qu'il paraisse que je suis mal avec le tyran. Si le chemin que je voulais prendre m'était encore ouvert, je pourrais, comme vous m'y exhortez, faire quelque action qui justifierait mon retard; mais les passages sont extraordinairement bien gardés, et je ne me fie pas même à Curion. Il faut donc ou que j'agisse à force ouverte, ou que je tâche de m'échapper. Si je prends le premier parti, peut-être que j'aurai encore la tempête à combattre; et en prenant le second, quelle honte pour moi si je suis surpris ! Mais je me sens entraîné, et il faut m'exposer aux plus fâcheux évènemens.

Je me propose souvent l'exemple de Célius[4]; et si je trouve l'occasion de l'imiter, je ne la manquerai pas. J'espère que l'Espagne nous restera. Le parti qu'ont pris les Marseillais nous est très-avantageux, et c'est d'ailleurs une marque que les affaires vont bien en Espagne; car ils en sont assez près, et ils n'auront pas manqué de s'informer de ce qui s'y passe. Je trouve comme vous, que ce qui est arrivé au théâtre est une marque certaine de la haine du peuple pour César. Les légions qu'il a emmenées d'Italie ne lui sont pas affectionnées; mais il n'a pas de plus grand ennemi que lui-même. Ce n'est pas sans sujet que vous craignez qu'il ne se porte aux dernières violences, surtout si ses affaires tournent mal. Ainsi il faut entreprendre quelque chose qui me fasse honneur, et espérer que cela me réussira mieux qu'à Célius. De quelque manière que mes premières tentatives réussissent, je vous en rendrai compte aussitôt.

Je veillerai avec soin sur notre neveu, comme vous me le recommandez, et je ne me rebuterai point[5], car

quod hoc sit ἦθος διδαχῇ ἁλωτόν. Quod si adhuc nullum est, esse tamen potest; aut ἀρετὴ non est διδακτόν; quod mihi persuaderi non potest.

EPISTOLA CCCLXXIX.
(ad Att., X, 13.)

Scrib. in Cumano, non. maii A. V. C. 704.

CICERO ATTICO SAL.

Epistola tua gratissima fuit meæ Tulliæ, et mehercule mihi. Semper secum aliquid afferunt tuæ litteræ. Scribes igitur, ac, si quid ad spem poteris, ne dimiseris. Tu Antonii leones pertimescas cave. Næ nihil est illo homine jucundius. Attende πρᾶξιν πολιτικοῦ. Evocavit litteris e municipiis denos : et IV viri venerunt ad villam ejus mane. Primum dormiit ad h. III. Deinde, quum esset nuntiatum, venisse Neapolitanos et Cumanos (his enim est Cæsar iratus), postridie redire jussit; lavari se velle, et περὶ κοιλιολυσίαν γίνεσθαι. Hoc heri effecit. Hodie autem in Ænariam transire constituit. Exsulibus reditum pollicetur. Sed hæc omittamus, de nobis aliquid agamus.

Ab Axio accepi litteras. De Tirone gratum. Vectenum diligo. Vestorio reddidi. Servius pridie nonas maii Minturnis mansisse dicitur, hodie in Liternino mansurus

il a de bonnes qualités; mais, quand il n'en aurait pas, l'éducation peut en donner, à moins qu'on ne prétende qu'elle ne peut rien contre le naturel, ce qu'on ne me persuadera jamais.

LETTRE CCCLXXIX.

Cumes, 7 mai 704.

CICÉRON A ATTICUS.

Ma fille a été charmée de votre lettre, et je puis vous assurer que je ne l'ai pas été moins. Vous ne nous en écrivez aucune où il n'y ait quelque chose de consolant : continuez, je vous prie, et n'oubliez pas surtout les bonnes nouvelles. Il ne faut pas que les lions d'Antoine [1] vous fassent peur, jamais homme ne tint moins de leur férocité. Voici un échantillon de la manière dont vit cet homme d'état : il avait mandé les décurions et les principaux magistrats des villes municipales. Ils vinrent de bon matin à sa maison de campagne, mais Antoine se tint au lit jusqu'à neuf heures. Ensuite, lorsqu'on lui dit que ceux de Naples et de Cumes, dont César est fort mécontent, étaient arrivés, il leur fit dire de revenir le lendemain, qu'il voulait se baigner et se purger; voilà à peu près tout ce qu'il fit hier. Aujourd'hui il doit passer dans l'île d'Ænaria [2]. Il dit tout haut que les bannis seront rappelés; mais en voilà assez sur son sujet, passons à ce qui nous regarde.

J'ai reçu la lettre d'Axius. Je vous remercie de ce que vous avez fait pour Tiron. Je suis content de Vectenus. J'ai payé Vestorius. On dit que Servius a couché

apud C. Marcellum. Cras igitur nos mature videbit, mihique dabit argumentum ad te epistolæ. Jam enim non reperio, quod tibi scribam.

Illud admiror, quod Antonius ad me ne nuntium quidem, quum præsertim me valde observarit. Videlicet aut aliquid atrocius de me imperatum est, aut coram negare mihi non vult, quod ego nec rogaturus eram, nec, si impetrassem, crediturus. Nos tamen aliquid excogitabimus. Tu, quæso, si quid in Hispaniis : jam enim poterit audiri : et omnes ita exspectant, ut, si recte fuerit, nihil negotii futurum putent. Ego autem nec retentis his confectam rem puto, neque amissis desperatam. Silium et Ocellam, et ceteros credo retardatos. Te quoque a Curtio impediri video. Etsi, ut opinor, habes κέλητα ἄοκνον.

EPISTOLA CCCLXXX.
(ad Att., X, 14.)

Scrib. in Cumano, postridie non. maii A. V. C. 704.

CICERO ATTICO SAL.

O vitam miseram! majusque malum, tam diu timere, quam est illud ipsum, quod timetur! Servius, ut antea scripsi, quum venisset nonis maiis, postridie ad me venit. Ne diutius te teneam, nullius consilii exitum inve-

le 6 mai à Minturnes, et va aujourd'hui coucher à Liternes, chez C. Marcellus; ainsi il sera demain chez moi de bon matin, et me fournira matière pour vous écrire; je commençais à en manquer.

Je suis surpris qu'Antoine ne m'ait pas même envoyé faire compliment, lui qui jusqu'à présent m'a marqué beaucoup de considération. Apparemment qu'il a des ordres fâcheux pour moi, et qu'il se fait une peine de me refuser en face. Mais je ne lui aurais point demandé de grâce, et, quand il m'en aurait accordé, je ne m'y serais pas fié; il faudra tenter quelque autre voie. Mandez-moi, je vous prie, des nouvelles d'Espagne, car on doit maintenant en avoir. Tout le monde les attend, comme si cette affaire devait être entièrement décisive. Pour moi, je trouve que, si nous demeurons maîtres de l'Espagne, César ne sera pas pour cela sans ressources, comme nous ne les perdrons pas toutes en la perdant. Apparemment que Silius, Ocella et quelques autres[3] ont trouvé des difficultés pour leur départ; j'apprends que Curtius vous en fait[4], quoique vous ayez, ce me semble, un passe-port[5].

LETTRE CCCLXXX.

Cumes, 8 mai 704.

CICÉRON A ATTICUS.

L'ÉTRANGE état que des alarmes continuelles! c'est quelque chose de pire que les maux mêmes que l'on craint. Servius arriva ici le 7 mai, comme je vous l'ai déjà mandé, et vint me voir le lendemain. Pour vous

nimus. Nunquam vidi hominem perturbatiorem metu : neque hercule quidquam timebat, quod non esset timendum : illum sibi iratum, hunc non amicum; horribilem utriusque victoriam, quum propter alterius crudelitatem, alterius audaciam, tum propter utriusque difficultatem pecuniariam, qua erui nusquam nisi ex privatorum bonis posset. Atque hæc ita multis cum lacrymis loquebatur, ut ego mirarer, eas tam diuturna miseria non exaruisse. Mihi quidem etiam lippitudo hæc, propter quam non ipse ad te scribo, sine ulla lacryma est, sed sæpius odiosa est propter vigilias.

Quamobrem quidquid habes ad consolandum, collige, et illa scribe, non ex doctrina, neque ex libris; nam id quidem domi est; sed nescio quo modo imbecillior est medicina, quam morbus : hæc potius conquire, de Hispaniis, de Massilia : quæ quidem satis bella Servius affert; qui etiam de duabus legionibus luculentos auctores esse dicebat. Hæc igitur si habebis, et talia. Et quidem paucis diebus aliquid audiri necesse est.

Sed redeo ad Servium. Distulimus omnino sermonem in posterum : sed tardus ad exeundum : multo se in suo lectulo malle, quidquid foret. Odiosus scrupulus de filii militia brundisina. Unum illud firmissime asseverabat, si damnati restituerentur, in exsilium se iturum. Nos autem ad hæc, et id ipsum certo fore, et quæ jam fiant, non esse leviora; multaque colligebamus. Verum ea

dire tout en un mot, nous n'avons pu rien conclure. Jamais homme ne fut plus saisi de crainte, et la sienne est assurément très-bien fondée. Il dit que Pompée est irrité contre lui, et qu'il ne peut compter sur César ; que de quelque côté que la victoire se range, on aura également à redouter ou la cruauté du premier ou l'audace du second, et les dettes et l'un et de l'autre ; qu'ils ne pourront les acquitter qu'en s'emparant du bien des particuliers. En faisant ces tristes réflexions il fondait en larmes, et j'étais surpris qu'une si longue suite de maux n'en eût pas tari la source. Ce n'est pas de pleurer que me vient le mal que j'ai aux yeux, et qui m'empêche de vous écrire de ma main ; mais j'en suis fort incommodé, parce que le chagrin m'ôte le sommeil.

Ayez donc soin de ramasser tout ce qui peut me donner quelque consolation. Cherchez-en d'autres que celles qu'on tire de la philosophie ; je trouve chez moi ce remède, mais il est trop faible pour mes maux : de bonnes nouvelles d'Espagne ou de Marseille feraient plus d'effet. Servius dit que les affaires y vont assez bien. Il ajoute que cette nouvelle de ces deux légions vient de fort bon endroit. Mandez-moi tout ce que vous en savez, et toutes les autres nouvelles de même genre : on ne peut pas être long-temps sans en avoir.

Pour revenir à Servius, nous remîmes la conversation au lendemain ; mais il ne peut se résoudre à partir : il aime mieux attendre ici tranquillement tout ce que la fortune lui prépare. Ce qui lui fait de la peine par rapport à Pompée, c'est que son fils se soit trouvé dans le camp devant Brindes. Il m'a néanmoins assuré positivement que, si l'on rappelait les bannis, il se bannirait lui-même. Je lui ai dit là-dessus que c'était une chose

non animum ejus augebant, sed timorem, ut jam celandus magis de nostro consilio, quam ad idem videretur. Quare in hoc non multum est. Nos a te admoniti de Cœlio cogitabimus.

EPISTOLA CCCLXXXI.
(ad Att., X, 15.)

Scrib. in Cumano, a. d. vi id. maii A. V. C. 704.

CICERO ATTICO SAL.

Servius quum esset apud me, Cephalio cum tuis litteris vi id. venit, quæ nobis magnam spem attulerunt meliorum rerum de octo cohortibus : etenim hæ quoque, quæ in his locis sunt, labare dicuntur. Eodem die Funisulanus a te attulit litteras, in quibus erat confirmatius idem illud. Ei de suo negotio respondi cumulate, cum omni tua gratia. Adhuc non satisfaciebat : debet autem mihi multos nummos, nec habetur locuples. Nunc ait se daturum; cui expensum tulerit morari; tabellariis, si apud te esset, quum satisfecisset, dares. Quantum sit, Eros Philotimi tibi dicet. Sed ad majora redeamus.

Quod optas, Cœlianum illud maturescit. Itaque tor-

sûre, et qu'il en arrivait tous les jours bien d'autres, dont je lui ai fait le détail, qui n'étaient pas plus aisées à supporter. Mais, au lieu de lui donner du courage, cela n'a servi qu'à redoubler sa crainte. Ainsi, n'espérant plus le déterminer, il vaut mieux que je lui cache mon départ[1]. Je ne compte plus sur lui, mais je pense toujours à Célius, dont vous m'avez proposé l'exemple.

LETTRE CCCLXXXI.

Cumes, 10 mai 704.

CICÉRON A ATTICUS.

Pendant que Servius était chez moi le 10 de ce mois, Céphalion m'a rendu votre lettre. Ce que vous me mandez de ces huit cohortes nous a donné de meilleures espérances; car on dit que celles qui sont dans ces quartiers pensent aussi à quitter le parti de César. Le même jour, Funisulanus me rendit une autre de vos lettres, où vous me confirmez cette nouvelle. Je lui ai répondu sur son affaire d'une manière dont il a été content, et je lui ai fait comprendre qu'il vous en avait toute l'obligation. Il me doit une somme considérable dont je n'ai encore rien touché, et l'on dit qu'il n'est pas riche. Il promet de me payer, et il attend seulement qu'il l'ait été par un de ses débiteurs[1], qui vous remettra l'argent. Quand vous l'aurez touché, je vous prie de me l'envoyer par ceux qui m'apporteront vos lettres. Éros, l'affranchi de Philotime, vous dira à combien monte cette somme. Mais parlons d'affaires plus importantes.

Le temps approche où je pourrai suivre l'exemple de

queor, utrum ventum exspectem. Vexillo opus est, convolabunt. Quod suades ut palam, prorsus assentior: itaque me profecturum puto. Tuas tamen interim litteras exspecto. Servii consilio nihil expeditur. Omnes captiones in omni sententia occurrunt. Unum C. Marcello cognovi timidiorem; quem consulem fuisse pœnitet. Ὦ πολλῆς ἀγεννείας! qui etiam Antonium confirmasse dicitur, ut me impediret; quo ipse, credo, honestius. Antonius autem vi id. Capuam profectus est: ad me misit, se, pudore deterritum, ad me non venisse, quod me sibi succensere putaret. Ibitur igitur, et ita quidem, ut censes; nisi cujus gravioris personæ suscipiendæ spes erit ante oblata. Sed vix erit tam cito. Allienus autem prætor putabat aliquem, si ego non, ex collegis suis. Quivis licet, dummodo aliquis.

De sorore laudo. De Quinto puero, datur opera: spero esse meliora. De Quinto fratre, scito eum non mediocriter laborare de versura: sed adhuc nihil a L. Egnatio expressit. Axius de xii millibus pudens. Sæpe enim adscripsit, ut Gallio, quantum is vellet, darem. Quod si non scripsisset, possemne aliter? et quidem sæpe sum pollicitus: sed tantum voluit cito. Me vero adjuvarent his in angustiis. Sed dii istos! verum alias. Te a quartana liberatum gaudeo, itemque Piliam. Ego, dum panes et cetera in navem parantur, excurro

Célius, comme vous le souhaitez. Je suis fort en peine si je dois attendre un bon vent ; il y a une infinité de gens à qui il ne faut qu'un drapeau[2]. Je crois, comme vous, que je ne dois point me cacher : ainsi je pourrai partir bientôt ; mais écrivez-moi toujours en attendant. Servius ne peut se déterminer à rien, tous les partis lui paraissent également dangereux. Je ne connais que lui de plus timide que C. Marcellus, qui se repent d'avoir été consul[3] ; quelle lâcheté ! On dit même qu'il a entretenu Antoine, dans le dessein où il est de m'empêcher de sortir de l'Italie ; sans doute, afin qu'il soit moins honteux pour lui d'y demeurer. Pour Antoine, il partit de Capoue le 10, et me fit dire qu'il n'avait pas osé me venir voir, parce qu'il croyait que je n'étais pas content de lui. Il faut donc partir, et le faire de la manière que vous m'avez marquée, à moins que je n'aie auparavant quelque occasion de jouer un plus grand rôle ; mais il n'y a pas d'apparence qu'elle se trouve sitôt. Le préteur Alliénus croit que, si je ne le fais pas, quelqu'un de ses collègues pourra bien l'entreprendre : n'importe qui, pourvu que la chose se fasse.

J'approuve fort ce que vous me mandez touchant votre sœur. Je veille avec soin sur notre neveu, et j'espère que cela ira mieux. Pour mon frère, il se donne beaucoup de peine pour emprunter afin de vous payer[4] ; il n'a rien pu tirer de L. Egnatius. Admirez, je vous prie, la retenue d'Axius sur ces douze mille sesterces. Il m'a écrit plusieurs fois de donner à Gallius[5] tout l'argent qu'il me demanderait ; et quand il ne me l'aurait pas écrit, pouvais-je lui en refuser ? Aussi lui en ai-je souvent offert ; mais il veut que je trouve tout d'un coup cette somme. Ce sont bien là des gens à m'aider dans l'embarras où je suis ;

in Pompeianum. Vecteno velim gratias, quod studiosus. Si quemquam nactus fueris, qui perferat, litteras des ante, quam discedimus.

EPISTOLA CCCLXXXII.
(ad Att., X, 16.)
Scrib. in Cumano, prid. id. maii A. V. C. 704.

CICERO ATTICO SAL.

Commodum ad te dederam litteras de pluribus rebus, quum ad me bene mane Dionysius fuit : cui quidem ego non modo placabilem me præbuissem, sed totum remisissem, si advenisset, qua mente tu ad me scripseras. Erat enim sic in tuis litteris, quas Arpini acceperam, eum venturum facturumque quod ego vellem. Ego volebam autem, vel cupiebam potius, esse eum nobiscum. Quod quia plane, quum in Formianum venisset, præciderat, asperius ad te de eo scribere solebam. At ille perpauca locutus, hanc summam habuit orationis, ut sibi ignoscerem; se rebus suis impeditum nobiscum ire non posse. Pauca respondi, magnum accepi dolorem. Intellexi fortunam ab eo nostram despectam esse. Quid quæris? fortasse miraberis : in maximis horum temporum doloribus hunc mihi scito esse. Velim, ut tibi amicus sit.

qu'ils puissent avoir ce qu'ils méritent! mais je vous en dirai davantage une autre fois. Je suis ravi que vous soyez délivré de votre fièvre quarte, aussi bien que Pilia. Pendant qu'on chargera mon vaisseau de vivres et de toutes les autres provisions nécessaires, je m'en vais faire un tour à Pompéies. Remerciez, je vous prie, Vectenus de l'affection qu'il me témoigne, et écrivez-moi encore une fois avant mon départ, si vous trouvez quelque occasion.

LETTRE CCCLXXXII.

Cumes, 14 mai 704.

CICÉRON A ATTICUS.

Je venais de vous écrire une lettre assez longue, lorsque Dionysius est arrivé chez moi de fort grand matin. Je ne lui aurais point fait paraître de ressentiment, et je n'en aurais même gardé aucun, s'il était venu avec les dispositions que vous m'aviez marquées. Dans la lettre que je reçus à Arpinum, vous m'assuriez qu'il ferait tout ce que je voudrais. Ce que je voulais, ou plutôt ce que je souhaitais, c'était qu'il demeurât avec nous; et comme il me l'avait refusé absolument lorsque je le vis à Formies, je vous avais déjà témoigné du mécontentement contre lui. Aujourd'hui, après m'avoir exposé ses raisons en peu de mots, il a conclu en me priant de l'excuser si l'embarras de ses affaires ne lui permettait pas de nous suivre. Je ne lui ai pas fait de grands reproches; mais j'ai été vivement piqué de voir qu'il ne nous néglige que parce que la fortune nous est contraire. Que voulez-vous que je vous dise? Vous serez peut-être surpris,

Hoc quum tibi opto, opto ut beatus sis : erit enim tamdiu.

Consilium nostrum spero vacuum periculo fore. Nam et dissimulabimus (etsi, ut opinor, acerrime asservabimur); et, navigatio modo sit, qualem opto, cetera, quæ quidem consilio provideri poterunt, cavebuntur. Tu, dum adsumus, non modo quæ scieris audierisve, sed etiam quæ futura providebis, scribas velim. Cato, qui Siciliam tenere nullo negotio potuit (et, si tenuisset, omnes boni ad eum se contulissent), Syracusis profectus est ante diem VIII kalendas maii, ut ad me Curio scripsit. Utinam, quod aiunt, Cotta Sardiniam teneat! est enim rumor. O, si id fuerit, turpem Catonem!

Ego, ut minuerem suspicionem profectionis aut cogitationis meæ, profectus sum in Pompeianum a. d. IV id., ut ibi essem, dum, quæ ad navigandum opus essent, pararentur. Quum ad villam venissem, ventum est ad me : centuriones trium cohortium, quæ Pompeiis sunt, me velle postridie (hæc mecum Ninnius noster); velle eos mihi se et oppidum tradere. At ego tibi postridie a villa ante lucem, ut me omnino illi ne viderent. Quid enim erat in tribus cohortibus? quid, si plures? quo apparatu? cogitavi eadem illa Cœliana, quæ legi in epistola tua, quam accepi, simul ut in Cumanum veni,

mais je puis vous assurer que les grands sujets de chagrin que nous avons ne m'ont pas rendu insensible à celui-ci. Je souhaite que Dionysius soit toujours au nombre de vos amis ; c'est vous souhaiter une fortune toujours constante : si elle venait à vous manquer, il vous manquerait bientôt.

J'espère que mon dessein réussira; car je saurai bien feindre jusqu'au bout, et je prendrai toutes les précautions possibles, pourvu seulement que le vent nous soit favorable; du reste, je préviendrai tout ce que l'on peut prévoir. En attendant mon départ, écrivez-moi, je vous prie, non-seulement toutes les nouvelles que vous apprendrez, mais aussi tout ce que vous pensez sur l'avenir. Curion m'a mandé[1] que Caton était parti de Syracuse le 24 avril; cependant il pouvait fort aisément se maintenir en Sicile : s'il y était demeuré, tous les gens du bon parti se seraient rendus auprès de lui. Que je souhaite que Cotta soit demeuré maître de la Sardaigne, comme on le dit ici : si cela est vrai, quelle honte pour Caton !

J'allai, le 12, à ma maison de Pompéies; et, afin de mieux couvrir mon dessein, j'y comptais demeurer pendant qu'on préparerait toutes choses pour mon embarquement. Comme j'y arrivais, Mummius, notre ami, vint me dire que les centurions des trois cohortes qui étaient à Pompéies demandaient à me voir le lendemain ; qu'ils voulaient me livrer la place. Savez-vous ce que je fis? Je partis avant le jour, afin de ne les point voir. En effet, qu'est-ce que trois cohortes? et quand il y en aurait eu davantage, où prendre des vivres et des munitions? Je me suis souvenu du sort de Célius[2] dont vous me parlez dans votre lettre, que je reçus le même jour

eodem die, et simul fieri poterat, ut tentaremur. Omnem igitur suspicionem sustuli.

Sed quum redeo, Hortensius venerat, et ad Terentiam salutatum diverterat : sermone erat usus honorifico erga me. Tamen eum, ut puto, videbo. Misit enim puerum, se ad me venire. Hoc quidem melius, quam collega noster Antonius, cujus inter lictores lectica mima portatur. Tu, quoniam quartana cares, et nedum morbum removisti, sed etiam gravedinem, te vegetum nobis in Græcia siste; et litterarum aliquid interea.

EPISTOLA CCCLXXXIII.
(ad Att., X, 17.)
Scrib. in Cumano, xvii kal. jun. A. V. C. 704.

CICERO ATTICO SAL.

Pridie idus Hortensius ad me venit, scripta epistola. Vellem cetera ejus. Quam in me incredibilem ἐκτένειαν! qua quidem cogito uti. Deinde Serapion cum epistola tua. Quam priusquam aperuissem, dixi ei, te ad me de eo scripsisse antea, ut feceras : deinde, epistola lecta, cumulatissime cetera. Et hercule hominem et doctum et probum existimo : quin etiam navi ejus me, et ipso convectore usurum puto. Crebro refricat lippitudo, non illa quidem perodiosa, sed tamen quæ impediat scriptionem meam. Valetudinem tuam jam confirmatam esse

en arrivant à Cumes; d'ailleurs peut-être que c'était un piège qu'on me tendait; mais en les évitant, je me suis mis à couvert de tout soupçon.

Pendant que j'étais allé à Pompéies, Hortensius est arrivé ici : il est venu voir ma femme, et lui a parlé sur mon compte d'une manière fort obligeante; mais je le verrai lui-même, il me l'a mandé par un de ses gens. C'est savoir mieux vivre qu'Antoine[3] notre collègue, qui mène avec lui une comédienne au milieu de ses licteurs. Puisque vous êtes délivré de votre fièvre quarte, et que vous n'en ressentez plus aucune atteinte, venez nous trouver en Grèce, bien rétabli, et en attendant donnez-moi de vos nouvelles.

LETTRE CCCLXXXIII.

Cumes, 16 mai 704.

CICÉRON A ATTICUS.

Hortensius vint chez moi le 14, après que je vous eus écrit. Que je voudrais qu'il fût toujours de même[1] ! Vous ne sauriez croire avec quelle honnêteté il m'a offert ses services : je profiterai de ses bonnes dispositions. Sérapion me remit ensuite votre lettre : avant de l'ouvrir je lui dis que vous m'aviez déjà écrit en sa faveur, et, après l'avoir lue, je lui parlai d'une manière dont il a dû être content. Je crois en effet qu'il nous convient, et qu'il est habile et honnête homme. Je pourrai même me servir de son vaisseau, et le faire embarquer avec nous. Mon mal d'yeux revient souvent; et, quoiqu'il ne soit plus si intense, il ne laisse pas de

et a vetere morbo, et a novis tentationibus, gaudeo. Ocellam vellem haberemus. Videntur enim esse hæc paullo faciliora. Nunc quidem æquinoctium nos moratur, quod valde perturbatum erat. Id si ἀκραὲς erit, utinam idem maneat Hortensius ! siquidem, ut adhuc erat, liberalius esse nihil potest.

De diplomate admiraris, quasi nescio cujus te flagitii insimularem. Negas enim te reperire, qui mihi id in mentem venerit. Ego autem, quia scripseras te proficisci cogitare (etenim audieram, nemini aliter licere); eo te habere censebam, et quia pueris diploma sumpseras. Habes causam opinionis meæ : et tamen velim scire quid cogites, inprimisque si quid etiam nunc novi est. xvii kal. jun.

EPISTOLA CCCLXXXIV.
(ad Att., X, 18.)

Scrib. in Cumano, xiii kal. jun. A. V. C. 704.

CICERO ATTICO SAL.

Tullia mea peperit xiv kal. jun. puerum ἑπταμηνιαῖον. Quod ηὐτόκησεν, gaudeo : quod quidem est natum, perimbecillum est. Me mirificæ tranquillitates adhuc tenuerunt, atque majore impedimento fuerunt, quam

m'empêcher d'écrire. J'apprends avec joie que vous êtes entièrement débarrassé de votre fièvre, et que vous n'en ressentez aucune atteinte. Je voudrais qu'Ocella fût avec nous, car je crois que nous éprouverons maintenant moins de difficultés. L'équinoxe nous arrête; il est fort orageux cette année[2]. Si le temps est beau alors, tout ce qui nous reste à souhaiter, c'est qu'Hortensius ne change point : pour le présent, on ne peut être mieux disposé[3].

Quant à ce que je vous ai écrit de ce passe-port[4], vous en paraissez surpris, comme si je vous accusais de quelque crime. Vous ne comprenez pas, dites-vous, comment cela a pu me venir à l'esprit. Il me semble néanmoins que la chose était assez naturelle : vous m'aviez écrit que vous songiez à partir, et j'avais entendu dire qu'il fallait un passe-port pour sortir de l'Italie : je savais d'ailleurs que vous en aviez pris un pour vos gens, voilà ce qui m'a fait croire que vous en aviez aussi un pour vous. Mandez-moi, je vous prie, quelle est votre résolution, et n'oubliez pas surtout de m'écrire ce qu'il y aura de nouveau. Le 16 mai.

LETTRE CCCLXXXIV.

Cumes, 20 mai 704.

CICÉRON A ATTICUS[1].

MA fille est accouchée, le 19 mai, après sept mois de grossesse, d'un garçon : heureusement elle se porte bien, mais l'enfant est très-faible. Il fait depuis quelques jours un calme extraordinaire, qui m'est un plus grand obsta-

custodiæ, quibus asservor. Nam illa Hortensiana omnia fuere infantia. Ita fit; homo nequissimus a Salvio liberto depravatus est. Itaque posthac non scribam ad te, quid facturus sim, sed quid fecerim. Omnes enim κωρυκαῖοι videntur subauscultare quæ loquor.

Tu tamen, si quid de Hispaniis, sive quid aliud, perge, quæso, scribere; nec meas litteras exspectaris, nisi quum, quo opto, pervenerimus, aut si quid ex cursu. Sed hoc quoque timide scribo : ita omnia adhuc tarda et spissa. Ut male posuimus initia, sic cetera sequentur. Formias nunc sequimur, eædem nos fortasse furiæ persequentur. Ex Balbi autem sermone, quem tecum habuit, non probamus de Melita. Dubitas igitur, quin nos in hostium numero habeat? Scripsi equidem Balbo, te ad me de benivolentia scripsisse, et de suspicione. Egi gratias. De altero ei me purga. Ecquem tu hominem infeliciorem? non loquor plura, ne te quoque excrucies. Ipse conficior, venisse tempus, quum jam nec fortiter nec prudenter quidquam facere possim.

cle que toutes les sentinelles dont je suis environné. Pour Hortensius, ses belles promesses n'étaient que des enfantillages[2]. C'est un homme dont il n'y a plus rien de bon à attendre ; Salvius, son affranchi, l'a entièrement gâté. Ainsi, par la première lettre, je vous manderai, non plus ce que je compte faire, mais ce que j'aurai fait ; car il me semble que j'ai partout des espions à mes côtés[3].

Si vous savez quelque nouvelle d'Espagne ou de quelque autre endroit, continuez de m'en faire part. Je ne vous donnerai des miennes que lorsque je serai arrivé où je me propose d'aller, à moins que je ne vous écrive en chemin ; mais je ne vous dis pas même ceci avec une entière assurance. Tout ce que j'ai fait jusqu'à présent a été lent et mal concerté : comme j'ai d'abord pris mal mes mesures, le reste s'en est ressenti. Je pense maintenant à m'embarquer à Formies ; peut-être que les mêmes furies nous y poursuivront. Je juge, par tout ce que vous a dit Balbus, que je ne dois point me retirer à Malte[4]. Doutez-vous que César ne me compte parmi ses ennemis ? J'ai écrit à Balbus ce que vous me marquez de l'affection qu'il a pour moi, et de ce soupçon. Je lui ai fait des remercîmens sur le premier article ; justifiez-moi sur le second. Y eut-il jamais un homme aussi malheureux que moi ? Je ne vous en dis pas davantage, de peur de vous affliger ; mais je suis inconsolable de me voir dans une situation où le courage et la prudence ne servent plus à rien[5].

EPISTOLA CCCLXXXV.
(ad div.; XIV, 7.)
Scrib. in portu Caietano nave conscensa, III id. jun. A. V. C. 704.

M. T. CICERO TERENTIAE SUAE ET TULLIAE S. P. D.

Omnes molestias et sollicitudines, quibus et te miserrimam habui, id quod mihi molestissimum est, Tulliolamque, quae nobis nostra vita dulcior est, deposui et ejeci. Quid causae autem fuerit, postridie intellexi, quam a vobis discessi. Χολὴν ἄκρατον noctu ejeci. Statim ita sum levatus, ut mihi deus aliquis medicinam fecisse videatur. Cui quidem tu deo, quemadmodum soles, pie et caste satisfacies. Navem spero nos valde bonam habere : in eam simul atque conscendi, haec scripsi. Deinde conscribam ad nostros familiares multas epistolas, quibus te et Tulliolam nostram diligentissime commendabo.

Cohortarer vos, quo animo fortiore essetis, nisi vos fortiores cognossem, quam quemquam virum. Et tamen ejusmodi spero negotia esse, ut et vos istic commodissime sperem esse, et me aliquando cum similibus nostri rempublicam defensurum. Tu primum valetudinem tuam velim cures : deinde, tibi si videbitur, villis iis utere, quae longissime aberunt a militibus. Fundo Arpinati bene poteris uti cum familia urbana, si annona carior fuerit. Cicero bellissimus tibi salutem

LETTRE CCCLXXXV.

Au port de Caïète, à bord, 11 juin 704.

M. T. CICÉRON A TERENTIA SA FEMME ET A SA FILLE TULLIA.

J'ai secoué, j'ai chassé toutes les peines et les inquiétudes, qui vous causaient beaucoup de chagrin à vous-même, et à notre Tullia[1], qui nous est plus chère que la vie ; ce qui me les rendait encore plus insupportables. J'en ai reconnu la cause, le lendemain de mon départ. J'ai jeté pendant la nuit de la bile toute pure, et je me suis trouvé sur-le-champ aussi soulagé que si quelque dieu m'avait servi de médecin. Je vous prie de lui en rendre grâces[2], avec votre piété et votre zèle ordinaires. Le navire où nous nous sommes embarqués me paraît fort bon. Sitôt que j'y fus entré, je me suis mis à vous écrire cette lettre. J'en ferai un grand nombre pour nos amis, auxquels je vous recommanderai soigneusement, vous et notre chère Tullia.

Je vous exhorterais toutes deux à prendre courage, si je ne vous en connaissais plus qu'à l'homme le plus ferme ; d'ailleurs, je me flatte que les affaires tourneront si heureusement, que vous pourrez être fort agréablement à Rome, et que je recommencerai quelque jour à défendre la république avec mes pareils. Je vous recommande premièrement le soin de votre santé ; ensuite, je suis d'avis, si vous le trouvez bon, que vous vous serviez, entre nos maisons de campagne, de celles qui sont les plus éloignées des troupes. Vous pourrez vous retirer à Arpinum avec toute votre suite de la ville, si les vivres

plurimam dicit. Etiam atque etiam vale. D. III idus juniar.

EPISTOLA CCCLXXXVI.
(ad Att., XI, 1.)
Scrib. in Epiro, fortasse in castris Pompeii, initio mensis febr. A. V. C. 705.

CICERO ATTICO SAL.

Accepi a te signatum libellum, quem Anteros attulerat : ex quo nihil scire potui de nostris domesticis rebus, de quibus acerbissime afflictor, quod, qui eas dispensavit, neque adest istic, neque ubi terrarum sit scio. Omnem autem spem habeo existimationis privatarumque rerum in tua erga me mihi perspectissima benivolentia : quam si his temporibus miseris et extremis præstiteris, hæc pericula, quæ mihi communia sunt cum ceteris, fortius feram; idque ut facias, te obtestor atque obsecro. Ego in cistophoro in Asia habeo ad H.-S. bis et vicies. Hujus pecuniæ permutatione fidem nostram facile tuebere : quam quidem ego nisi expeditam relinquere putassem, credens ei, cui tu scis jam pridem minime me credere, commoratus essem paullisper, nec domesticas res impeditas reliquissem : ob eamque causam serius ad te scribo, quod sero intellexi, quid timendum esset. Te etiam atque etiam oro, ut me totum tuendum suscipias; ut, si ii salvi erunt, quibuscum sum, una cum iis possim incolumis esse, salutemque meam benivolentiæ tuæ acceptam referre.

sont à un prix trop élevé. Notre aimable Cicéron fait bien des vœux pour vous. Adieu, adieu. Le 11 juin.

LETTRE CCCLXXXVI.

Écrite en Épire, au camp de Pompée, au commencement de février 705.

CICÉRON A ATTICUS.

J'ai reçu la lettre que vous aviez donnée à Antéros ; il n'a rien pu m'apprendre de mes affaires domestiques. Le mauvais état où elles sont m'afflige et m'inquiète d'autant plus, que celui qui en a eu la direction n'est point à Rome, et que je ne sais en quel endroit du monde il peut être. La seule ressource qui me reste pour les régler et les rétablir, c'est votre amitié, sur laquelle je compte fort. Si vous m'en donnez de nouvelles marques dans un temps où nous sommes menacés des plus cruelles extrémités, je soutiendrai avec plus de courage la vue des maux qui me seront communs avec tant d'autres citoyens. Je vous prie instamment de régler mes affaires. J'ai en Asie deux millions deux cent mille sesterces en monnaie du pays[1]. Vous pourrez aisément, en tirant des lettres de change sur cette somme, acquitter mes dettes. Si je n'avais pas cru, sur la foi d'un homme qui depuis long-temps ne vous trompe plus[2], que mes affaires étaient en meilleur état, je serais demeuré encore quelque temps pour y mettre ordre ; et si je ne vous en ai pas écrit plus tôt, c'est que j'ai été averti trop tard du mauvais état où elles sont. Je vous conjure de m'aider de vos soins et de me soutenir de tout votre crédit, afin que, si la fortune est favorable à ceux avec qui je suis, je puisse en profiter, et que j'en sois redevable à votre amitié.

EPISTOLA CCCLXXXVII.

(ad Att., XI, 2.)

Scrib. in Epiro, non. febr. A. V. C. 705.

CICERO ATTICO SAL.

LITTERAS tuas accepi pridie nonas febr. eoque ipso die ex testamento crevi hæreditatem. Ex multis meis miserrimis curis est una levata, si, ut scribis, ista hæreditas fidem et famam meam tueri potest, quam quidem te intelligo, etiam sine hæreditate, tuis opibus defensurum fuisse. De dote quod scribis, per omnes deos te obtestor, ut totam rem suscipias, et illam, miseram mea culpa et negligentia, tueare meis opibus, si quæ sunt; tuis, quibus tibi molestum non erit, facultatibus: cui quidem deesse omnia, quod scribis, obsecro te, noli pati. In quos enim sumptus abeunt fructus prædiorum? Jam illa H.-S. LX, quæ scribis, nemo mihi unquam dixit ex dote esse detracta: nunquam enim essem passus. Sed hæc minima est ex iis injuriis, quas accepi, de quibus ad te dolore et lacrymis scribere prohibeor.

Ex ea pecunia, quæ fuit in Asia, partem dimidiam fere exegi. Tutius videbatur fore ibi, ubi est, quam apud publicanos. Quod me hortaris, ut firmo sim animo, vellem posses aliquid afferre, quamobrem id facere

LETTRE CCCLXXXVII.

Écrite en Épire, 5 février 705.

CICÉRON A ATTICUS.

J'ai reçu votre lettre le 4 février, et le même jour j'ai fait l'acte par lequel je me porte pour héritier. Au milieu de si grands sujets de chagrin, j'en aurai un de moins, si, comme vous me le marquez, cette succession peut servir à payer mes créanciers et à rétablir mon crédit ; et quand cette ressource aurait manqué, j'en aurais toujours trouvé une sûre en vous. Quant à ce que vous me dites de la dot de ma fille, cela m'est d'autant plus sensible, qu'elle n'est malheureuse que par ma faute et par ma négligence. Je vous conjure, par tout ce qu'il y a de plus sacré, de la secourir. Employez pour elle ce qui peut me rester de bien ; aidez-la du vôtre sans néanmoins vous gêner. Ne la laissez pas plus long-temps, je vous prie, dans l'extrême besoin où vous me dites qu'elle est. A quoi donc est-ce qu'on emploie le revenu de mes terres ? On ne m'avait point dit qu'on eût retranché sur sa dot ces soixante mille sesterces dont vous me parlez[1], et je ne l'aurais jamais souffert. Mais c'est le moindre de tous les sujets de plaintes qu'on m'a donnés, la douleur et mes larmes m'empêchent de vous en faire le détail.

J'ai retiré environ la moitié de l'argent que j'avais en Asie ; j'ai cru qu'il serait plus sûrement où je l'ai placé, qu'entre les mains des fermiers de la république. Vous m'exhortez à ne point me laisser abattre ; je voudrais bien que vous eussiez quelque chose à m'apprendre qui

possem. Sed si ad ceteras miserias accessit etiam id, quod mihi Chrysippus dixit parari (tu nihil significasti), de domo, quis me miserior uno jam fuit? oro, obsecro, ignosce : non possum plura scribere. Quanto moerore urgear, profecto vides : quod si mihi commune cum ceteris esset, qui videntur in eadem causa esse, minor mea culpa videretur, et eo tolerabilior esset. Nunc nihil est, quod consoletur; nisi quid tu efficis, si modo etiam nunc effici potest, ut ne qua singulari afficiar calamitate et injuria.

Tardius ad te remisi tabellarium, quod potestas mittendi non fuit. A tuis et nummorum accepi H.-S. LXX, et vestimentorum quod opus fuit. Quibus tibi videbitur, velim des letteras meo nomine. Nosti meos familiares. Signum requirent, aut manum : dices, me propter custodias ea vitasse.

EPISTOLA CCCLXXXVIII.
(ad div., VIII, 17.)

Scrib. Romæ, mense martio A. V. C. 705.

COELIUS CICERONI S.

ERGO me potius in Hispania fuisse tum, quam Formiis, quum tu profectus es ad Pompeium? Quod utinam, ut Appius Claudius, in ista parte C. Curio, cujus amicitia me paullatim in hanc perditam causam impo-

pût me soutenir et me consoler. Mais si, pour surcroît de maux, ce que Chrysippus m'a dit de ma maison[2], et dont vous ne me parlez point, est véritable, fut-il jamais un homme aussi malheureux que moi? Pardonnez-moi, je vous prie; la douleur m'empêche de vous en dire davantage. Vous voyez dans quel accablement je suis. Si ce malheur m'était commun avec tous ceux qui ont suivi Pompée, ma faute me paraîtrait moindre, et je me consolerais plus aisément. Mais il ne me reste plus de consolation, à moins que vous ne fassiez en sorte, si toutefois il en est temps encore, qu'on ne me traite pas plus mal que les autres.

Je vous ai renvoyé un peu tard celui qui m'a apporté vos lettres, mais je n'ai pu le faire partir plus tôt. Vos gens m'ont donné soixante et dix mille sesterces, et les habits dont j'ai eu besoin. Je vous prie d'écrire en mon nom à ceux à qui vous jugerez que je doive le faire. Vous connaissez mes amis; ils seront surpris de ne voir ni mon écriture ni mon cachet : mais vous leur direz que c'est une précaution que j'ai prise, dans le cas où mes lettres seraient interceptées.

LETTRE CCCLXXXVIII.

Rome, mars 705.

CÉLIUS A CICÉRON.

Que n'étais-je à Formies plutôt qu'en Espagne, lorsque vous êtes parti pour aller joindre Pompée! Et plût au ciel, du moins, que C. Curion eût été de ce côté-là comme Appius Claudius, lui dont l'amitié m'a fait em-

suit. Nam mihi sentio bonam mentem iracundia et amore ablatam. Tum tu porro, quum ad te proficiscens noctu Ariminum venissem, dum mihi pacis mandata das ad Cæsarem, et mirificum civem agis, amici officium neglexisti, neque mihi consuluisti. Neque hæc dico, quod diffidam huic causæ : sed, crede mihi, perire satius est, quam hos videre. Quod si timor vestræ crudelitatis non esset, ejecti jam pridem hinc essemus. Nam hic nunc, præter fœneratores paucos, nec homo nec ordo quisquam est, nisi Pompeianus.

Equidem jam effeci, ut maxime plebs, et, qui antea noster fuit, populus, vester esset. *Cur hoc?* inquis. Immo reliqua exspecta. Vos invitos vincere coegero. Irritavi in me Catonem. Vos dormitis, nec adhuc mihi videmini intelligere, quam nos pateamus, et quam simus imbecilli. Atque hoc nullius præmii spe faciam, sed, quod apud me plurimum solet valere, dolore atque indignitatis causa. Quid istic facitis? Prœlium exspectatis, quod firmissimum est? Vestras copias non novi. Nostri valde depugnare, et facile algere et esurire consuerunt.

brasser insensiblement une cause si désespérée! Oui, je sens que la colère et la tendresse m'ont fait renoncer à la raison [1]. Vous-même, ensuite, lorsque j'allai vous voir la nuit dans Ariminum, en me chargeant de vos propositions de paix pour César, en faisant le bon citoyen, vous avez négligé le devoir de l'amitié et marqué peu d'égard pour mes intérêts. Ce n'est pas que je me défie de cette cause; mais, croyez-moi, il vaut mieux périr que de supporter ce que je vois ici. Il y a long-temps que j'en serais sorti, si je ne craignais les cruelles menaces de votre Pompée [2]; car, à la réserve de quelques usuriers [3], il n'y a personne, il n'y a point d'ordre qui ne fasse profession à Rome d'être pompéien.

Je suis parvenu réellement à mettre dans vos intérêts, et la populace et le corps même du peuple qui était auparavant dans les nôtres. Pourquoi? me direz-vous. C'est que l'incertitude des suites rend tout le monde facile à recevoir des impressions. Je vous forcerai de vaincre malgré vous-même. J'ai fort irrité Caton contre moi; mais vous dormez, et vous ne paraissez pas comprendre encore assez combien nous sommes faibles et sans défense. Ce n'est point assurément l'espérance d'être récompensé qui me fait tenir cette conduite; mais je suis extrêmement sensible à la douleur et aux indignités. Que faites-vous où vous êtes? Attendez-vous le combat, que vous devez redouter? Je ne connais pas vos troupes; mais les nôtres savent combattre et supporter la faim et la soif.

EPISTOLA CCCLXXXIX.
(ad div., IX, 9.)
Scrib. Romæ, mense maio A. V. C. 705.

DOLABELLA CICERONI S. D.

Si vales, gaudeo. Et ipse valeo, et Tullia nostra recte valet. Terentia minus belle habuit, sed certum scio jam convaluisse eam. Præterea rectissime sunt apud te omnia. Etsi nullo tempore in suspicionem tibi debui venire, partium causa potius, quam tua, tibi suadere, ut te aut cum Cæsare nobiscumque conjungeres, aut certe in otium referres; præcipue nunc, jam inclinata victoria, ne possum quidem in ullam aliam incidere opinionem, nisi in eam, in qua scilicet tibi suadere videar, quod pie tacere non possum. Tu autem, mi Cicero, sic hæc accipies, ut, sive probabuntur tibi, sive non probabuntur, ab optimo certe animo ac deditissimo tibi et cogitata et scripta esse judices.

Animadvertis, Cn. Pompeium nec nominis sui nec rerum gestarum gloria, neque etiam regum ac nationum clientelis, quas ostentare crebro solebat, esse tutum : et hoc etiam, quod infimo cuique contigit, illi non posse contingere, ut honeste effugere possit, pulso Italia, amissis Hispaniis, capto exercitu veterano, circumvallato nunc denique; quod nescio an ulli unquam nostro acciderit imperatori. Quamobrem, quid aut ille

LETTRE CCCLXXXIX.

Rome, mai 705.

DOLABELLA A CICÉRON [1].

Si votre santé est bonne, je m'en réjouis beaucoup. Je n'ai point à me plaindre de la mienne, ni de celle de notre chère Tullia, mais Terentia ne s'est pas si bien portée; je suis informé cependant qu'elle est rétablie. Tout est d'ailleurs en fort bon ordre chez vous. Vous n'avez pu soupçonner dans aucun temps que le zèle de parti m'ait porté plus que votre intérêt à vous presser de vous joindre à César et à nous, ou du moins de demeurer neutre; mais à présent que la victoire est presque déclarée pour nous, je me crois plus obligé que jamais de vous donner un conseil dont je ne puis me dispenser sans manquer à ce que je vous dois. Quelque résolution que vous puissiez prendre, mon cher Cicéron, vous ne douterez pas du moins que mes réflexions et ma lettre ne partent d'un cœur qui vous est entièrement dévoué.

Vous voyez bien que Cn. Pompée n'est à couvert ni sous la grandeur de son nom, ni sous l'éclat de sa gloire, ni sous l'appui de ces rois et de ces nations qu'il affectait de compter parmi ses cliens; et qu'après avoir été chassé de l'Italie, après avoir perdu les Espagnes et s'être vu enlever une armée de vétérans [2], entouré comme il l'est de toutes parts, il n'a pas même la ressource du dernier soldat, qui est de pouvoir s'échapper honnêtement. Je ne connais pas de général romain qui ait

sperare possit, aut tu, animum adverte pro tua prudentia. Sic enim facillime, quod tibi utilissimum erit, consilii capies. Illud autem te peto, ut, si jam ille evitaverit hoc periculum, et se abdiderit in classem, tu tuis rebus consulas, et aliquando tibi potius, quam cuivis, sis amicus.

Satisfactum est jam a te vel officio, vel familiaritati; satisfactum etiam partibus, et ei reipublicæ, quam tu probabas. Reliquum est, ut, ubi nunc est respublica, ibi simus potius, quam, dum illam veterem sequamur, simus in nulla. Quare velim, mi jucundissime Cicero, si forte Pompeius, pulsus his quoque locis, rursus alias regiones petere cogatur, ut tu te vel Athenas, vel in quamvis quietam recipias civitatem. Quod si eris facturus, velim mihi scribas, ut ego, si ullo modo potero, ad te advolem. Quæcumque de tua dignitate ab imperatore erunt impetranda, qua est humanitate Cæsar, facillimum erit ab eo tibi ipsum impetrare; et meas tamen preces apud eum non minimum auctoritatis habituras puto. Erit tuæ quoque fidei et humanitatis, curare ut is tabellarius, quem ad te misi, reverti possit ad me, et a te mihi litteras referat.

jamais été réduit à la même situation. Considérez donc, avec votre prudence ordinaire, ce qu'il peut espérer et quelle espérance il peut vous rester à vous-même. C'est le moyen de vous déterminer pour le parti qui vous offre le plus d'avantages. Mais, s'il a eu le bonheur de se dérober au péril et de se retirer sur sa flotte, je vous demande en grâce de penser à vos intérêts, et d'aimer enfin les autres moins que vous-même.

N'avez-vous pas satisfait aux lois du devoir et à celles de l'amitié? N'avez-vous pas fait assez pour votre parti, et pour cette république à laquelle vous vous étiez attaché? Il me semble qu'à présent nous devons être où est réellement la république, plutôt que d'en être privé tout-à-fait en nous attachant à son ancien fantôme. S'il arrive donc que, chassé encore de sa retraite, Pompée soit contraint de se réfugier dans d'autres pays, je vous conjure, mon très-cher Cicéron, de vous retirer, soit à Athènes, soit dans quelque autre lieu tranquille. Si vous prenez cette résolution, ne différez point à me le faire savoir. Je vole à vous aussitôt, ou les obstacles seront invincibles. César est si bon, qu'il sera aisé d'obtenir de lui tout ce qui sera nécessaire au maintien de votre dignité; et je me flatte qu'il aura quelque égard à mes prières. Fidèle et bienveillant comme vous êtes, vous prendrez soin que mon messager puisse revenir et rapporter votre réponse.

EPISTOLA CCCXC.
(ad div., XIV, 8.)
Scrib. in castris Pompeii, iv non. jun. A. V. C. 705.

M. T. CICERO TERENTIÆ S. P. D.

Si vales, bene est : ego valeo. Valetudinem tuam velim cures diligentissime. Nam mihi et scriptum et nuntiatum est, te in febrim subito incidisse. Quod celeriter me fecisti de Cæsaris litteris certiorem, fecisti mihi gratum. Item posthac, si quid opus erit, si quid acciderit novi, facies ut sciam. Cura ut valeas. Vale. Datum IV nonas jun.

EPISTOLA CCCXCI.
(ad Att., XI, 3.)
Scrib. in castris Pompeii, id. jun. A. V. C. 705.

CICERO ATTICO SAL.

Quid hic agatur, scire poteris ex eo, qui litteras attulit : quem diutius tenui, quia quotidie aliquid novi exspectabamus : neque nunc mittendi tamen ulla causa fuit, præter eam, de qua tibi rescribi voluisti. Quod ad kal. quint. pertinet, quid vellem, utrumque grave est, et tam gravi tempore periculum tantæ pecuniæ, et dubio rerum exitu ista, quam scribis, abruptio. Quare, ut alia, sic hoc vel maxime tuæ fidei benivolentiæque permitto, et illius consilio et voluntati : cui

LETTRE CCCXC.

Au camp de Pompée, 2 juin 705.

M. T. CICÉRON A TERENTIA.

Si votre santé est bonne, la mienne l'est aussi. Je vous recommande de prendre beaucoup de soin de la vôtre, car on m'apprend et l'on m'a même écrit que la fièvre vous avait saisie tout d'un coup[1]. Vous m'avez fait plaisir de m'informer de ce qui regarde les lettres de César. Si vous aviez besoin de quelque chose, ou s'il arrivait quelque nouvel évènement, vous prendriez la peine de me le marquer. Adieu. Le 2 juin.

LETTRE CCCXCI.

Au camp de Pompée, 13 juin 705.

CICÉRON A ATTICUS.

Vous pourrez savoir par celui qui m'a apporté votre lettre, en quel état sont ici nos affaires. Je l'ai retenu plusieurs jours, parce que j'attendais qu'il y eût quelque chose de nouveau; mais il n'est rien arrivé, et je ne vous écris que pour répondre à ce que vous me demandez. Quant à cette affaire du 1er juillet[1], quel parti prendre? Comment risquer une somme si considérable dans un temps si malheureux? ou comment faire ce divorce dont vous me parlez, dans la situation incertaine où sont les affaires? Ainsi je m'en remets sur cela, encore plus que

miseræ consuluissem melius, si tecum olim coram potius, quam per litteras, de salute nostra fortunisque deliberavissem.

Quod negas præcipuum mihi ullum incommodum impendere, etsi ista res nihil habet consolationis, tamen etiam præcipua multa sunt, quæ tu profecto vides, ut sunt, et gravissima esse, et me facillime vitare potuisse: ea tamen erunt minora; si, ut adhuc factum est, administratione diligentiaque tua levabuntur. Pecunia apud Egnatium est. Sit a me, ut est. Neque enim hoc, quod agitur, videtur diuturnum esse posse; ut scire jam possim, quid maxime opus sit : etsi egeo rebus omnibus, quod is quoque in angustiis est, quicum sumus; cui magnam dedimus pecuniam mutuam, opinantes, nobis, constitutis rebus, eam rem etiam honori fore. Tu, ut antea fecisti, velim, si qui erunt, ad quos aliquid scribendum a me existimes, ipse conficias. Tuis salutem dic. Cura ut valeas. In primis id, quod scribis, omnibus rebus cura et provide, ne quid ei desit, de qua scis me miserrimum esse. Idibus jun. ex castris.

sur tout le reste, à votre amitié, et j'en laisse ma fille la maîtresse. Elle serait moins malheureuse, si, avant de partir, je vous avais consulté plutôt de vive voix que par lettres[2] sur une affaire si importante et pour elle et pour moi.

Vous prétendez que je n'ai de maux à craindre, que ceux qui peuvent m'être communs avec ceux dont j'ai suivi le parti. C'est une triste consolation; et d'ailleurs, combien ai-je en mon particulier de chagrins, qui, comme vous voyez, ne sont pas médiocres, et que j'aurais pu aisément m'épargner! Il n'y a que les soins que vous voulez bien vous donner pour moi, qui puissent les diminuer. J'ai de l'argent chez Egnatius; il faut l'y laisser, les affaires ne pouvant rester long-temps en l'état où elles sont. Cependant je manque de tout aussi bien que Pompée, à qui j'ai prêté une forte somme, dans la pensée que cela sera avantageux et honorable pour moi, si ses affaires tournent bien. Je vous prie d'écrire des lettres en mon nom, comme vous avez déjà fait, et selon que vous le jugerez à propos. Mes complimens à toute votre famille. Ayez soin de votre santé. Je vous recommande par-dessus toutes choses de faire en sorte, comme vous me le promettez, qu'il ne manque rien à une personne dont les chagrins, comme vous savez, augmentent si fort les miens. Au camp, le 13 juin.

EPISTOLA CCCXCII.

(ad Att., XI, 4.)

Scrib. in castris Pompeii, circa id. quintil. A. V. C. 705.

CICERO ATTICO SAL.

Accepi ab Isidoro litteras, et postea datas binas. Ex proximis cognovi, prædia non venisse. Videbis ergo, ut sustentetur per te. De Frusinati, si modo futuri sumus, erit mihi res opportuna. Meas litteras quod requiris, impedior inopia rerum, quas nullas habeo litteris dignas; quippe cui nec, quæ accidunt, nec quæ aguntur, ullo modo probentur. Utinam coram tecum olim potius, quam per epistolas! Hic tua, ut possum, tueor apud hos : cetera Celer. Ipse fugi adhuc omne munus, eo magis, quod ita nihil poterat agi, ut mihi et meis rebus aptum esset.

Quid sit gestum novi, quæris : ex Isidoro scire poteris : reliqua non videntur esse difficiliora. Tu id, velim, quod scis me maxime velle, cures, ut scribis, ut facis. Me conficit sollicitudo, ex qua etiam summa infirmitas corporis : qua levata, ero una cum eo, qui negotium gerit, estque in spe magna. Brutus amicus in causa versatur acriter. Hactenus fuit, quod caute a me scribi posset. Vale. De pensione altera, oro te, omni cura

LETTRE CCCXCII.

Au camp de Pompée, vers le 15 juillet 705.

CICÉRON A ATTICUS.

J'ai reçu la lettre que vous aviez donnée à Isidore, et deux autres encore de plus fraîche date. Dans la dernière, vous me marquez qu'on n'a vendu aucune de mes métairies. Vous aurez donc la bonté de fournir de l'argent à ma fille. Je serai bien aise de retirer la maison de Frusino[1], pourvu que nous soyons, un jour, en état d'en jouir. Vous vous plaignez de ce que je ne vous écris pas assez souvent : c'est que je ne vois rien qui mérite de vous être mandé; car je n'approuve ni ce que l'on fait, ni ce qui arrive ici. Je voudrais bien, avant que d'y être venu, avoir conféré avec vous plutôt de vive voix que par lettres. Je ménage ici vos intérêts auprès de nos gens autant que je puis, et Céler[2] agit aussi de son côté. Je n'ai voulu jusqu'à présent me charger de rien; cela ne conviendrait ni à mon goût, ni à mes intérêts.

Vous me demandez des nouvelles de ce qui s'est passé depuis peu, vous pouvez l'apprendre par Isidore; nous viendrons aussi aisément à bout du reste[3]. Continuez, je vous prie, comme vous me le promettez, d'avoir soin de cette affaire, que je vous ai recommandée par-dessus toutes les autres. Le chagrin qui m'accable nuit beaucoup à ma santé. Quand elle sera rétablie, j'irai joindre Pompée, qui est maintenant rempli de grandes espérances. Brutus, notre ami, fait paraître un grand zèle[4].

considera, quid faciendum sit, ut scripsi iis litteris, quas Pollex tulit.

EPISTOLA CCCXCIII.
(ad div., XIV, 21.)
Scrib. fortasse, mense quintili A. V. C. 705, ex castris.

M. T. CICERO TERENTIÆ SUÆ S. P. D.

Si vales, bene est : valeo. Da operam, ut convalescas. Quod opus erit, ut res tempusque postulat, providas atque administres, et ad me de omnibus rebus quam sæpissime litteras mittas. Vale.

EPISTOLA CCCXCIV.
(ad div., XIV, 6.)
Scrib. in castris Pompeii, id. quintil. A. V. C. 705.

M. T. CICERO TERENTIÆ SUÆ S. P. D.

Nec sæpe est cui litteras demus, nec rem habemus ullam quam scribere velimus. Ex tuis litteris, quas proxime accepi, cognovi prædium nullum venire potuisse. Quare videatis velim, quomodo satisfiat ei, cui scitis me satisfieri velle. Quod nostra tibi gratias agit, id ego non miror te mereri, ut ea tibi merito tuo gratias agere possit. Pollicem, si adhuc non est profectus,

et se distingue beaucoup. Voilà tout ce que la prudence me permet de vous mander. Adieu. Examinez, je vous prie, avec tout le soin possible, ce qu'il y a à faire sur ce second paiement de la dot de ma fille, comme je vous l'ai déjà écrit par Pollex.

LETTRE CCCXCIII.

Probablement écrite dans le mois de juillet 705, au camp.

M. T. CICÉRON A TERENTIA.

Si vous vous portez bien, je m'en réjouis; ma santé est bonne. Ne négligez rien pour rétablir la vôtre. Vous pourvoirez à tous les besoins, et vous vous conduirez suivant les affaires et les circonstances; mais écrivez-moi fort souvent sur tout ce qui se passe. Adieu.

LETTRE CCCXCIV.

Au camp de Pompée, 15 juillet 705.

M. T. CICÉRON A TERENTIA.

Les occasions se présentent rarement pour les lettres, et je n'ai rien que je puisse vous écrire. Vous me marquez dans votre dernière lettre qu'on n'a pu vendre aucune métairie. Tâchez donc de trouver quelque autre voie pour satisfaire celui auquel vous savez que je voudrais ne rien devoir. Je ne suis pas surpris que notre très-chère vous fasse des remercîmens, et que vous ayez pu la mettre dans le cas de vous les devoir. Si Pollex

quam primum fac extrudas. Cura ut valeas. Idibus quintil.

EPISTOLA CCCXCV.
(ad div., XIV, 12.)
Scrib. Brundisii, prid. non. nov. A. V. C. 705.

M. T. CICERO TERENTIÆ S. P. D.

Quod nos in Italiam salvos venisse gaudes, perpetuo gaudeas velim. Sed perturbati dolore animi, magnisque injuriis, metuo ne id consilii ceperimus, quod non facile explicare possimus. Quare, quantum potes, adjuva. Quid autem possis, mihi in mentem non venit. In viam quod te des hoc tempore, nihil est : et longum est iter, et non tutum : et non video, quid prodesse possis, si veneris. Vale. Datum pridie nonas novembr. Brundisio.

EPISTOLA CCCXCVI.
(ad Att., XI, 5.)
Scrib. Brundisii, circa non. nov. A. V. C. 705.

CICERO ATTICO SAL.

Quæ me causæ moverint, quam acerbæ, quam graves, quam novæ, coegerintque impetu magis quodam animi uti, quam cogitatione, non possum ad te sine maximo dolore scribere : fuerunt quidem tantæ, ut id,

n'est pas encore en route, faites-le partir promptement. Prenez soin de votre santé. Le 15 juillet.

LETTRE CCCXCV[1].

Brindes, 4 novembre 705.

M. T. CICÉRON A TERENTIA.

Je souhaite que la joie que vous éprouvez de notre heureux retour en Italie dure perpétuellement; mais, dans le trouble que me causaient la douleur et le ressentiment de bien des injures, je crains d'avoir pris un parti qu'il ne me sera pas aisé de justifier. Secondez-moi donc autant que vous le pourrez[2]. Je ne vois pas trop ce que vous pouvez faire pour moi. Il n'est pas besoin de vous mettre en chemin dans le temps où nous sommes : le voyage est long, il n'est pas sûr, et je ne vois pas de quelle utilité il pourrait être. Adieu. A Brindes, le 4 novembre.

LETTRE CCCXCVI[1].

Brindes, vers le 5 novembre 705.

CICÉRON A ATTICUS.

Je ne pourrais, sans une extrême douleur, vous marquer les raisons qui m'ont fait prendre mon parti si brusquement, et presque sans réflexion. Imaginez-vous tout ce qu'il y a de plus fort, de plus extraordinaire et de plus cruel; enfin, jugez-en par ce qui en est résulté.

quod vides, effecerint. Itaque nec quod ad te scribam de meis rebus, nec quod a te petam, reperio. Rem et summam negotii vides. Equidem ex tuis litteris intellexi, et iis, quas communiter cum aliis scripsisti, et iis, quas tuo nomine, quod etiam mea sponte videbam, te subdebilitatum novas rationes tuendi mei quaerere. Quod scribis placere, ut propius accedam, iterque per oppida noctu faciam, non sane video, quemadmodum id fieri possit. Neque enim ita apta habeo deversoria, ut tota tempora diurna in his possim consumere; neque ad id, quod quaeris, multum interest, utrum me homines in oppido videant, an in via. Sed tamen hoc ipsum, sicut alia, considerabo, quemadmodum commodissime fieri posse videatur.

Ego propter incredibilem et animi et corporis molestiam conficere plures litteras non potui : iis tantum rescripsi, a quibus acceperam. Tu velim et Basilo, et quibus praeterea videbitur, etiam Servilio conscribas, ut tibi videbitur, meo nomine. Quod tanto intervallo nihil omnino ad vos, profecto intelligis rem mihi deesse, de qua scribam, non voluntatem. Quod de Vatinio quaeris, neque illius, neque cujusquam mihi praeterea officium deesset, si reperire possent, qua in re me juvarent. Quintus aversissimo a me animo Patris fuit. Eodem Corcyra filius venit. Inde profectos una cum ceteris arbitror.

Ainsi, je ne sais que vous écrire sur ce qui me regarde, et je ne sais que vous demander[2]. Vous voyez bien en général ce qu'il y a à faire pour moi. Il me semble, et par vos lettres, et par celles que vous m'avez écrites avec quelques autres de mes amis, que vous n'espérez pas beaucoup de la voie que vous avez prise pour me servir, et que vous en cherchez quelque autre. Vous me conseillez de m'approcher de Rome, et de passer de nuit dans les villes ; mais je ne vois pas comment je le pourrais faire : je n'ai pas de gîtes assez commodes pour y passer la journée entière ; et si je marche le jour, il importe peu qu'on me voie sur la route ou dans les villes. Cependant je verrai ce qu'il y aura de mieux à faire là-dessus, comme sur tout le reste.

La tristesse et l'accablement où je suis ne me permettant pas d'écrire beaucoup de lettres, j'ai seulement fait réponse à celles que j'ai reçues. Je vous prie d'écrire en mon nom à Basilus[3], à Servilius[4], et en général à tous ceux à qui vous croirez que je devrais écrire, et comme vous le jugerez à propos. Si vous avez été si long-temps sans recevoir de mes lettres, vous devez bien juger que c'est que je n'ai eu rien à vous mander. Vatinius[5], dont vous me parlez, est très-bien intentionné pour moi ; et il ne tiendra pas à lui, non plus qu'à tous les autres, qu'ils ne me rendent service. A Patras, mon frère[6] s'est déclaré hautement contre moi ; son fils est venu de Corcyre l'y joindre, et je crois qu'ils en sont partis avec les autres.

EPISTOLA CCCXCVII.
(ad div., XIV, 19.)
Scrib. Brundisii, circa iv kal. dec. A. V. C. 705.

M. T. CICERO TERENTIAE S. D.

In maximis meis doloribus excruciat me valetudo Tulliae nostrae. De qua nihil est, quod ad te plura scribam : tibi enim aeque magnae curae esse certo scio. Quod me propius vultis accedere, video ita esse faciendum. Etiam ante fecissem; sed me multa impedierunt, quae ne nunc quidem expedita sunt. Sed a Pomponio exspecto litteras, quas ad me quam primum perferendas cures velim. Da operam ut valeas.

EPISTOLA CCCXCVIII.
(ad Att., XI, 6.)
Scrib. Brundisii, iv kal. dec. A. V. C. 705.

CICERO ATTICO SAL.

Sollicitum esse te quum de tuis communibusque fortunis, tum maxime de me, ac de dolore meo, sentio : qui quidem dolor meus non modo non minuitur, quum socium sibi adjungit dolorem tuum, sed etiam augetur. Omnino pro tua prudentia sentis, qua consolatione levari maxime possim. Probas enim meum consilium, negasque mihi quidquam tali tempore potius faciendum

LETTRE CCCXCVII.

Brindes, vers le 28 novembre 705.

M. T. CICÉRON A TERENTIA.

Au milieu de mes grandes douleurs, la maladie de notre chère Tullia m'est un surcroît de peine : je n'ai rien de plus à vous écrire, car je suis sûr que vous n'en êtes pas moins inquiète que moi. Vous souhaitez que je m'approche de vous, et je vois que c'est le parti qu'il faut prendre. Je l'aurais fait plus tôt, si je n'avais été retenu par quantité d'obstacles, qui subsistent même encore; mais j'attends des lettres de Pomponius, et je vous recommande de me les envoyer promptement. Prenez soin de votre santé.

LETTRE CCCXCVIII.

Brindes, 28 novembre 705.

CICÉRON A ATTICUS.

Je vois l'inquiétude que vous donnent les malheurs dont vous êtes menacé avec tous les autres citoyens, et encore plus mes chagrins particuliers. La part que vous prenez à ma douleur est une nouvelle peine pour moi, et l'augmente au lieu de la diminuer. Vous avez bien senti ce qui était le plus propre à me consoler; car vous approuvez le parti que j'ai pris, et vous prétendez que je n'en pouvais point prendre d'autre. Vous ajoutez que

fuisse. Addis etiam (quod etsi mihi levius est, quam tuum judicium, tamen non est leve), ceteris quoque, id est qui pondus habeant, factum nostrum probari. Id si ita putarem, levius dolerem. *Crede*, inquis, *mihi*. Credo equidem : sed scio, quam cupias minui dolorem meum.

Me discessisse ab armis, nunquam pœnituit : tanta erat in illis crudelitas, tanta cum barbaris gentibus conjunctio, ut non nominatim, sed generatim proscriptio esset informata; ut jam omnium judicio constitutum esset, omnium vestrum bona prædam esse illius victoriæ; vestrum, plane dico; nunquam enim de te ipso, nisi crudelissime, cogitatum est. Quare voluntatis me meæ nunquam pœnitebit; consilii pœnitet. In oppido aliquo mallem resedisse, quoad arcesserer. Minus sermonis subiissem ; minus accepissem doloris; ipsum hoc me non angeret. Brundisii jacere, in omnes partes est molestum. Propius accedere, ut suades, quo modo sine lictoribus, quos populus dedit, possum, qui mihi incolumi adimi non possunt ? Quos ego nunc paullisper cum bacillis in turbam conjeci, ad oppidum accedens, ne quis impetus militum fieret. Recepi tamen postea ad me domum.

Tu nunc adi Oppium et Balbum : si iis placeret modo me propius accedere, ut hac de re considerarent. Credo fore auctores : sic enim recipiunt, Cæsari non modo de conservanda, sed etiam de augenda mea di-

tout le monde est du même avis, du moins ceux dont le jugement est de quelque poids. Quoique leur approbation me fasse beaucoup moins de plaisir que la vôtre, elle ne m'est pas néanmoins indifférente; et, si j'en étais bien assuré, cela diminuerait mon chagrin. « Croyez-moi, » dites-vous. Je vous crois; mais je connais votre amitié, et l'envie que vous avez d'adoucir mes peines.

Je ne me suis jamais reproché d'avoir quitté un parti où l'on voyait des nations barbares mêlées avec les Romains, où tout respirait la cruauté, où la proscription aurait été générale, où l'on regardait déjà tous vos biens comme un butin légitime; je dis les vôtres en particulier; car leur mauvaise disposition pour vous n'avait que trop paru. Je n'ai donc rien à me reprocher de ce côté-là, mais je devais prendre d'autres mesures. Je devais me retirer dans quelque ville hors de l'Italie, jusqu'à ce qu'on me rappelât : cela aurait moins fait parler, et je n'aurais pas à présent tant de chagrin et d'inquiétude. Il serait fâcheux pour moi en toute manière de demeurer à Brindes dans le triste état où je suis. Vous me conseillez de m'approcher : mais comment marcher sans mes licteurs, que le peuple romain m'a donnés, et qu'on ne peut m'ôter qu'avec la vie? Cependant, quand je suis entré dans Brindes, je n'ai point fait marcher devant moi mes faisceaux, de peur que les soldats ne se jetassent dessus. Néanmoins je les ai fait revenir dans ma maison[1].

Voyez Oppius et Balbus, afin que, si les amis de César sont d'avis que je m'approche, je me détermine là-dessus. Je ne doute point qu'ils ne me le conseillent; car ils m'assurent que, bien loin d'avoir rien à craindre de la part de César, j'en dois attendre de nouvelles mar-

gnitate curæ fore; meque hortantur, ut magno animo sim, ut omnia summa sperem : ea spondent, confirmant, quæ quidem mihi exploratiora essent, si remansissem. Sed ingero præterita. Vide, quæso, igitur ea, quæ restant, et explora cum istis : et si putabis opus esse, et si istis placebit, quo magis factum nostrum Cæsar probet, quasi de suorum sententia factum, adhibeantur Trebonius, Pansa, si qui alii; scribantque ad Cæsarem, me, quidquid fecerim, de sua sententia fecisse.

Tulliæ meæ morbus et imbecillitas corporis me exanimat; quam tibi intelligo magnæ curæ esse, quod est mihi gratissimum. De Pompeii exitu mihi dubium nunquam fuit. Tanta enim desperatio rerum ejus omnium regum et populorum animos occuparat, ut, quocumque venisset, hoc putarem futurum. Non possum ejus casum non dolere. Hominem enim integrum, et castum, et gravem cognovi. De Fannio consoler te? perniciosa loquebatur de mansione tua. L. vero Lentulus Hortensii domum sibi, et Cæsaris hortos, et Baias desponderat. Omnino hæc eodem modo ex hac parte fiunt; nisi quod illud erat infinitum. Omnes enim, qui in Italia manserant, hostium numero habebantur. Sed velim hæc aliquando solutiore animo.

Quintum fratrem audio profectum in Asiam, ut deprecaretur. De filio nihil audivi. Sed quære ex Diochare, Cæsaris liberto, quem ego non vidi, qui istas alexandrinas litteras attulit. Is dicitur vidisse, euntem, an jam

ques de distinction. Ils m'en répondent, et ne veulent point que j'en doute. Je me laisserais persuader plus aisément, si j'étais demeuré en Italie. Mais ne rappelons point le passé, remédions au présent. Voyez, je vous prie, avec eux, si, pour faire trouver bon à César que j'aille à Rome, il ne serait pas à propos qu'il sût que je n'ai rien fait que par leur avis. Joignez à eux Trebonius, Pansa et les autres amis de César; qu'ils lui écrivent que je n'ai fait que ce qu'ils m'ont conseillé.

La maladie de ma fille et la délicatesse de sa complexion m'affectent au dernier point; je vous suis sensiblement obligé du soin que vous prenez d'elle. La mort de Pompée[2] ne m'a point surpris, car tous les rois et tous les peuples regardaient si fort ses affaires comme désespérées, que, quelque part qu'il eût abordé, il y aurait trouvé le même sort. Je ne puis me refuser à le pleurer. J'estimais sa vertu, ses mœurs, sa prudence. Que je vous console de la mort de Fannius[3]. Savez-vous qu'il parlait fort mal de vous, parce que vous étiez demeuré en Italie? Pour L. Lentulus, il avait déjà pris pour sa part la maison d'Hortensius, les jardins de César, et sa maison de Baies. On en fait de même dans l'autre parti, si ce n'est que dans celui de Pompée cela n'aurait point eu de bornes; car on regardait comme ennemis tous ceux qui étaient demeurés en Italie. Mais j'espère pouvoir un jour m'entretenir là-dessus avec vous, lorsque nous serons plus tranquilles.

J'apprends que mon frère est allé en Asie pour implorer la clémence du vainqueur. Je n'ai point de nouvelles de son fils. Informez-vous-en un peu à Diocharès, l'affranchi de César, qui a apporté ces lettres d'Alexan-

in Asia? Tuas litteras, prout res postulat, exspecto : quas velim cures quam primum ad me perferendas. IV kal. decembr.

EPISTOLA CCCXCIX.
(ad div., XIV, 9.)
Scrib. Brundisii, mense dec. A. V. C. 705.

M. T. CICERO TERENTIÆ S. P. D.

Ad ceteras meas miserias accessit dolor e Dolabellæ valetudine, et Tulliæ. Omnino de omnibus rebus nec quid consilii capiam, nec quid faciam, scio: Tu velim tuam et Tulliæ valetudinem cures. Vale.

EPISTOLA CCCC.
(ad Att., XI, 7.)
Scrib. XIV kal. jan. A. V. C. 705.

CICERO ATTICO SAL.

Gratæ tuæ mihi litteræ sunt, quibus accurate perscripsisti omnia, quæ ad me pertinere arbitratus es. Factum igitur, ut scribis, istis placere, iisdem istis lictoribus me uti, quod concessum Sextio sit; cui non puto suos esse concessos, sed ab ipso datos. Audio enim, eum ea senatusconsulta improbare, quæ post discessum tribunorum facta sunt. Quare poterit, si volet sibi constare, nostros lictores comprobare.

drie. On dit qu'il a vu mon neveu; était-il déjà en Asie, ou l'a-t-il rencontré en chemin? Vous concevrez aisément que j'attends vos lettres avec impatience; faites-les-moi tenir le plus diligemment que vous pourrez. Le 28 novembre.

LETTRE CCCXCIX.

Brindes, décembre 705.

M. T. CICÉRON A TERENTIA.

La maladie de Dolabella et celle de Tullia sont un surcroît de douleur qui vient se joindre à toutes mes autres peines. En vérité, je ne sais à quoi m'arrêter ni quel parti prendre. Prenez soin du moins de votre santé et de celle de Tullia. Adieu.

LETTRE CCCC.

19 décembre 705.

CICÉRON A ATTICUS [1].

Je vous suis très-obligé du compte exact que vous me rendez, dans votre dernière lettre, de tout ce qui me touche. Je garderai donc mes licteurs, puisque les amis de César croient que je puis les garder, aussi bien que Sextius, à qui César l'a permis. Je crois pourtant que César lui en a plutôt donné de nouveaux, qu'il ne lui a permis de garder ceux qu'on lui avait donnés; car on dit qu'il regarde comme nul tout ce que le sénat a fait depuis que les tribuns sont sortis de Rome : sur ce pied-là, il peut me laisser les miens sans inconvénient[2].

Quanquam quid ego de lictoribus, qui pæne ex Italia decedere sim jussus? Nam ad me misit Antonius exemplum Cæsaris ad se litterarum, in quibus erat, se audivisse, Catonem et L. Metellum in Italiam venisse, Romæ ut essent palam : id sibi non placere, ne qui motus ex eo fierent; prohiberique omnes Italia, nisi quorum ipse causam cognovisset : deque eo vehementius erat scriptum. Itaque Antonius petebat a me per litteras, ut sibi ignoscerem : facere se non posse, quin iis litteris pareret. Tum ad eum misi L. Lamiam, qui demonstraret, illum Dolabellæ dixisse, ut ad me scriberet, ut in Italiam quam primum venirem : ejus me litteris venisse. Tum ille edixit ita, ut me exciperet, et Lælium nominatim. Quod sane nollem. Poterat enim, sine nomine, re ipsa excipi.

O multas et graves offensiones! quas quidem, tu das operam, ut lenias. Nec tamen nihil proficis : quin hoc ipso minuis dolorem meum, quod, ut minuas, tam valde laboras; idque velim ne gravere quam sæpissime facere. Maxime autem assequere quod vis, si me adduxeris, ut existimem, me bonorum judicium non funditus perdidisse. Quanquam quid tu in eo potes? nihil scilicet. Sed, si quid res dabit tibi facultatis, id me maxime consolari poterit, quod nunc quidem video non esse; sed si quid, ex eventis; ut hoc nunc accidit. Dicebar debuisse cum Pompeio proficisci. Exitus illius minuit ejus officii prætermissi reprehensionem. Sed ex omnibus nihil magis tamen desideratur, quam quod in

Mais voici bien une autre affaire : peu s'en est fallu qu'on ne m'ait fait sortir d'Italie. Antoine m'envoya, il y a quelques jours, une lettre de César, qui lui marque qu'il a appris que Caton et L. Metellus étaient en Italie, et qu'ils comptaient se montrer à Rome en public ; qu'il ne voulait point le souffrir, de peur que cela n'excitât quelque mouvement, et qu'on ne laissât en Italie que ceux à qui il l'aurait lui-même permis : sa lettre est conçue en termes très-forts. Antoine m'écrivit là-dessus, qu'il me priait de l'excuser, qu'il ne pouvait se dispenser d'exécuter ces ordres. Je lui envoyai L. Lamia, pour lui représenter que César avait chargé Dolabella de m'écrire que je vinsse au plus tôt en Italie ; que c'était sur cette lettre que j'y étais venu. Il m'a donc excepté nommément avec Lélius, dans l'édit qu'il a fait publier. Cela ne me fait point plaisir; il pouvait, sans me nommer, me comprendre dans l'exception générale [3].

Que de chagrins! que d'amertumes! Vous tâchez de les adoucir, et ce n'est pas inutilement. L'extrême envie que vous avez de soulager ma douleur me soulage en effet. Écrivez-moi donc le plus souvent que vous pourrez. Pour venir à bout de me consoler, le vrai moyen ce serait de me bien persuader que je n'ai pas entièrement perdu l'estime des bons citoyens. Mais que pourriez-vous me dire pour m'en convaincre? Il n'y a que l'évènement qui puisse me justifier. S'il arrive donc quelque chose que je puisse mettre à profit, ne manquez pas de me le mander. On disait, par exemple, que je ne devais point quitter Pompée : sa mort me rend en quelque manière excusable de ne l'avoir point suivi. Ce qui peut maintenant me faire le plus de tort, c'est de n'être pas passé en Afrique : voici ce qui m'en a empê-

Africam non ierim. Judicio hoc sum usus, non esse barbaris auxiliis fallacissimae gentis rempublicam defendendam, praesertim contra exercitum saepe victorem. Non probant fortasse. Multos enim viros bonos in Africam venisse audio, et scio fuisse antea. Valde hoc loco urgeor. Hic quoque opus est casu, si aliqui sint ex eis, aut, si potest, omnes, qui salutem anteponant. Nam si perseverant et obtinent, quid nobis futurum sit, vides. Dices, *Quid illis, si victi erunt?* Honestior est plaga. Haec me excruciant.

Sulpicii autem consilium, non scripsisti, cur meo non anteponeres : quod etsi non tam gloriosum est, quam Catonis, tamen et periculo vacuum est, et dolore. Extremum est eorum, qui in Achaia sunt. Ii tamen ipsi se hoc melius habent, quam nos, quod et multi sunt uno in loco, et quum in Italiam venerint, domum statim venient. Haec tu perge, ut facis, mitigare, et probare quam plurimis. Quod te excusas, ego vero et tuas causas nosco, et mea interesse puto, te istic esse, vel ut cum iis, quibus oportebit, agas, quae erunt agenda de nobis, ut ea quae egisti; in primisque hoc velim animadvertas. Multos esse arbitror, qui ad Caesarem detulerint, delaturive sint, me aut poenitere consilii mei, aut non probare, quae fiant. Quorum etsi utrumque verum est, tamen ab illis dicitur animo a me alienato, non quo ita perspexerint. Sed totum ut hoc Balbus susti-

ché. J'ai cru qu'il y aurait de la témérité à se servir contre une armée tant de fois victorieuse, du secours d'une nation barbare, la plus perfide qui soit au monde. Peut-être ne goûte-t-on pas cette raison. J'apprends que plusieurs bons citoyens sont déjà passés en Afrique, et je savais qu'il y en avait déjà quelques-uns. Que répondre à cela? Il n'y a que l'évènement qui puisse me justifier. Il faudrait que quelques-uns d'entre eux, ou, si l'on pouvait l'espérer, que tous en général fissent leur accommodement. Mais s'ils ne le font point, et qu'ils aient l'avantage, que deviendrai-je? « Et que deviendront-ils, me direz-vous, s'ils sont vaincus? » Ils mourront du moins avec honneur. Voilà les cruelles réflexions qui me tourmentent.

Vous ne me dites point ce qui vous fait croire que Sulpicius[4] n'a pas pris un meilleur parti que moi. Il me semble néanmoins que, s'il ne s'est pas acquis autant de gloire que Caton, du moins il n'a rien à craindre ni rien à se reprocher. Il n'y a plus que ceux qui sont demeurés en Achaïe. Ils ont encore sur moi cet avantage, qu'ils sont plusieurs ensemble, et que, lorsqu'ils reviendront en Italie, ils auront en même temps la liberté d'aller à Rome. Continuez donc, je vous prie, de me consoler, en me persuadant par de nouvelles raisons que je n'ai point de torts. Je goûte fort celles qui vous empêchent de venir me trouver; je conçois même qu'il est de mon intérêt que vous demeuriez à Rome, pour parler aux gens dont j'ai besoin, comme vous avez fait jusqu'à présent; mais voici ce que je vous recommande pardessus toutes choses. Je ne doute point que plusieurs personnes ne rapportent ou n'aient déjà rapporté à César que je me repens du parti que j'ai pris, ou que je

neat, et Oppius, et eorum crebris litteris illius voluntas erga me confirmetur, et hoc plane ut fiat, diligentiam adhibebis.

Alterum est, cur te nolim discedere, quod scribis te efflagitari. O rem miseram! quid scribam? aut quid velim? Breve faciam : lacrymæ enim se subito profuderunt : tibi permitto; tu consule. Tantum vide, ne hoc temporis tibi obesse aliquid possit. Ignosce, obsecro te: non possum præ fletu et dolore diutius in hoc loco commorari. Tantum dicam, nihil mihi gratius esse, quam quod eam diligis. Quod litteras, quibus putas opus esse, curas dandas, facis commode. Quintum filium vidi, qui Sami vidisset, patrem Sicyone : quorum deprecatio est facilis. Utinam illi, qui prius illum videbunt, me apud eum velint adjutum tantum, quantum ego illos vellem, si quid possem! Quod rogas, ut in bonam partem accipiam, si qua sint in tuis litteris, quæ me mordeant : ego vero in optimam; teque rogo, ut aperte, quemadmodum facis, scribas ad me omnia, idque facias quam sæpissime. Vale. xiv kal. januar.

désapprouve tout ce qu'il fait. Cela est très-vrai ; mais il n'en savait rien, et ils ne peuvent parler ainsi que pour me nuire. Il faut donc que Balbus et Oppius empêchent que César ne prenne de mauvaises impressions contre moi, et qu'ils lui écrivent souvent pour l'entretenir dans les bonnes dispositions où il est : faites en sorte, je vous prie, qu'ils n'y manquent pas.

Une autre raison qui me fait désirer que vous demeuriez à Rome, c'est que ma fille, dites-vous, le souhaite fort. Que nous sommes malheureux! que vous dirai-je! que puis-je souhaiter? Je vais vous le dire en deux mots, car je fonds en larmes ; je m'en remets à votre amitié et à votre prudence. Prenez garde seulement, dans un temps si malheureux, de ne pas vous nuire pour nous. Pardonnez-moi, je vous prie; la douleur ne me permet pas de m'arrêter plus long-temps là-dessus ; j'ajouterai seulement que je suis infiniment sensible aux marques d'amitié que vous donnez à ma fille. Je vous remercie de la peine que vous prenez d'écrire des lettres en mon nom, comme vous le jugez à propos. J'ai parlé à une personne qui a vu notre neveu à Samos, et son père à Sicyone. Ils n'auront pas de peine à faire leur paix; mais ils devraient bien, puisqu'ils verront César avant moi, me servir auprès de lui, comme je les servirais moi-même si je le pouvais. Vous me priez de prendre en bonne part ce qu'il y a dans vos lettres qui pourrait me faire de la peine; je le prends en très-bonne part, et je vous prie de continuer à m'écrire naturellement ce que vous pensez, et de le faire souvent. Adieu. Le 19 décembre.

EPISTOLA CCCCI.
(ad div., XIV, 17.)
Scrib. Brundisii, exeunte dec. A. V. C. 705.

M. T. CICERO TERENTIÆ SUÆ S. D.

Si vales, bene est : valeo. — Si quid haberem, quod ad te scriberem, facerem id et pluribus verbis et sæpius. Nunc quæ sint negotia, vides. Ego autem quomodo sim affectus, ex Lepta et Trebatio poteris cognoscere. Tu fac ut tuam et Tulliæ valetudinem cures. Vale.

EPISTOLA CCCCII.
(ad Att., XI, 8.)
Scrib. Brundisii, vi kal. jan. A. V. C. 705.

CICERO ATTICO SAL.

Quantis curis afficiar, etsi profecto vides, tamen cognosces ex Lepta et Trebatio. Maximas pœnas pendo temeritatis meæ, quam tu prudentiam mihi videri vis : neque te deterreo, quo minus id disputes, scribasque ad me quam sæpissime; nonnihil enim me levant tuæ litteræ hoc tempore. Per eos, qui nostra causa volunt, valentque apud illum, diligentissime contendas opus est, per Balbum et Oppium maxime, ut de me scribant quam diligentissime. Oppugnamur enim, ut audio, et a præsentibus quibusdam, et per litteras. Iis ita occurrendum, ut rei magnitudo postulat. Fufius est illic,

LETTRE CCCCI.

Brindes, fin de décembre 705.

M. T. CICÉRON A TERENTIA.

Si j'avais quelque chose à vous écrire, mes lettres seraient plus longues et plus fréquentes. Vous voyez vous-même quelle est la situation des affaires. Lepta et Trebatius vous apprendront la mienne. Ayez soin de votre santé et de celle de Tullia. Adieu.

LETTRE CCCCII.

Brindes, 27 décembre 705.

CICÉRON A ATTICUS.

Vous connaissez tous mes chagrins, mais Lepta et Trebatius vous en apprendront encore davantage. Je suis bien puni d'avoir pris un si mauvais parti. Vous prétendez que j'en ai pris un fort bon ; je suis bien aise que vous ne soyez point de mon sentiment ; écrivez-moi souvent à ce sujet, vos lettres commencent à adoucir mon chagrin. Faites en sorte, je vous prie, que ceux qui ont du crédit auprès de César, et qui veulent bien l'employer pour moi, lui écrivent comme il faut, surtout Balbus et Oppius ; car j'apprends qu'on lui parle et qu'on lui écrit contre moi. Vous concevez de quelle importance il est de détruire ces mauvaises impressions. Fufius[1], qui est avec César, m'est fort contraire. Mon frère[2] a envoyé son fils,

mihi inimicissimus. Quintus misit filium non solum sui deprecatorem, sed etiam accusatorem mei. Dictitat, se a me apud Caesarem oppugnari; quod refellit Caesar ipse, omnesque ejus amici : neque vero desistit, ubicumque est, omnia in me maledicta conferre. Nihil mihi unquam tam incredibile accidit, nihil in his malis tam acerbum. Qui ex ipso audissent, quum Sicyone palam multis audientibus loqueretur, nefaria quaedam ad me pertulerunt. Nosti genus; etiam expertus es fortasse : in me id est omne conversum. Sed augeo commemorando dolorem, et facio etiam tibi. Quare ad illud redeo : cura, ut hujus rei causa, dedita opera, mittat aliquem Balbus. Ad quos videbitur, velim cures litteras meo nomine. Vale. VI kal. januar.

EPISTOLA CCCCIII.
(ad div., XIV, 16.)
Scrib. Brundisii, pridie kal. jan. A. V. C. 705.

M. T. CICERO TERENTIAE SUAE S. P. D.

SI vales, bene est : valeo. — Etsi ejusmodi tempora nostra sunt, ut nihil habeam, quod aut a te litterarum exspectem, aut ipse ad te scribam : tamen nescio quomodo et ipse vestras litteras exspecto, et scribo ad vos, quum habeo, qui ferat. Volumnia debuit in te officiosior esse, quam fuit, et id ipsum, quod fecit, potuit diligentius facere et cautius. Quanquam alia sunt, quae magis curemus, magisque doleamus : quae me ita confi-

non-seulement pour faire sa paix, mais aussi pour empêcher la mienne ; il dit à tout le monde que j'ai écrit à César contre lui, quoique César et tous ses amis assurent le contraire; partout où il est, il se déchaîne contre moi : rien ne m'a jamais plus surpris, et c'est le plus cruel de tous mes chagrins. Des gens qui l'ont entendu tenir à Sicyone de pareils discours en public, et devant beaucoup de monde, m'en ont rapporté des traits les plus indignes qu'on puisse imaginer. Vous connaissez son humeur, vous l'avez peut-être même essuyée quelquefois; tout cela s'est tourné contre moi. Mais, en m'arrêtant là-dessus, j'augmente ma douleur et je vous afflige. Je reviens donc à ce que je vous ai recommandé, faites encore que Balbus envoie un exprès à César; écrivez des lettres en mon nom, comme vous le jugerez à propos. Adieu. Le 27 décembre.

LETTRE CCCCIII.

Brindes, 31 décembre 705.

M. T. CICÉRON A TERENTIA.

Si votre santé est bonne, tout va bien, et je m'en réjouis. — Quoique notre situation soit telle que je n'attends point de lettres de vous, et que je n'ai rien à vous écrire, je ne sais pourquoi je souhaite de recevoir de vos nouvelles, et je ne puis m'empêcher de vous écrire lorsque j'en trouve l'occasion. Volumnia [1] devait être plus disposée à vous obliger; et dans ce qu'elle a fait, elle pouvait apporter plus de diligence et de précaution. Mais nous avons bien d'autres sujets d'embarras et de dou-

ciunt, ut ii voluerunt, qui me de mea sententia detruserunt. Cura, ut valeas. Pridie kalend. januar.

EPISTOLA CCCCIV.
(ad Att., XI, 9.)
Scrib. Brundisii, III non. januar. A. V. C. 706.

CICERO ATTICO SAL.

Ego vero et incaute, ut scribis, et celerius, quam oportuit, feci, nec in ulla sum spe, quippe qui exceptionibus edictorum retinear: quae si non essent sedulitate effectae et benivolentia tua, liceret mihi abire in solitudines aliquas. Nunc ne id quidem licet. Quid autem me juvat, quod ante novum tribunatum veni, si ipsum, quod veni, nihil juvat? jam, quid sperem ab eo, qui mihi amicus nunquam fuit; quum jam lege etiam sim confectus et oppressus? quotidie jam Balbi ad me litterae languidiores; multaeque multorum ad illum, fortasse contra me. Meo vitio pereo. Nihil mihi mali casus attulit: omnia culpa contracta sunt. Ego enim, quum genus belli viderem, imparata et infirma omnia contra paratissimos, sciveram, quod facerem, ceperamque consilium non tam forte, quam mihi praeter ceteros concedendum.

Cessi meis, vel potius parui; ex quibus unus qua

leur. J'en suis accablé ; et ceux qui m'ont fait abandonner mon sentiment [2], doivent être satisfaits. Prenez soin de vous bien porter. Le 31 décembre.

LETTRE CCCCIV.

Brindes, 3 janvier 706.

CICÉRON A ATTICUS.

Il est vrai, comme vous me le dites, que je n'ai pas pris de bonnes mesures, et que je me suis trop pressé. Il ne me reste plus d'espérance. Les exceptions qu'on a mises en ma faveur dans les édits, et pour lesquelles vous vous êtes donné tant de soin et de mouvement, ne me laissent plus la liberté de sortir de l'Italie; sans cela je me retirerais dans quelque solitude. Que me sert-il d'être arrivé avant que les tribuns entrassent en charge [1], si en général il ne me sert de rien d'être venu ici? Que puis-je espérer d'un homme qui n'a jamais été de mes amis [2], puisque je trouve déjà ma perte écrite dans la loi qu'il a fait publier? Les lettres que je reçois de Balbus deviennent de jour en jour plus froides. On écrit de tous côtés à César, peut-être contre moi. Je me suis perdu par ma faute; le hasard n'y a point eu de part, et je ne m'en dois prendre qu'à moi-même. J'avais bien reconnu d'abord qu'étant pris au dépourvu, nous étions trop faibles pour résister à un parti si puissant. Là-dessus je pensais à demeurer neutre. Que voulez-vous? s'il y avait en cela quelque faiblesse, du moins elle m'était plus pardonnable qu'à un autre.

Je cédai enfin aux raisons, ou plutôt aux instances de

mente fuerit, is, quem tu mihi commendas, cognosces ex ipsius litteris, quas ad te et ad alios misit; quas ego nunquam aperuissem, nisi res acta sic esset. Delatus est ad me fasciculus : solvi, si quid ad me esset litterarum : nihil erat : epistola Vatinio et Ligurio altera : jussi ad eos deferri. Illi ad me statim ardentes dolore venerunt, scelus hominis clamantes : epistolas mihi legerunt plenas omnium in me probrorum. Hic Ligurius furere. Se enim scire, summo illum in odio fuisse Cæsari : illum tamen non modo favisse, sed et tantam illi pecuniam dedisse honoris mei causa. Hoc ego dolore accepto volui scire, quid scripsisset ad ceteros. Ipsi enim illi putavi perniciosum fore, si ejus hoc tantum scelus percrebuisset. Cognovi ejusdem generis : ad te misi : quas si putabis illi ipsi utile esse reddi, reddes; nil me lædet. Nam quod resignatæ sunt, habet, opinor, ejus signum Pomponia. Hac ille acerbitate initio navigationis quum usus esset, tanto me dolore affecit, ut postea jacuerim : neque nunc tam pro se, quam contra me, laborare dicitur.

Ita omnibus rebus urgeor; quas sustinere vix possum, vel plane nullo modo possum. Quibus in miseriis una est pro omnibus, quod istam miseram patre, patrimonio, fortuna omni spoliatam relinquam. Quare te, ut polliceris, videre plane velim. Alium enim, cui illam

mes proches. L'un d'entre eux, celui même que vous me recommandez, vous fera connaître son caractère par les lettres qu'il vous écrit et à plusieurs autres personnes. Je ne me serais jamais avisé de les ouvrir, mais voici ce qui m'y a obligé. On m'apporta le paquet où elles étaient : je l'ouvris pour voir s'il n'y en avait point pour moi, je n'en trouvai point. Il y en avait pour Vatinius et pour Ligurius, je les leur envoyai. Ils me vinrent aussitôt trouver, outrés d'indignation du procédé de mon frère. Ils me lurent leurs lettres, qui étaient remplies d'invectives et d'injures atroces contre moi. Ligurius, plein de colère, me dit qu'il savait que César avait toujours haï mon frère, et que c'était à ma seule considération qu'il l'avait si bien traité, et qu'il lui avait donné une si forte somme d'argent. Dans la douleur où j'étais, j'ai voulu savoir ce qu'il écrivait aux autres; car j'ai cru qu'un procédé si indigne lui ferait un très-grand tort si cela se répandait. Toutes ses lettres sont du même style. Je vous les envoie, vous pouvez les faire remettre, si vous croyez qu'elles puissent lui être utiles; cela ne peut me nuire. Il sera aisé de les recacheter, je crois que sa femme a son cachet. Il commença à faire paraître cette aigreur contre moi dès que nous fûmes embarqués, et cela me jeta dans un abattement dont je n'ai pu depuis revenir. On dit qu'à présent il pense moins à agir pour lui que contre moi.

Vous voyez que la fortune ne m'épargne aucune sorte de chagrin; j'y résiste à peine, ou plutôt je ne puis plus y résister. Mais tous mes autres chagrins n'égalent pas la douleur que j'ai de laisser ma fille sans bien et sans ressources. Je voudrais donc vous voir, comme vous me le faites espérer, car il n'y a que vous à qui je puisse la

commendem, habeo neminem; quoniam matri quoque eadem intellexi esse parata, quae mihi. Sed, si me non offendes, satis tamen habeto commendatam, patruumque in ea, quantum poteris, mitigato. Haec ad te die natali meo scripsi : quo utinam susceptus non essem, aut ne quid ex eadem matre postea natum esset! Plura scribere fletu prohibeor.

EPISTOLA CCCCV.
(ad Att., XI, 10.)

Scrib. Brundisii, a. d. xii kal. febr. A. V. C. 706.

CICERO ATTICO SAL.

Ad meas incredibiles aegritudines aliquid novi accedit ex iis, quae de Q. Q. ad me afferuntur. P. Terentius, meus necessarius, operas in portu et scriptura Asiae pro magistro dedit. Is Quintum filium Ephesi vidit vi id. decembr. eumque studiose propter amicitiam nostram invitavit; quumque ex eo de me cunctaretur, eum sibi ita dixisse narrabat, se mihi esse inimicissimum; volumenque sibi ostendisse orationis, quam apud Caesarem contra me esset habiturus : multa a se dicta contra ejus amentiam : multa postea Patris consimili scelere secum Quintum patrem locutum, cujus furorem ex iis epistolis, quas ad te misi, perspicere potuisti. Haec tibi dolori esse certo scio : me quidem excruciant, et eo magis, quod mihi cum illis ne querendi quidem locum futurum puto.

recommander. Pour sa mère, elle ne doit pas en espérer un meilleur traitement que moi. Mais si vous ne me voyez plus, vous n'aurez pas besoin que je vous recommande ma fille ; et vous ferez en sorte, je vous prie, que l'humeur de son oncle contre moi ne tombe pas sur elle. J'écris cette lettre le jour anniversaire de ma naissance. Pourquoi suis-je venu au monde, ou pourquoi est-il né de ma mère encore autre chose après moi[3] ? Je ne vous en dis pas davantage, je ne puis plus retenir mes larmes.

LETTRE CCCCV.

Brindes, 21 janvier 706.

CICÉRON A ATTICUS.

Mes chagrins infinis sont encore augmentés par tout ce qui me vient de mon frère et de son fils. P. Terentius[1], qui est un des principaux intéressés dans les fermes d'Asie, a vu mon neveu à Éphèse, le 8 décembre. Comme il est mon ami, il ne manqua pas de le prier à souper ; et lui ayant demandé de mes nouvelles, mon neveu se déclara ouvertement mon ennemi, et lui montra même le discours qu'il devait prononcer devant César contre moi. Terentius lui parla fortement sur cet excès de folie. Il a vu depuis à Patras mon frère, qui parle sur le même ton ; vous pouvez juger de son emportement par les lettres que je vous ai envoyées. Je ne doute point que tout cela ne vous afflige : pour moi, j'en suis d'autant plus peiné, qu'ils ne me laisseront pas même le droit de me plaindre[2].

De africanis rebus longe alia nobis, ac tu scripseras, nuntiantur. Nihil enim firmius esse dicunt, nihil paratius. Accedit Hispania, et alienata Italia; legionum nec vis eadem, nec voluntas; urbanæ res perditæ. Quid est, ubi acquiescam, nisi quam diu tuas litteras lego? quæ essent profecto crebriores, si quid haberes, quod putares meam molestiam minui posse. Sed tamen te rogo, ne intermittas scribere ad me, quidquid erit, eosque, qui mihi tam crudeliter inimici sunt, si odisse non potes, accuses tamen; non ut aliquid proficias, sed ut me tibi carum esse sentiant. Plura ad te scribam, si mihi ad eas litteras, quas proxime ad te dedi, rescripseris. Vale. XII kal. febr.

EPISTOLA CCCCVI.

(ad Att., XI, 11.)

Scrib. Brundisii, VIII id. mart. A. V. C. 706.

CICERO ATTICO SAL.

Confectus jam cruciatu maximorum dolorum, ne, si sit quidem, quod ad te debeam scribere, facile id exsequi possim; hoc minus, quod res nulla est, quæ scribenda sit; quum præsertim ne spes quidem ulla ostendatur, fore melius. Ita jam ne tuas quidem litteras exspecto, quanquam semper aliquid afferunt, quod velim. Quare tu quidem scribito, quum erit, cui des.

Les nouvelles d'Afrique sont fort différentes de celles que vous m'avez mandées. Le parti de Pompée y est, dit-on, très-puissant, et fort en état de se défendre. L'Espagne s'est déclarée pour eux [3]. En Italie les esprits sont fort prévenus contre César [4]. Ses troupes sont très-affaiblies, et manquent de bonne volonté. Les affaires de Rome sont dans un extrême désordre. Comment puis-je avoir un moment de tranquillité, si ce n'est quand je lis vos lettres? Vous m'en écririez plus souvent, si vous aviez quelque chose à me mander qui pût me consoler. Cependant je vous prie de continuer à m'écrire tout ce que vous saurez; et si vous ne pouvez pas haïr ceux qui sont à présent mes plus cruels ennemis, qu'ils sachent du moins que vous les condamnez : non que j'espère que cela les fasse changer, mais afin qu'ils voient que je vous suis toujours cher. Je vous en dirai davantage lorsque j'aurai reçu votre réponse à ma dernière lettre. Adieu. Le 21 janvier.

LETTRE CCCCVI.

Brindes, 8 mars 706.

CICÉRON A ATTICUS.

Dans l'extrême accablement où je suis, quand j'aurais quelque chose à vous écrire, je ne sais si j'en aurais la force; et à présent je n'ai rien à vous mander, n'ayant surtout aucune espérance que mes affaires puissent devenir meilleures. Je ne compte plus même sur vos lettres, quoique j'y trouve toujours quelque chose qui me fait plaisir. Écrivez-moi donc lorsque vous trouverez

Ego tuis proximis, quas tamen jam pridem accepi, nihil habeo, quod rescribam. Longo enim intervallo video immutata esse omnia : illa esse firma, quæ debeant, nos stultitiæ nostræ gravissimas pœnas pendere.

P. Sallustio curanda sunt H.-S. xxx, quæ accepi a Cn. Sallustio. Velim videas, ut sine mora curentur. De ea re scripsi ad Terentiam : atque hoc ipsum jam prope consumptum est. Quare id quoque velim, cum illa videas, ut sit, qui utamur. Hic fortasse potero sumere, si sciam istic paratum fore. Sed prius, quam id scirem, nihil sum ausus sumere. Qui sit omnium rerum status noster, vides. Nihil est mali, quod non et sustineam et exspectem. Quarum rerum eo gravior est dolor, quo culpa major. Ille in Achaia non cessat de nobis detrahere. Nihil videlicet tuæ litteræ profecerunt. Vale. VIII id. mart.

EPISTOLA CCCCVII.
(ad Att., XI, 12.)
Scrib. Brundisii, VIII id. mart. vesperi, A. V. C. 706.

CICERO ATTICO SAL.

CEPHALIO mihi a te litteras reddidit a. d. VIII id. mart. vespere. Eo autem die mane tabellarios miseram, quibus ad te dederam litteras. Tuis tamen lectis litteris putavi aliquid rescribendum esse, maxime quod ostendis, te pendere animi, quamnam rationem sim Cæsari allaturus profectionis meæ tum, quum ex Italia disces-

quelque occasion. Je n'ai rien à répondre à votre dernière : comme il y a long-temps que je l'ai reçue, les affaires sont fort changées depuis; le bon parti se fortifie, et je suis bien puni de mon imprudence.

Vous ferez payer à P. Sallustius trente mille sesterces, que j'ai reçus de son frère : faites en sorte, je vous prie, qu'on les paie au plus tôt; j'en ai écrit à ma femme. Cet argent est déjà presque mangé; ainsi voyez, je vous prie, avec elle à m'en faire avoir. J'en trouverai bien ici, pourvu que j'en aie à Rome duquel je puisse disposer[1] : je n'ai point voulu en prendre que je n'en fusse certain. Vous voyez la triste situation où je suis; il n'est point de maux que je n'éprouve, ou que je n'attende; et j'y suis d'autant plus sensible, qu'il y a beaucoup de ma faute. Mon frère est toujours en Achaïe, où il continue à se déchaîner contre moi; vos lettres n'ont servi de rien. Adieu. Le 8 mars.

LETTRE CCCCVII.

Brindes, 8 mars au soir, 706.

CICÉRON A ATTICUS.

CÉPHALION m'a rendu votre lettre le 8 mars au soir. Je vous avais écris le matin, et ma lettre était déjà partie; cependant, après avoir lu la vôtre, j'ai cru devoir vous faire réponse, principalement sur ce que vous me dites que vous ne savez quelle raison je pourrai donner à César, lorsqu'il me demandera ce qui m'avait déterminé à sortir de l'Italie. Je m'en tiens à ce que je lui ai

serim. Nihil opus est mihi nova ratione. Sæpe enim ad eum scripsi, multisque mandavi, non potuisse, quum cupissem, sermones hominum sustinere, multaque in eam sententiam. Nihil enim erat, quod minus eum vellem existimare, quam me tanta de re non meo consilio usum esse. Postea, quum mihi litteræ a Balbo Cornelio minore missæ essent, illum existimare, Quintum fratrem lituum meæ profectionis fuisse (ita enim scripsit), qui nondum cognossem, quæ de me Quintus scripsisset ad multos, etsi multa præsens in præsentem acerbe dixerat et fecerat, tamen de eo his verbis ad Cæsarem scripsi:

« De Quinto fratre meo non minus laboro, quam de me ipso : sed eum tibi commendare hoc meo tempore non audeo. Illud duntaxat tamen audebo petere abs te, quod te oro, ne quid existimes ab illo factum esse, quo minus mea in te officia constarent, minusve te diligerem, potiusque semper illum auctorem nostræ conjunctionis fuisse, meique itineris comitem, non ducem. Quare ceteris in rebus tantum ei tribues, quantum humanitas tua amicitiaque vestra postulat. Ego ei ne quid apud te obsim, id te vehementer etiam atque etiam rogo. »

Quare si quis congressus fuerit mihi cum Cæsare, etsi non dubito, quin is lenis in illum futurus sit, idque jam declaraverit, ego tamen is ero, qui semper fui.

Sed, ut video, multo magis est nobis laborandum de

déjà écrit plusieurs fois, et à ce que je lui ai fait dire par mes amis, que si j'avais suivi mon inclination, je serais demeuré; mais que je n'avais pu soutenir les discours que l'on tenait sur moi. Toute ma justification roule là-dessus. Je serais bien fâché qu'il crût que, dans une affaire si importante, je n'ai pas pris mon parti de moi-même. Le jeune Balbus m'a mandé, depuis, que César croyait que c'était mon frère qui avait *sonné la marche*: ce sont ses propres termes. Je ne savais pas alors ce que mon frère a écrit de tous côtés contre moi, mais je n'avais déjà que trop essuyé sa mauvaise humeur pendant que nous étions ensemble : voici néanmoins ce que j'ai écrit à César par Nilus :

« Je ne m'inquiète pas moins pour mon frère que pour moi-même; mais dans la conjoncture présente, je n'ose pas vous le recommander. Tout ce qui m'est permis, c'est de vous prier, comme je fais, d'être bien persuadé qu'il n'a pas tenu à lui que je ne vous donnasse des marques effectives de mon attachement et de mon amitié, et qu'il a toujours tâché de m'entretenir dans ces dispositions à votre égard; qu'enfin il ne m'a point porté à sortir de l'Italie, et qu'il s'est contenté de me suivre. J'espère que votre bonté naturelle et la liaison qui a existé entre vous, parleront assez pour lui en cette occasion. Mais que du moins je ne lui fasse aucun tort dans votre esprit, c'est ce que je vous demande instamment. »

Si je vois César, je ne changerai pas de langage, et je serai toujours le même à l'égard de mon frère : je ne doute point qu'il ne fasse aisément sa paix, et que César ne se soit déjà expliqué là-dessus.

Mais, à ce qu'il me paraît, ce sont les affaires d'Afri-

Africa, quam quidem tu scribis confirmari quotidie magis ad conditionis spem, quam victoriæ. Quod utinam ita esset! Sed longe aliter esse intelligo; teque ipsum ita existimare arbitror, aliter autem scribere, non fallendi, sed confirmandi mei causa, præsertim quum adjungatur ad Africam etiam Hispania.

Quod me admones, ut scribam ad Antonium, et ad ceteros : si quid videbitur tibi opus esse, velim facias id, quod sæpe fecisti. Nihil enim mihi venit in mentem, quod scribendum putem. Quod me audis fractiorem esse animo : quid putas, quum videas accessisse ad superiores ægritudines præclaras generi actiones? Tu tamen velim ne intermittas, quoad ejus facere poteris, scribere ad me, etiam si rem, de qua scribas, non habebis. Semper enim afferunt aliquid mihi tuæ litteræ. Galeonis hæreditatem crevi. Puto enim cretionem simplicem fuisse, quoniam ad me nulla missa est. VIII id. mart.

EPISTOLA CCCCVIII.
(ad Att., XI, 13.)
Scrib. Brundisii, exeunte mart. A. V. C. 706.

CICERO ATTICO SAL.

A Murenæ liberto nihil adhuc acceperam litterarum. P. Siser reddiderat eas, quibus rescribo. De Servii patris

que qui doivent à présent m'inquiéter. Vous me dites que, si ce parti se fortifie, c'est moins pour disputer la victoire, que pour obtenir de meilleures conditions. Que je souhaiterais que cela fût vrai! J'en juge tout autrement, surtout à raison de ce que l'Espagne se joint à l'Afrique; et je suis persuadé que vous en jugez comme moi, et que vous me parlez ainsi, non pas pour me tromper, mais pour me rassurer.

Vous me dites que je devrais écrire à Antoine et à quelques autres personnes. Je vous prie, si cela est nécessaire, de leur écrire en mon nom, comme vous avez fait si souvent; je ne vois pas ce que je pourrais leur écrire. Vous avez appris, dites-vous, que je me laisse trop abattre. En pouvez-vous douter, puisqu'avec tant d'autres chagrins, voici encore pour surcroît les prouesses de mon gendre[1]? Que cela ne vous empêche pas néanmoins de m'écrire le plus souvent que vous pourrez, quand même vous n'auriez rien de particulier à m'apprendre; je trouve toujours dans vos lettres quelque chose de consolant. J'ai pris possession du bien que Galéon m'a laissé; je crois qu'il n'y a que moi d'héritier institué avec délai pour délibérer[2], puisqu'on ne m'a point envoyé d'autre acte.

LETTRE CCCCVIII.

Brindes, fin de mars 706.

CICÉRON A ATTICUS.

Je n'ai point encore reçu la lettre que vous avez donnée à l'affranchi de Murena; je vais répondre à celle que

litteris quod scribis, item, Quintum in Syriam venisse quod ais esse qui nuntient, ne id quidem verum est. Quod certiorem te vis fieri, quo quisque in me animo sit aut fuerit eorum, qui huc venerunt; neminem alieno intellexi. Sed, quantum id mea intersit, existimare te posse certo scio. Mihi quum omnia sunt intolerabilia ad dolorem, tum maxime, quod in eam causam venisse me video, ut ea sola utilia mihi esse videantur, quæ semper nolui. P. Lentulum patrem Rhodi esse aiunt, Alexandriæ filium; Rhodoque Alexandriam C. Cassium profectum esse constat.

Quintus mihi per litteras satisfacit, multo asperioribus verbis, quam quum gravissime accusabat. Ait enim, se ex litteris tuis intelligere, tibi non placere, quod ad multos de me asperius scripserit: itaque se pœnitere, quod animum tuum offenderit: sed se jure fecisse. Deinde perscribit spurcissime, quas ob causas fecerit. Sed neque hoc tempore, nec antea patefecisset odium suum in me, nisi omnibus rebus me esse oppressum videret. Atque utinam vel nocturnis, quemadmodum tu scripseras, itineribus propius te accessissem! nunc nec ubi, nec quando te sim visurus, possum suspicari.

De cohæredibus Fufidianis nihil fuit, quod ad me scriberes. Nam et æquum postulant, et, quidquid egisses, recte esse actum putarem. De fundo Frusinati redimendo jam pridem intellexisti voluntatem meam. Etsi tum meliore loco res erant nostræ, neque tam mihi de-

vous m'avez fait tenir par P. Siser. Ce que l'on dit de ces lettres de Servius le père n'est pas vrai, non plus que ce qu'on mande que mon frère est en Syrie. Vous me demandez quels sont à mon égard les sentimens de ceux qui sont venus ici; je n'en ai vu aucun qui m'ait paru malintentionné : mais vous jugez bien à quoi cela peut m'être bon. Parmi tant de chagrins que je ne puis soutenir, ce qui m'afflige le plus, c'est de m'être mis dans une situation où il faut pour mon intérêt que je souhaite ce que j'ai toujours craint [1]. On dit que P. Lentulus le père est à Rhodes, et son fils à Alexandrie : il est sûr que C. Cassius est parti pour y aller.

Mon frère m'a écrit une lettre où, sous prétexte de se justifier, il me dit de plus grandes duretés que lorsqu'il parlait contre moi. Il me marque qu'il lui a paru, par vos lettres, que vous trouviez mauvais qu'il eût écrit sur mon sujet à plusieurs personnes d'une manière trop aigre; qu'il était fâché que cela vous déplût, mais qu'il avait eu de bonnes raisons pour le faire. Il ajoute ensuite ces raisons, qui sont très-offensantes; mais il n'a fait et ne fait encore paraître sa mauvaise volonté que parce qu'il me voit sans appui et sans ressources. Je voudrais bien m'être approché de vous, quand j'aurais dû ne marcher que la nuit, comme vous me l'aviez proposé : à présent, je ne m'imagine pas où et quand je pourrai vous voir.

Il n'était pas nécessaire de m'écrire sur cette affaire qui regarde les cohéritiers de Fufidius [2] : ce qu'ils demandent est juste, et j'aurais approuvé tout ce que vous auriez fait. Je vous ai marqué, il y a long-temps, que je pensais à retirer le bien de Frusinon : il est vrai que mes affaires étaient alors en meilleur état, et que celles

14.

speratam iri videbamur, tamen in eadem sum voluntate. Id quemadmodum fiat, tu videbis. Et velim, quoad poteris, consideres, ut sit, unde nobis suppeditentur sumptus necessarii. Si quas habuimus facultates, eas Pompeio tum, quum id videbamur sapienter facere, detulimus. Itaque tum et a tuo villico sumpsimus, et aliunde mutuati sumus, quum Quintus quereretur per litteras, sibi nos nihil dedisse; qui neque ab illo rogati sumus, neque ipsi eam pecuniam adspeximus. Sed velim videas, quid sit, quod confici possit, quidque mihi de omnibus des consilii : et causam nosti. Plura ne scribam, dolore impedior. Si quid erit, quod ad quos scribendum meo nomine putes, velim, ut soles, facias : quotiesque habebis, cui des ad me litteras, nolim praetermittas. Vale.

EPISTOLA CCCCIX.
(ad Att., XI, 14.)
Scrib. Brundisii, mense aprili A. V. C. 706.

CICERO ATTICO SAL.

Non me offendit veritas litterarum tuarum, quod me, quum communibus tum praecipuis malis oppressum, ne incipis quidem, ut solebas, consolari, faterisque id fieri jam non posse. Nec enim ea sunt, quae erant antea, quum, ut nihil aliud, comites me et socios habere putabam. Omnes enim Achaici deprecatores, item qui in Asia, quibus non erat ignotum, etiam qui-

de la république n'étaient pas si désespérées ; cependant je suis toujours dans la même résolution : vous verrez quelles mesures on peut prendre pour cela. Tâchez aussi, je vous prie, de faire en sorte qu'on ne me laisse pas manquer d'argent. J'ai donné à Pompée celui que j'avais, dans un temps où je croyais bien faire. Je fus obligé d'en prendre de votre receveur, et d'en emprunter à d'autres personnes. Mon frère se plaignit alors que je ne lui en avais point donné : il ne m'en avait point demandé, et je ne vis pas même celui que je prêtai à Pompée[3]. Voyez, je vous prie, ce qu'il y a à faire pour moi, et ce que vous me conseillez ; vous savez l'état de mes affaires. La douleur m'empêche de vous en dire davantage. Je vous prie d'écrire des lettres en mon nom lorsque vous le jugerez à propos, comme vous avez déjà fait. Quand vous trouverez quelque occasion pour m'écrire, ne la manquez pas. Adieu.

LETTRE CCCCIX.

Brindes, avril 706.

CICÉRON A ATTICUS.

Je trouve fort bon que vous me disiez naturellement ce que vous pensez sur les maux communs et particuliers qui m'accablent. Vous avez raison de ne plus penser à me consoler, et de reconnaître même que cela n'est plus possible. Du moins, auparavant, je croyais avoir des compagnons ; mais à présent, on dit que tous ceux qui étaient en Achaïe, et qui semblaient vouloir implorer la clémence du vainqueur, passent en Afrique, aussi

bus erat, in Africam dicuntur navigaturi. Ita præter Lælium neminem habeo culpæ socium : qui tamen hoc meliore in causa est, quod jam est receptus. De me autem, non dubito quin ad Balbum et ad Oppium scripserit : a quibus, si quid esset lætius, certior factus essem : tecum etiam essent locuti : quibuscum tu de hoc ipso colloquare velim, et ad me, quid tibi responderint, scribas; non quod ab isto salus data quidquam habitura sit firmitudinis, sed tamen aliquid consuli et prospici poterit. Etsi omnium conspectum horreo, præsertim hoc genero, tamen, in tantis malis quid aliud velim, non reperio.

Quintus pergit, ut ad me et Pansa scripsit et Hirtius : isque item Africam petere cum ceteris dicitur. Ad Minucium Tarentum scribam, tuas litteras mittam. Ad te scribam, numquid egerit. H.-S. xxx potuisse mirarer, nisi multa de Fufidianis prædiis : et id video tamen. Te exspecto : quem videre, si ullo modo potest (poscit enim res), pervellem. Jam extremum concluditur. Difficile est, quid et quare sit gravius, existimare. Vale.

bien que ceux qui étaient en Asie, non-seulement ceux qui ont su l'état des affaires, mais ceux même qui ne le savaient pas [1]. Ainsi, il n'y a plus que Lélius avec qui ma faute me soit commune; encore est-il plus heureux que moi, puisque sa paix est déjà faite. Je ne doute point que César n'ait écrit sur mon sujet à Balbus et à Oppius : s'ils avaient eu de bonnes nouvelles, ils me les auraient mandées, et vous en auraient fait part. Je vous prie de leur parler là-dessus, et de m'écrire ce qu'ils vous auront dit. Ce n'est pas que je regarde comme une chose bien assurée toutes les paroles que César pourra me donner; mais cela me servira du moins à prendre quelques mesures. Quoique j'aie même honte de me montrer, surtout avec un tel gendre, cependant je ne vois pas, dans la triste conjoncture où je me trouve, que je puisse souhaiter autre chose.

Pansa et Hirtius me mandent que mon frère tient toujours les mêmes discours : on dit aussi qu'il s'en va en Afrique avec les autres. J'écrirai à Minucius à Tarente [2], et je lui enverrai votre lettre; je vous manderai ce qu'il aura fait. Je serais surpris que vous m'eussiez envoyé trente mille sesterces [3], si ce n'est que je pense que les biens de Fufidius ont pu vous en fournir, et cela même n'est pas bien sûr. Je vous attends, et je serai fort aise, s'il est possible, de vous voir. Il est temps enfin que je prenne mon parti, et vous pourrez juger mieux qu'un autre quel est le moins mauvais pour moi. Adieu.

EPISTOLA CCCCX.
(ad Att., XI, 15.)
Scrib. Brundisii, pridie id. maii A. V. C. 706.

CICERO ATTICO SAL.

Quoniam justas causas affers, quod te hoc tempore videre non possim, quæso, quid sit mihi faciendum. Ille enim ita videtur Alexandriam tenere, ut eum scribere etiam pudeat de illis rebus. Hi autem ex Africa jam affuturi videntur; Achæi item ex Asia redituri ad eos, aut libero aliquo loco commoraturi. Quid mihi igitur putas agendum? Video difficile esse consilium. Sum enim solus, aut cum altero, cui neque ad illos reditus sit, neque ab his ipsis quidquam ad spem ostendatur. Sed tamen scire velim, quid censeas : idque erat cum aliis, cur te, fieri posset, cuperem videre.

Minucium XII sola curasse, scripsi ad te antea : quod superest, velim videas, ut curetur. Quintus non modo non cum magna prece ad me, sed acerbissime scripsit; filius vero mirifico odio. Nihil fingi potest mali, quo non urgear. Omnia tamen sunt faciliora, quam peccati dolor, qui et maximus est et æternus : cujus peccati si socios essem habiturus ego, quos putavi, tamen esset consolatio tenuis. Sed habet aliorum omnium ratio exitum, mea nullum. Alii capti, alii interclusi non veniunt

LETTRE CCCCX.

Brindes, 14 mai 706.

CICÉRON A ATTICUS.

Puisqu'il n'est pas possible que vous veniez ici à présent, marquez-moi ce qu'il faut que je fasse. Il paraît que César est si peu maître à Alexandrie, qu'il n'ose pas écrire ici ce qui s'y passe[1]. L'armée d'Afrique va sans doute venir en Italie; et ceux qui de l'Achaïe sont passés en Asie, les iront joindre, et se retireront dans quelque endroit neutre. Quel parti prendre? Il n'est pas aisé de se déterminer; car il n'y a que moi (ou tout au plus un autre encore) qui ne puis me réunir à ceux que j'ai quittés, et qui ne puis non plus rien espérer de bon du parti de César. Je vous prie néanmoins de me dire votre avis; c'est principalement pour cela que je souhaiterais de vous voir, si cela était possible.

Je vous ai déjà mandé que Minucius ne m'a payé que douze mille sesterces; je vous prie de me faire payer du reste. Bien loin que mon frère m'ait fait de grandes excuses, il m'a écrit, au contraire, avec beaucoup d'aigreur, et son fils me montre toute sa haine. On ne peut imaginer aucune sorte de chagrin dont je ne sois accablé; mais il n'y en a point de plus sensible pour moi, que celui d'avoir pris un mauvais parti; il se renouvelle toujours. Si j'avais pour compagnons de ma faute tous ceux que j'avais cru, ce ne serait qu'une faible consolation; mais elle m'est même ôtée. Je n'ai aucun moyen

in dubium de voluntate, eo minus scilicet, quum se expedierint, et una esse cœperint. Ii autem ipsi, qui sua voluntate ad Fufium venerunt, nihil possunt, nisi timidi, existimari. Multi autem sunt, qui, quicumque sunt, modo ad illos se recipere volent, recipientur. Quo minus debes mirari, non posse me tanto dolori resistere. Solius enim meum peccatum corrigi non potest, et fortasse Lælii. Sed quid me id levat? C. quidem Cassium aiunt consilium Alexandriam eundi mutavisse. Hæc ad te scribo, non ut queas tu demere sollicitudinem, sed ut cognoscam, ecquid tu ad ea afferas, quæ me conficiunt : ad quæ gener accedit, et cetera, quæ fletu reprimor ne scribam. Quin etiam Æsopi filius me excruciat. Prorsus nihil abest, quin sim miserrimus.

Sed ad primum revertor : quid putes faciendum, occultene aliquo propius veniendum, an mare transeundum. Nam hic maneri diutius non potest. De Fufidianis quare nihil potuit confici? Genus enim conditionis ejusmodi fuit, in quo non solet esse controversia; quum ea pars, quæ videtur esse minor, licitatione expleri posset. Hæc ego non sine causa quæro. Suspicor enim, cohæredes dubiam nostram causam putare, et eo rem in integro esse. Vale. Pridie id. maii.

pour me justifier, et tous les autres en ont. Les uns se sont trouvés pris et coupés par les ennemis; et l'on peut d'autant moins douter de leurs intentions, que, dès qu'ils en auront la liberté, ils iront rejoindre ceux qui sont en Afrique. Pour ceux qui d'eux-mêmes sont allés trouver Fufius[2], tout ce qu'on peut leur reprocher, c'est d'avoir eu peur. Enfin il y en a plusieurs qui seront toujours reçus, lorsqu'ils voudront passer en Afrique. Vous ne devez donc point être surpris si je cède à l'excès de ma douleur; car il n'y a que moi dont la faute ne peut se réparer, ou peut-être encore Lélius : mais comment me consolerait-il? On dit que C. Cassius ne pense plus à aller à Alexandrie[3]. Je vous écris tout ceci, non que j'espère que vous puissiez me tirer d'inquiétude, mais pour savoir ce que vous pensez sur tant de sujets de chagrin. Mon gendre m'en donne de nouveaux, sans compter ceux dont je ne pourrais vous parler sans verser des larmes. Je ne saurais même me consoler du fils d'Ésopus[4]; enfin, on ne peut être plus malheureux que je le suis.

Mais je reviens à ce que je vous avais proposé d'abord : que dois-je faire? dois-je m'approcher de Rome en marchant la nuit, ou repasser la mer? car je ne puis plus demeurer à Brindes. Pourquoi est-ce qu'on n'a pu vendre les biens de Fufidius? C'est un genre d'affaire où il n'y a point de difficulté, puisque l'on peut par la licitation égaler les partages. Ce n'est pas sans raison que je vous demande pourquoi les cohéritiers n'ont pas voulu; je m'imagine qu'ils croient qu'il n'est pas bien sûr que je fasse ma paix avec César, et que c'est pour cela qu'ils ne finissent pas cette affaire. Adieu. Le 14 mai.

EPISTOLA CCCCXI.
(ad Att., XI, 16.)
Scrib. Brundisii, III non. jun. A. V. C. 706.

CICERO ATTICO SAL.

Non meo vitio fit, hoc quidem tempore (ante enim est peccatum), ut me ista epistola nihil consoletur. Nam et exigue scripta est, et suspiciones magnas habet, non esse ab illo; quas animadvertisse te existimo. De obviam itione ita faciam, ut suades. Neque enim ulla de adventu ejus opinio est, neque, si qui ex Asia veniunt, quidquam auditum esse dicunt de pace; cujus ego spe in hanc fraudem incidi. Nihil video quod sperandum putem, nunc præsertim, quum ea plaga in Asia sit accepta, in Illyrico, in Cassiano negotio, in ipsa Alexandria, in Urbe, in Italia. Ego vero, etiam si rediturus ille est, qui adhuc bellum gerere dicitur, tamen ante reditum ejus negotium confectum iri puto.

Quod autem scribis, quamdam lætitiam bonorum esse commotam, ut sit auditum de litteris, tu quidem nihil prætermittis, in quo putes aliquid solatii esse : sed ego non adducor, quemquam bonum ullam salutem putare mihi tanti fuisse, ut eam peterem ab illo, et eo minus, quod hujus consilii jam ne socium quidem habeo quemquam. Qui in Asia sunt, rerum exitum exspectant. Achaici etiam Fufio spem deprecationis afferunt. Horum

LETTRE CCCCXI.

Brindes, 11 juin 706.

CICÉRON A ATTICUS.

Pour cette fois, ce n'est pas ma faute si cette lettre de César ne me rassure point, car elle ne dit rien de positif, et j'y trouve bien des marques de supposition dont je crois que vous vous serez aussi aperçu. Je suivrai votre conseil, et je n'irai point au devant de César : aussi bien on ne sait encore rien d'assuré de son retour; et ceux qui viennent d'Asie disent qu'ils n'ont point du tout entendu parler de paix. C'est néanmoins cette espérance qui m'a fait faire une si fausse démarche; je ne vois plus rien à espérer de ce côté-là, surtout depuis que les affaires de César ont si mal tourné en Asie[1], en Illyrie, en Espagne, à Alexandrie même, à Rome et en Italie. Quand il devrait revenir ici, et que la guerre qui l'occupe encore, à ce que l'on dit, ne le retiendrait pas long-temps, je crois qu'avant son retour tout sera décidé.

Vous me marquez que les bons citoyens ont fait paraître quelque joie lorsqu'ils ont entendu parler de cette lettre de César : je vois que vous relevez avec soin tout ce qui peut me consoler; mais je ne saurais m'imaginer qu'aucun bon citoyen puisse croire que j'estime assez la vie et la fortune pour m'être résolu à la vouloir demander à César, d'autant plus que jusqu'à présent je serais le seul; ceux qui sont en Asie veulent voir auparavant comment tourneront les affaires; ceux qui sont en Achaïe

et timor idem fuit primo, qui meus, et constitutum. Mora alexandrina causam illorum correxit, meam evertit. Quamobrem idem a te nunc peto, quod superioribus litteris, ut, si quid in perditis rebus dispiceres, quod mihi putares faciendum, me moneres. Si recipior ab his, quod vides non fieri, tamen, quoad bellum erit, quid agam, aut ubi sim, non reperio; sin jactor, eo minus. Itaque tuas litteras exspecto, easque ut ad me sine dubitatione scribas rogo.

Quod suades, ut ad Quintum scribam de his litteris, facerem, si me quidquam istæ litteræ delectarent. Etsi quidam scripsit ad me his verbis : *Ego, ut in his malis, Patris sum non invitus; essem libentius, si frater tuus ea de te loqueretur, quæ ego audire vellem.* Quod ais illum ad te scribere, me sibi nullas litteras remittere, semel ab ipso accepi : ad eas Cephalioni dedi, qui multos menses tempestatibus retentus est. Quintum filium ad me acerbissime scripsisse, jam ante ad te scripsi.

Extremum est, quod te orem si putas rectum esse, et a te suscipi posse, cum Camillo communices, ut Terentiam moneatis de testamento. Tempora monent, ut videat, ut satisfaciat, quibus debeat. Auditum ex Philotimo est, eam scelerate quædam facere. Credibile vix

diffèrent l'espérance de soumission qu'ils avaient donnée à Fufius[2], qu'ils s'en remettraient à la clémence du vainqueur : d'abord ils ont eu peur comme moi, et ils ont pris la même résolution ; mais la guerre qui a retenu César à Alexandrie les met en état de réparer leur faute, et découvre la mienne. Je vous prie donc, comme j'ai déjà fait dans ma dernière lettre, de voir quel parti je dois prendre dans la cruelle situation où je me trouve. Si je fais ma paix avec César, ce qui, comme vous voyez, n'est pas encore bien assuré, que ferai-je ? où irai-je tant que la guerre durera ? Et si je ne suis reçu ni par l'un ni par l'autre parti, ce sera encore pis. J'attends votre lettre, mais il faut me marquer précisément ce que vous me conseillez.

Vous voudriez que je fisse part à mon frère de cette lettre de César ; je lui en écrirais, si elle m'avait fait le moindre plaisir. Voici cependant ce que m'écrit un de mes amis : «Je me trouve assez bien à Patras dans ce malheureux temps ; je m'y trouverais encore mieux si je n'avais pas le chagrin d'entendre votre frère parler de vous tout autrement qu'il ne devrait.» Il se plaint à vous de ce que je ne réponds point à ses lettres : je n'en ai reçu qu'une, et je donnai la réponse à Céphalion ; mais les vents contraires l'ont retenu ici plusieurs mois. Je vous ai déjà mandé que mon neveu m'a écrit une lettre toute pleine d'aigreur.

J'ai encore une chose à vous recommander, si toutefois vous l'approuvez, et si vous croyez pouvoir vous en charger ; c'est de conférer avec Camille[3], et de vous joindre à lui pour parler à ma femme de son testament. Dans la situation où sont les affaires, il est à propos qu'elle règle les siennes, et qu'elle paie ses dettes : on a entendu

est. Sed certe, si quid est, quod fieri possit, providendum est. De omnibus rebus velim ad me scribas, et maxime de eo, in quo tuo consilio egeo, etiam si nihil excogitas : id enim mihi erit pro desperato. III nonas jun.

EPISTOLA CCCCXII.

(ad Att., XI, 17.)

Scrib. Brundisii, xviii kal. quint. A. V. C. 706.

CICERO ATTICO SAL.

Properantibus tabellariis alienis hanc epistolam dedi : eo brevior est, et quod eram missurus meos. Tullia mea venit ad me pridie idus jun., deque tua erga se observantia benivolentiaque mihi plurima exposuit, litterasque reddidit trinas. Ego autem ex ipsius virtute, humanitate, pietate non modo eam voluptatem non cepi, quam capere ex singulari filia debui, sed etiam incredibili sum dolore affectus, tale ingenium in tam misera fortuna versari, idque accidere nullo ipsius delicto, summa culpa mea. Itaque a te neque consolationem jam, qua cupere te uti video, nec consilium, quod capi nullum potest, exspecto : teque omnia quum superioribus saepe litteris, tum proximis tentasse intelligo.

dire à Philotime, qu'elle fait des choses qui seraient de la dernière indignité ; j'ai de la peine à le croire, mais il faut tâcher d'y mettre ordre. Écrivez-moi sur tout ce qui me regarde, et principalement sur ce qui peut exiger vos conseils ; quand vous n'en auriez point à me donner, marquez-le-moi, cela me fera connaître du moins qu'il n'y a pas de remède 4. Le 11 juin.

LETTRE CCCCXII.

Brindes, 14 juin 706.

CICÉRON A ATTICUS.

Je donne cette lettre à des gens qui ne sont point à moi, et qui sont pressés de partir ; c'est pour cela qu'elle sera courte, et aussi parce que j'enverrai bientôt des exprès. Ma fille est arrivée ici le 12 juin ; elle m'a rendu compte de toutes les marques de considération et d'amitié qu'elle a reçues de vous, et m'a apporté trois de vos lettres. Bien loin d'avoir ressenti autant de plaisir que je le devais à la vue d'une fille si estimable, qui a des mœurs si douces, une vertu si pure, et un si parfait attachement pour moi, j'ai ressenti, au contraire, une douleur extrême en voyant dans un état si déplorable une personne de ce mérite, sans qu'elle y ait contribué en aucune manière, mais uniquement par ma faute. Ainsi, c'est en vain que vous tâchez de me consoler, cela n'est pas possible : je ne vous demande plus même de conseils, c'est un mal sans remède ; et vous avez épuisé dans vos lettres précédentes, et dans ces dernières, tout ce qu'on pouvait me dire.

Ego cum Sallustio Ciceronem ad Cæsarem mittere cogitabam. Tulliam autem, non videbam esse causam, cur diutius mecum tanto in communi mœrore retinerem. Itaque matri eam, quum primum per ipsam liceret, eram remissurus. Pro ea, quam ad modum consolantis scripsisti, ὦ 'τὰν, ea putato me scripsisse, quæ tu ipse intelligis responderi potuisse. Quod Oppium tecum scribis locutum, non abhorret a mea suspicione ejus oratio. Sed non dubito, quin istis persuaderi nullo modo possit, ea, quæ faciant, mihi probari posse, quoquo modo loquar. Ego tamen utar moderatione, qua potero. Quanquam, quid mea intersit, ut eorum odium non subeam, non intelligo. Te justa causa impediri, quod minus ad nos venias, video; idque mihi valde molestum est.

Illum ab Alexandria discessisse nemo nuntiat; constatque, ne profectum quidem illinc quemquam post idus mart. nec post idus decembr. ab illo datas ullas litteras. Ex quo intelligis, illud, de litteris a. d. v id. febr. datis (quod inane esset, etiam si verum esset) non verum esse. L. Terentium discessisse ex Africa scimus, Pæstumque venisse. Quid is afferat, aut quo modo exierit, aut quid in Africa fiat, scire velim. Dicitur enim per Nasidium emissus esse. Id quale sit, velim, si inveneris, ad me scribas. De H. S. x, ut scribis, faciam. Vale. xviii kal. quint.

J'ai envie d'envoyer mon fils au devant de César avec Sallustius ; pour ma fille, je ne vois pas qu'il soit à propos de la garder plus long-temps auprès de moi dans ce temps malheureux ; je la renverrai à sa mère dès qu'elle le voudra. Quant à cette lettre que vous m'avez écrite en forme de consolation, je n'y réponds point ; vous imaginerez aisément tout ce que j'aurais pu vous répondre là-dessus. Ce que vous a dit Oppius s'accorde assez avec ce que je pense ; mais je suis bien sûr qu'on ne fera jamais croire aux partisans de César que j'approuve ce qu'ils font, de quelque manière que je parle ; je m'observerai néanmoins autant que je pourrai ; après tout, je ne vois pas qu'il soit de si grande importance pour moi de ne pas m'attirer leur haine. J'entre, quoique ce ne soit pas sans chagrin, dans les raisons qui vous empêchent de venir me trouver.

Personne ne mande que César soit parti d'Alexandrie. Il est sûr que, depuis le 15 mars, il n'est venu personne de ce pays-là, et que, depuis le 13 décembre, César n'a point écrit ici ; ce qui fait bien voir que cette lettre, datée du 9 février, qui ne dirait pas grand'chose quand elle serait de lui, n'en est véritablement pas. Nous avons appris que L. Terentius était venu d'Afrique, et qu'il était abordé à Pæstum. Je voudrais bien savoir quelles nouvelles il a apportées, et comment il a pu sortir d'Afrique : on dit que c'est Nasidius[1] qui l'a fait passer ; si vous en pouvez savoir quelque chose, je vous prie de me le mander. Je ferai ce que vous me marquez touchant ces dix mille sesterces. Adieu. Le 14 juin.

EPISTOLA CCCCXIII.
(ad div., XIV, 11.)
Scrib. Brundisii, xvii kal. quintil. A. V. C. 706.

M. T. CICERO TERENTIÆ SUÆ S. P. D.

Si vales, bene est : ego valeo. — Tullia nostra venit ad me pridie idus jun., cujus summa virtute et singulari humanitate, graviore etiam sum dolore affectus, nostra factum esse negligentia, ut longe alia in fortuna esset, atque ejus pietas ac dignitas postulabat. Nobis erat in animo, Ciceronem ad Cæsarem mittere, et cum eo Cn. Sallustium. Si profectus erit, faciam te certiorem. Valetudinem tuam cura diligenter. Vale. xvii kal. quint.

EPISTOLA CCCCXIV.
(ad Att., XI, 18.)
Scrib. Brundisii, xii kal. quintil. A. V. C. 706.

CICERO ATTICO SAL.

De illius Alexandria discessu nihil adhuc rumoris, contraque opinio, valde esse impeditum. Itaque nec mitto, ut constitueram, Ciceronem, et te rogo, ut me hinc expedias. Quodvis enim supplicium levius est hac permansione. Hac de re et ad Antonium scripsi, et ad Balbum, et ad Oppium. Sive enim bellum in Italia futurum est, sive classibus utetur, hic esse me minime convenit : quorum fortasse utrumque erit; alterum certe.

LETTRE CCCCXIII.

Brindes, 15 juin 706.

M. T. CICÉRON A TERENTIA.

Si vous vous portez bien, je m'en réjouis; ma santé est aussi fort bonne. — Notre chère Tullia est arrivée ici le 14 juillet : sa vertu et la bonté extrême de son caractère augmentent la douleur que je ressens d'être cause, par ma négligence, que sa fortune réponde si mal à sa piété filiale et à son mérite. J'ai dessein d'envoyer Cicéron à César, et de le faire accompagner de Cn. Sallustius : s'il part, je ne manquerai pas de vous en informer. Prenez soin de vous bien porter. Adieu. Le 15 juin.

LETTRE CCCCXIV.

Brindes, 20 juin 706.

CICÉRON A ATTICUS.

On ne dit point encore que César soit parti d'Alexandrie; on croit, au contraire, qu'il y a bien de l'occupation. Ainsi je ne pense plus à envoyer mon fils au devant de lui, et je vous prie de me tirer d'ici; il n'y a rien de moins supportable pour moi, que d'y demeurer plus long-temps : j'en ai écrit à Antoine, à Balbus et à Oppius. Soit que nous ayons la guerre en Italie, soit que César ait ici une flotte, il ne me convient point d'y demeurer; l'un et l'autre arriveront peut-être, ou du moins

Intellexi omnino ex Oppii sermone, quem tu mihi scripsisti, quæ istorum via esset : sed, ut eam flectas, te rogo. Nihil omnino jam exspecto, nisi miserum. Sed hoc perditius, in quo nunc sum, fieri nihil potest. Quare et cum Antonio loquare velim, et cum istis; et rem, ut poteris, expedias; et mihi quam primum de omnibus rebus rescribas. Vale. xii kal. quint.

EPISTOLA CCCCXV.
(ad div., XIV, 15.)
Scrib. Brundisii, xii kal. quintil. A. V. C. 706.

M. T. CICERO TERENTIÆ SUÆ S. P. D.

Si vales, bene est. — Constitueramus, ut ad te antea scripseram, obviam Ciceronem Cæsari mittere, sed mutavimus consilium, quia de illius adventu nihil audiebamus. De ceteris rebus, etsi nihil erat novi, tamen quid velimus, et quid hoc tempore putemus opus esse, ex Sicca poteris cognoscere. Tulliam adhuc mecum teneo. Valetudinem tuam cura diligenter. Vale. xii kal. quint.

EPISTOLA CCCCXVI.
(ad Att., XI, 25.)
Scrib. Brundisii, a. d. iii non. quintil. A. V. C. 706.

CICERO ATTICO SAL.

Facile assentior tuis litteris, quibus exponis pluribus verbis, nullum te habere consilium, quo a te possim

l'un des deux. J'ai connu, par ce discours d'Oppius que vous m'avez communiqué [1], quelles sont leurs vues; mais je vous prie de les en faire changer. Je dois m'attendre à tout ce qu'il y a de plus fâcheux; mais rien ne peut l'être davantage que la situation où je suis : je vous prie donc de parler à Antoine, à Oppius et à Balbus, et de me tirer d'affaire le mieux que vous pourrez. Mandez-moi au plus tôt ce qui se passe. Adieu. Le 20 juin.

LETTRE CCCCXV.

Brindes, 20 juin 706.

M. T. CICÉRON A TERENTIA.

Si vous vous portez bien, je m'en réjouis. — Mon dessein, comme je vous l'avais marqué, était d'envoyer Cicéron au devant de César; mais n'apprenant rien sur son arrivée, j'ai changé de projet. A l'égard du reste, quoiqu'il n'y ait rien de nouveau, vous saurez de Sicca quelles sont mes intentions, et ce qui me paraît à souhaiter dans ces circonstances. Je retiens encore Tullia près de moi. Prenez grand soin de votre santé. Adieu. Le 20 juin.

LETTRE CCCCXVI.

Brindes, 5 juillet 706.

CICÉRON A ATTICUS.

Je conçois, comme vous me le faites voir en détail, que vous ne pouvez plus m'aider de vos conseils; du

juvari. Consolatio certe nulla est, quæ levare possit dolorem meum. Nihil est enim contractum casu; nam id esset ferendum : sed omnia fecimus iis erroribus, et miseriis et animi et corporis, quibus proximi utinam mederi maluissent. Quamobrem, quoniam neque consilii tui neque consolationis cujusquam spes ulla mihi ostenditur, non quæram hæc a te posthac. Tantum velim ne intermittas; scribas ad me, quidquid veniet tibi in mentem, quum habebis, cui des, et dum erit, ad quem des : quod longum non erit.

Illum discessisse Alexandria rumor est non firmus, ortus ex Sulpicii litteris, quas cuncti postea nuntii confirmarunt : quod verum an falsum sit, quoniam mea nihil interest, utrum malim, nescio. Quod ad te jampridem de testamento scripsi, apud εὔπιστον illas velim; ut possint advertas.

Ego hujus miserrimæ fatuitate confectus conflictor. Nihil unquam simile natum puto : cui si qua re consulere aliquid possum, cupio a te admoneri. Video eamdem esse difficultatem, quam in consilio dando ante; tamen hoc me magis sollicitat, quam omnia. In pensione secunda cæci fuimus. Aliud mallem. Sed præteriit. Te oro, ut, in perditis rebus, si quid cogi, confici potest, quod sit in tuto, ex argento, atque satis multa ex supellectile, des operam. Jam enim mihi videtur adesse extremum, nec ulla fore conditio pacis,

moins rien n'est capable de me consoler. Je ne puis m'en prendre à la fortune; si je le pouvais, je me consolerais plus aisément; j'ai fait beaucoup de fautes, que je ne puis justifier que par l'accablement de corps et d'esprit où j'étais, et dont mes proches devaient tâcher de me tirer, au lieu de l'augmenter. Puisque je ne dois plus attendre de vous ni conseil ni consolation, je ne vous en demande plus; je vous prie néanmoins de continuer à m'écrire tout ce qui vous viendra dans l'esprit, toutes les fois que vous trouverez quelque occasion, et tant que je serai en état de recevoir vos lettres, ce qui ne peut pas aller loin.

Il court un bruit assez incertain, que César est parti d'Alexandrie; c'est Sulpicius qui l'a écrit le premier, et toutes les nouvelles qui sont venues depuis disent la même chose. Comme il m'est fort indifférent que cela soit vrai ou faux, je ne sais lequel des deux je dois souhaiter. Quant à ce que je vous ai déjà écrit sur le testament de ma femme, je voudrais bien qu'elle le mît entre les mains de quelque personne sûre [1]; pensez-y, je vous prie.

La folie de ma malheureuse fille [2] achève de m'accabler : je ne crois pas qu'il y ait jamais eu rien de semblable [3]; s'il y a quelque moyen d'y remédier, je vous prie de m'en avertir. Je vois bien qu'il n'est pas plus aisé de me donner un bon conseil là-dessus que sur mes autres affaires; mais ce qui regarde ma fille m'inquiète plus que tout le reste. J'ai été aveuglé sur le deuxième paiement de sa dot; je m'en repens fort, mais c'est une affaire faite. Je vous prie de faire en sorte, dans l'extrémité où nous nous trouvons, qu'on mette à couvert quelque argent : on peut vendre ma vaisselle, et tirer aussi quelque chose de mes meubles; car il me paraît que nous approchons

eaque, quæ sunt, etiam sine adversario peritura. Hæc etiam, si videbitur, cum Terentia loquare opportune. Non queo omnia scribere. Vale. III non. quint.

EPISTOLA CCCCXVII.
(ad Att., XI, 23.)
Scrib. Brundisii, VII id. quint. A. V. C. 706.

CICERO ATTICO SAL.

Quod ad te scripseram, ut cum Camillo communicares, de eo Camillus mihi scripsit, te secum locutum. Tuas litteras exspectabam. Nisi illud quidem mutari, si aliter est et oportet, non video posse. Sed quum ab illo accepissem litteras, desideravi tuas; etsi putabam, te certiorem factum non esse. Modo valeres. Scripseras enim, te quodam valetudinis genere tentari. Acusius quidam Rhodo venerat VIII id. quint. Is nuntiabat, Quintum filium ad Cæsarem profectum IV kal. jun.; Philotimum Rhodum pridie eum diem venisse, habere ad me litteras. Ipsum Acusium audies, sed tardius iter faciebat. Eo feci, ut has celeriter eunti darem. Quid sit in iis litteris, nescio : sed mihi valde Quintus frater gratulatur. Equidem in meo tanto peccato nihil ne cogitatione quidem assequi possum, quod mihi tolerabile possit esse.

Te oro, ut de hac misera cogites, et illud, de quo ad

de la catastrophe. Nous ne devons plus espérer d'accommodement; et ceux qui sont à présent les maîtres ne se soutiendront pas long-temps, quand même ils n'auraient point d'ennemis. Vous en parlerez à ma femme lorsque vous le jugerez à propos. Je ne puis pas entrer dans un plus grand détail. Adieu. Le 5 juillet.

LETTRE CCCCXVII.

Brindes, 8 juillet 706.

CICÉRON A ATTICUS.

Camille m'a écrit qu'il s'était entretenu avec vous de l'affaire que je vous avais prié de lui communiquer : j'attends votre réponse; mais quand il y aurait quelque chose à changer, je ne vois pas que cela soit possible. J'ai été surpris, en recevant une lettre de lui, de n'en avoir point de vous; il faut qu'on ne vous ait pas averti, pourvu néanmoins que vous vous portiez bien, car vous m'aviez mandé que vous étiez un peu incommodé. Un certain Acusius est arrivé ici, de Rhodes, le 8 juillet; il m'a appris que mon frère était parti le 21 mai pour aller trouver César; que Philotime était arrivé à Rhodes la veille, et qu'il avait une lettre pour moi. Acusius vous en dira davantage; mais, comme il ne fera que de petites journées, je donne cette lettre à une personne qui ira plus vite. Je ne sais pas ce que contient cette lettre dont Philotime est chargé, mais mon frère m'en félicite fort. Pour moi, après toutes les fautes que j'ai faites, je n'imagine rien que de très-affligeant.

Je vous prie de penser à ma pauvre fille, de vendre

te proxime scripsi, ut aliquid conficiatur ad inopiam propulsandam, et etiam de ipso testamento. Illud quoque vellem antea : sed omnia timuimus. Melius quidem in pessimis nihil fuit discidio. Aliquid fecissemus, ut vini, vel tabularum novarum nomine, vel nocturnarum expugnationum, vel Metellæ, vel omnium malorum : nec res periisset, et videremur aliquid doloris virilis habuisse. Memini omnino tuas litteras, sed et tempus illud : etsi quidvis præstitit. Nunc quidem ipse videtur denuntiare. Audimus enim de statu reipublicæ. O dii! generumne nostrum potissimum, ut hoc, vel tabulas novas! Placet mihi igitur, et idem tibi, nuntium remitti. Petet fortasse tertiam pensionem. Considera igitur, tumne, quum ab ipso nascetur, an prius. Ego, si ullo modo potuero, vel nocturnis itineribus experiar, ut te videam. Tu et hæc, et si quid erit, quod intersit mea scire, scribas velim. Vale.

quelque chose pour lui procurer de quoi vivre, comme je vous l'ai marqué dans ma dernière lettre, et de parler à ma femme de son testament. Je voudrais avoir fait plus tôt ce que vous me conseillez, mais j'ai eu peur de tout. Dans l'extrémité où les choses sont portées, il n'y avait rien de mieux que le divorce. Tout ce qu'a fait Dolabella, son ancien amour de la boisson[1], son entreprise contre les créances[2], les maisons forcées la nuit, son commerce avec Metella[3], et tant d'autres sujets de plainte, étaient des raisons plus que suffisantes; il n'aurait pas dissipé le bien de ma fille, et nous aurions fait voir que notre douleur n'est pas vaine et impuissante. Je me souviens de ce que vous m'avez mandé; mais j'avais cru que, dans la conjoncture où je me trouvais, il fallait garder avec lui quelque ménagement, quoique, après tout, il n'y eût rien de pis à craindre; à présent il semble qu'il nous menace lui-même de ce divorce; j'en juge par tout ce qu'il fait. O dieux! quoi! c'est mon gendre qui veut faire faire une banqueroute générale! Je suis donc d'avis, aussi bien que vous, de faire ce divorce. Dolabella pourra bien me demander le troisième paiement de la dot de ma fille. Voyez donc si je dois attendre qu'il m'en parle, ou si je dois le prévenir. Je ferai tout ce que je pourrai pour aller vous voir, quand je ne devrais marcher que la nuit. Faites-moi réponse sur tout cela, et mandez-moi tout ce qui peut m'intéresser. Adieu.

EPISTOLA CCCCXVIII.

(ad div., XIV, 10.)

Scrib. Brundisii, vii id. quint. A. V. C. 706.

M. T. CICERO TERENTIÆ SUÆ S. P. D.

Quid fieri placeret, scripsi ad Pomponium serius, quam oportuit. Cum eo si locuta eris, intelliges, quid fieri velim. Apertius scribi, quando ad illum scripseram, necesse non fuit. De ea re et de ceteris rebus quam primum velim nobis litteras mittas. Valetudinem tuam cura diligenter. Vale. vii id. quint.

EPISTOLA CCCCXIX.

(ad div., XIV, 13.)

Scrib. Brundisii, vi id. quint. A. V. C. 706.

M. T. CICERO TERENTIÆ SUÆ S. P. D.

Quod scripsi ad te proximis litteris de nuntio remittendo, quæ sit istius vis hoc tempore, et quæ concitatio multitudinis, ignoro. Si metuendus iratus est, quies tamen ab illo fortasse nascetur. Totum judicabis, quale sit; et quod in miserrimis rebus minime miserum putabis, id facies. Vale. vi id. quint.

LETTRE CCCCXVIII.

Brindes, 9 juillet 706.

M. T. CICÉRON A TERENTIA.

Il était plus tard qu'il ne fallait lorsque j'ai écrit mes intentions à Pomponius. Si vous le voyez, vous saurez de lui ce que je désire; lui ayant écrit, il n'est pas nécessaire de m'expliquer plus ouvertement que je ne l'ai fait. Donnez-moi promptement des nouvelles de cette affaire et de toutes les autres, et prenez grand soin de votre santé. Adieu. Le 9 juillet.

LETTRE CCCCXIX.

Brindes, 10 juillet 706.

M. T. CICÉRON A TERENTIA.

Si je vous ai prié, dans ma dernière lettre, de me renvoyer le courrier, c'est que j'ignore à présent quelle est la violence de notre ennemi[1] et l'agitation de la multitude. Quoiqu'il soit redoutable dans sa colère, c'est peut-être de lui que le repos nous viendra[2]. Vous jugerez de la situation de toute l'affaire, et vous prendrez le parti qui vous paraîtra le moins malheureux dans des conjonctures qui le sont si fort. Adieu. Le 10 juillet.

EPISTOLA CCCCXX.

(ad Att., XI. 19.)

Scrib. Brundisii, xi kal. sext. A. V. C. 706.

CICERO ATTICO SAL.

Quum tuis dare possem litteras, non prætermisi, etsi quod scriberem non habebam. Tu ad nos et rarius scribis, quam solebas, et brevius; credo, quia nihil habes, quod me putes libenter legere aut audire posse. Verumtamen velim, si quid erit, si qualecumque erit, scribas. Est autem unum, quod mihi sit optandum, si quid agi de pace possit : quod nulla equidem habeo in spe. Sed quia tu leviter interdum significas, cogis me sperare, quod optandum vix est. Philotimus dicitur idib. sext. Nihil habeo de illo amplius. Tu velim ad ea mihi rescribas, quæ ad te antea scripsi. Mihi tantum temporis satis est, dum, ut in pessimis rebus, aliquid caveam, quid nihil unquam cavi. Vale. xi kal. sext.

LETTRE CCCCXX.

Brindes, 22 juillet 706.

CICÉRON A ATTICUS.

Je n'ai pas manqué de vous écrire toutes les fois que j'ai trouvé une voie sûre, lors même que je n'avais rien de nouveau à vous apprendre. Vous m'écrivez moins souvent, et vos lettres sont plus courtes, apparemment parce que vous n'avez rien à me mander qui puisse me faire plaisir. Je vous prie néanmoins de m'écrire tout ce que vous saurez, de quelque nature que ce puisse être. Il n'y a qu'une seule chose qui puisse me faire plaisir, c'est qu'on en vienne à un accommodement. Je n'ai aucune espérance de ce côté-là; cependant, comme vous me marquez de temps en temps que vous y voyez quelque jour, vous m'obligez à espérer ce que j'ose à peine souhaiter. On dit que Philotime doit arriver ici le 13 août : c'est tout ce que j'en sais. Je vous prie de me faire réponse sur ce que je vous ai écrit dans mes dernières lettres. Je n'ai de temps que ce qu'il m'en faut pour prendre quelques mesures, autant qu'on le peut faire dans une conjoncture si embarrassante, moi qui n'en ai jamais pris aucune. Adieu. Le 22 juillet.

EPISTOLA CCCCXXI.
(ad Att., XI, 24.)
Scrib. Brundisii, viii id. sext. A. V. C. 706.

CICERO ATTICO SAL.

Quæ dudum ad me, et quæ etiam ante bis ad Tulliam de me scripsisti, ea sentio esse vera. Eo sum miserior (etsi nihil videbatur addi posse), quod mihi non modo irasci gravissima injuria accepta, sed ne dolere quidem impune licet. Quare istud feramus : quod quum tulerimus, tamen eadem erunt perpetienda, quæ tu, ne accidant ut caveamus, mones. Ea enim est a nobis contracta culpa, ut omni statu omnique populo eumdem exitum habitura videatur.

Sed ad meam manum rediero : dehinc enim hæc occultius agenda. Vide quæso etiam nunc de testamento, quod tum factum, quum illa hærere cœperat. Non credo te commovit; neque enim rogavit; ne me quidem. Sed quasi ita sit, quoniam in sermonem jam venisti, poteris eam monere, ut alicui committat, cujus extra periculum hujus belli fortuna sit. Equidem tibi potissimum velim, si idem illa vellet : quam quidem celo miseram, me hoc timere. De illo altero, scio equidem venire nunc nil posse : sed seponi et occultari possunt, ut extra ruinam sint eam, quæ impendet.

LETTRE CCCCXXI.

Brindes, 6 août 706.

CICÉRON A ATTICUS.

Je vois bien que ce que vous m'avez écrit il y a longtemps, et ce que vous avez depuis mandé deux fois à ma fille sur mon compte, est véritable. C'est un nouveau surcroît à mes peines, qui semblaient ne pouvoir aller plus loin, de recevoir une cruelle injure, sans qu'il me soit permis de faire éclater mon ressentiment [1], ni même de laisser voir ma douleur. Souffrons donc encore cela ; et, lorsque nous l'aurons souffert, nous n'en serons pas moins exposés à tout ce que vous me recommandez d'éviter ; car je me suis mis par ma faute dans une telle situation, que, de quelque manière que les affaires de la république puissent tourner, je n'en serai pas mieux.

Mais je prends la plume [2], car ce que j'ai à vous dire demande plus de secret. Pensez, je vous prie, au testament de ma femme.... Comme vous lui en avez déjà parlé, vous pourrez lui conseiller de le mettre entre les mains de quelque personne qui n'ait rien à craindre ni de l'un ni de l'autre parti. Je voudrais qu'elle vous le confiât plutôt qu'à tout autre, pourvu que ma fille soit du même avis : je cache à cette pauvre femme ce qui m'oblige à prendre ces précautions. Pour cette autre affaire que je vous ai recommandée, je sais qu'on ne peut rien vendre à présent ; mais l'on peut mettre à couvert quelques effets, dans ce temps malheureux où nous sommes menacés d'un bouleversement général.

Nam quod scribis, nobis nostra et tua Terentiae fore parata : tua credo; nostra quae poterunt esse? de Terentia autem (mitto cetera, quae sunt innumerabilia) quid ad hoc addi potest? Scripseras, ut H.-S. XII permutarem; tantum esse reliquum de argento. Misit illa CCIƆƆ mihi, et adscripsit, tantum esse reliquum. Quum hoc tam parvum de parvo detraxerit, perspicis, quid in maxima re fecerit ?

Philotimus non modo nullus venit, sed ne per litteras quidem aut per nuntium certiorem facit me, quid egerit. Epheso qui veniunt, ibi se eum de suis controversiis in jus adeuntem vidisse nuntiant : quae quidem (ita enim verisimile est) in adventum Caesaris fortasse rejiciuntur. Ita aut nihil puto eum habere, quod putet ad me celerius perferendum, et eo me magis esse despectum; aut, etiamsi quid habet, id, nisi omnibus suis negotiis confectis, ad me referre non curat. Ex quo magnum equidem capio dolorem, sed non tantum, quantum videor debere. Nihil enim mea minus interesse puto, quam quid illinc afferatur. Id quam ob rem, te intelligere certo scio.

Quod me mones de vultu et oratione ad tempus accommodanda, etsi difficile est, tamen imperarem mihi, si mea quidquam interesse putarem. Quod scribis, litteris putare te africanum negotium confici posse, vellem

Vous me dites que je trouverai toujours dans mon bien et dans le vôtre, une ressource pour moi et pour ma femme. Je crois que je puis compter sur votre bien, mais le mien, que deviendra-t-il? Pour ma femme, sans parler de mille sujets de plainte qu'elle m'a donnés, en voici un auquel on ne peut rien ajouter. Vous lui aviez écrit de m'envoyer une lettre de change de douze mille sesterces, que c'était tout ce qui restait de mon argent. Elle ne m'en a envoyé que dix mille, et m'a marqué qu'il n'en restait pas davantage. Si elle a voulu faire un si petit profit sur cette petite somme, jugez ce qu'elle aura fait sur de plus fortes.

Philotime n'arrive point, et il ne m'a pas même écrit, ni donné aucune nouvelle de ce qu'il a fait. Des gens qui viennent d'Éphèse disent qu'ils l'y ont vu, et qu'il y poursuit un procès. Il y a apparence que César a remis jusqu'à son retour à régler ce qui me regarde. Ainsi je crois que Philotime ne m'apporte aucune nouvelle qui mérite qu'il fasse beaucoup de diligence, et qu'ainsi César m'a traité avec beaucoup de mépris; ou que, si Philotime a quelque bonne nouvelle, il ne se presse pas de me l'apporter, et finit tranquillement toutes ses affaires. Cela me donne beaucoup de chagrin, mais non pas tant qu'on pourrait s'imaginer; car je crois qu'il n'y a rien de plus indifférent pour moi, que toutes les nouvelles qui viennent d'Alexandrie; vous jugez bien pourquoi.

Quant à ce que vous me dites, que je dois m'accommoder au temps, et ne laisser voir, ni sur mon visage, ni dans mes discours, ce que je pense, cela est difficile: cependant je me contraindrais, si je croyais que cela fût de quelque importance pour moi. Vous me

scriberes, cur ita putares : mihi quidem nihil in mentem venit, quare id putem fieri posse. Tu tamen velim, si quid erit, quod consolationis aliquid habeat, scribas ad me. Sin, ut perspicio, nihil erit, scribas id ipsum. Ego ad te, si quid audiero citius, scribam. Vale. VIII id. sext.

EPISTOLA CCCCXXII.
(ad div., XIV, 23.)
Scrib. Brundisii, III id. sext. A. V. C. 706.

M. T. CICERO TERENTIÆ S. P. D.

Si vales, bene est : valeo. — Nos neque de Cæsaris adventu, neque de litteris, quas Philotimus habere dicitur, quidquam adhuc certi habemus. Si quid erit certi, faciam te statim certiorem. Valetudinem tuam fac ut cures. Vale. III id. sext.

EPISTOLA CCCCXXIII.
(ad div., XIV, 24.)
Scrib. Brundisii, prid. id. sext. A. V. C. 706.

M. T. CICERO TERENTIÆ S. P. D.

Si vales, bene est : valeo. — Redditæ mihi tandem sunt a Cæsare litteræ satis liberales; et ipse opinione celerius venturus esse dicitur. Cui utrum obviam procedam, an hic eum exspectem, quum constituero, faciam te certio-

dites que vous croyez que l'on pourrait bien traiter par lettres les négociations d'Afrique. J'aurais bien voulu que vous m'eussiez marqué les raisons qui vous le font croire; pour moi, je n'en imagine aucune. Je vous prie néanmoins, si vous savez quelque chose qui puisse me consoler, de me le mander; et quand vous ne sauriez rien, comme je l'appréhende, marquez-moi du moins qu'il n'y a rien. Si j'apprends quelque nouvelle plus tôt que vous, je vous en ferai part. Adieu. Le 6 août.

LETTRE CCCCXXII.

Brindes, 11 août 706.

M. T. CICÉRON A TERENTIA.

Si vous vous portez bien, je m'en réjouis; ma santé est fort bonne. — Je n'ai encore rien appris de certain sur l'arrivée de César, ni sur les lettres dont on dit que Philotime est chargé. Je ne tarderai point à vous informer de ce que j'apprendrai de certain. Prenez soin de votre santé. Adieu. Le 11 août.

LETTRE CCCCXXIII.

Brindes, 12 août 706.

M. T. CICÉRON A TERENTIA.

Si vous vous portez bien, je m'en réjouis; ma santé est fort bonne. — Enfin j'ai reçu de César des lettres assez obligeantes. On dit qu'il arrivera plus tôt qu'on ne se l'imagine. Je suis encore incertain si j'irai au devant de

rem. Tabellarios mihi velim quam primum remittas. Valetudinem tuam cura diligenter. Vale. D. pridie idus sext.

EPISTOLA CCCCXXIV.
(ad div., XV, 15.)

Scrib. Brundisii, mense, ut videtur, sext. A. V. C. 706.

M. T. CICERO C. CASSIO S. P. D.

Etsi uterque nostrum spe pacis et odio civilis sanguinis abesse a belli pertinacia voluit, tamen, quando ejus consilii princeps ego fuisse videor, plus fortasse tibi praestare ipse debeo, quam a te exspectare. Etsi, ut saepe soleo mecum recordari, sermo familiaris meus tecum, et item mecum tuus, adduxit utrumque nostrum ad id consilium, ut uno proelio putaremus, si non totam causam, at certe nostrum judicium definiri convenire. Neque quisquam hanc nostram sententiam vere unquam reprehendit, praeter eos, qui arbitrantur melius esse, deleri omnino rempublicam, quam imminutam et debilitatam manere. Ego autem ex interitu ejus nullam spem scilicet mihi proponebam, ex reliquiis magnam. Sed ea sunt consecuta, ut magis mirum sit, accidere illa potuisse, quam nos non vidisse ea futura, nec, homines quum essemus, divinare potuisse.

Equidem fateor, meam conjecturam hanc fuisse, ut, illo quasi fatali proelio facto, et victores communi

lui, ou si je dois l'attendre. Je vous informerai aussitôt du parti que je prendrai là-dessus. Renvoyez-moi promptement les courriers, et ne négligez rien pour votre santé. Adieu. Le 12 août.

LETTRE CCCCXXIV.

Brindes, probablement écrite dans le mois d'août 706.

M. T. CICÉRON A C. CASSIUS.

Quoique l'espérance de la paix et notre aversion pour le sang des citoyens nous aient donné à tous deux le même éloignement pour la continuation de la guerre; comme c'est moi qui vous ai inspiré ces sentimens, je vous dois peut-être plus que je ne puis attendre de vous. Cependant, à le bien prendre, ce sont également vos discours et les miens, dans nos entretiens familiers, qui nous ont fait prendre le parti d'attacher au succès d'une seule bataille, sinon la justice de la cause, du moins notre propre décision; et si notre sentiment a jamais trouvé de véritables censeurs, ce n'est que parmi ceux dont l'opinion est qu'il vaut mieux être tout-à-fait sans république, que de la conserver diminuée et affaiblie. Pour moi, je ne voyais rien à espérer de sa destruction; et sur ses restes je formais encore de grandes espérances. Mais nous avons vu depuis des choses si étranges, qu'il est bien plus surprenant qu'elles aient pu arriver, qu'il ne l'est qu'elles aient échappé à notre pénétration, et qu'étant hommes nous n'ayons point eu le talent de deviner.

A la vérité, j'avoue que dans mes conjonctures je m'attendais qu'après cette fatale bataille les vainqueurs

saluti consuli vellent, et victi suæ : utrumque autem positum esse arbitrabar in celeritate victoris. Quæ si fuisset, eamdem clementiam experta esset Africa, quam cognovit Asia, quam etiam Achaia, te, ut opinor, ipso allegato ac deprecatore. Amissis autem temporibus, quæ plurimum valent, præsertim in bellis civilibus, interpositus annus alios induxit, ut victoriam sperarent, alios, ut ipsum vinci contemnerent. Atque horum malorum omnium culpam fortuna sustinet. Quis enim aut alexandrini belli tantam moram huic bello adjunctum iri, aut nescio quem istum Pharnacem Asiæ terrorem illaturum putaret? Nos tamen, in consilio pari, casu dissimili usi sumus. Tu enim eam partem petisti, ut et consiliis interesses, et, quod maxime curam levat, futura animo prospicere posses. Ego, qui festinavi, ut Cæsarem in Italia viderem (sic enim arbitrabamur), eumque, multis honestissimis viris conservatis redeuntem ad pacem, currentem, ut aiunt, incitarem, ab illo longissime et absum et abfui.

Versor autem in gemitu Italiæ, et in Urbis miserrimis querelis : quibus aliquid opis fortasse ego pro mea, tu pro tua, pro sua quisque parte ferre potuisset, si auctor affuisset. Quare velim, pro tua perpetua erga me benivolentia, scribas ad me, quid videas, quid sentias, quid exspectandum, quid agendum nobis existimes. Magni erunt mihi tuæ litteræ : atque utinam primis illis, quas

auraient égard au salut commun, et les vaincus à leur propre salut, et l'un et l'autre me paraissaient dépendre de la vigilance du vainqueur. Si elle eût répondu à mes idées, l'Afrique aurait éprouvé la même clémence que l'Asie, que l'Achaïe, desquelles vous-même avez été le représentant et le médiateur [2]. Mais la perte du temps, qui est toujours d'un grand prix, surtout dans les guerres civiles, l'intervalle d'une année entière a fait renaître les uns à l'espérance de la victoire, et rendu les autres indifférens pour la ruine du vainqueur. Cependant on rejette la faute de tous ces maux sur la fortune. Qui s'attendait au fond que la guerre d'Alexandrie pût causer de si longs retards, ou qu'un Pharnace fût capable de répandre la terreur dans l'Asie? Vous et moi, avec les mêmes vues, nous avons essuyé un sort bien différent; vous avez pris le parti de vous attacher à César pour juger de ses desseins et vous mettre en état de pénétrer l'avenir; ce qui soulage toujours l'inquiétude. Moi, qui me suis hâté de passer en Italie pour y voir César, car c'était mon espérance, et pour l'engager à la paix, vers laquelle il courait de lui-même à son retour par l'assurance qu'il avait donnée de leur salut à tant d'honnêtes gens, je me trouve très-éloigné de lui, et je n'ai pu m'en approcher davantage.

Je suis au milieu des gémissemens de l'Italie et des tristes lamentations de Rome. Si l'auteur de tant de maux y était venu, peut-être aurais-je été de quelque secours aux misérables; vous leur auriez rendu service aussi, et chacun, suivant son rôle, aurait rempli le même devoir. Je vous prie donc, par l'amitié que vous avez toujours eue pour moi, de m'écrire ce que vous voyez, ce que vous pensez, à quoi nous devons nous attendre

Luceria miseras, paruissem! Sine ulla enim molestia dignitatem meam retinuissem. Vale.

EPISTOLA CCCCXXV.
(ad Att., XI, 20.)
Scrib. Brundisii, xvi kal. sept. A. V. C. 706.

CICERO ATTICO SAL.

Septimo decimo kal. sept. venerat die xxviii Seleucia Pieria C. Trebonius, qui se Antiochiæ diceret apud Cæsarem vidisse Quintum filium cum Hirtio. Eos de Quinto, quæ voluissent, impetrasse nullo quidem negotio. Quod ego magis gauderem, si ista nobis impetrata quidquam ad spem explorati haberent. Sed et alia timenda sunt, ab aliisque, et ab hoc ipso. Quæ dantur, ut a domino, rursus in ejusdem sunt potestate. Etiam Sallustio ignovit.

Omnino dicitur nemini negare. Quod ipsum est suspectum, notionem ejus differri. M. Gallius Q. F. mancipia Sallustio reddidit. Is venit, ut legiones in Siciliam traduceret : eo protinus iturum Cæsarem Patris. Quod si faciet, ego, quod ante mallem, aliquo propius accedam. Tuas litteras ad eas, quibus a te proxime consilium petivi, vehementer exspecto. Vale. xvi kal. sept.

et ce que nous avons à faire. Vos lettres seront d'un grand poids pour moi. Et plût au ciel que je me fusse rendu à cette première lettre que vous m'écrivîtes de Lucérie[3]! Je me serais conservé sans peine en possession de ma dignité. Adieu.

LETTRE CCCCXXV.

Brindes, 17 août 706.

CICÉRON A ATTICUS.

C. Trebonius[1] est arrivé ici, le 16 août, de Séleucie-Piérie[2], d'où il était parti vingt-huit jours auparavant. Il dit qu'il a vu notre neveu avec Hirtius à Antioche, où était César, et qu'ils avaient obtenu sans peine ce qu'ils avaient demandé pour mon frère. Cela me ferait plus de plaisir, si ce qu'ils ont obtenu pour lui décidait pour moi. Mais nous avons bien d'autres choses à craindre d'un autre côté; et lorsqu'on est maître absolu comme César, on peut toujours révoquer ce que l'on accorde. Il a aussi fait grâce à Sallustius[3].

On dit qu'il ne refuse personne, et c'est ce qui me fait soupçonner que tout cela sera sujet à révision[4]. M. Gallius, fils de Quintus, a rendu à Sallustius ses esclaves. Ce premier est venu pour faire passer en Sicile les légions de César, qui doit y aller de Patras. S'il ne vient point ici, je m'approcherai de Rome, ce que je voudrais avoir fait plus tôt. J'attends avec impatience votre réponse à ma dernière lettre, dans laquelle je vous prie de m'aider de vos conseils. Adieu. Le 17 août.

EPISTOLA CCCCXXVI.
(ad Att., XI, 21.)
Scrib. Brundisii, post vi kal. sept. A. V. C. 706.

CICERO ATTICO SAL.

Accepi vi kalend. sept. litteras a te, datas xii kal. doloremque, quem ex Quinti scelere jampridem acceptum jam abjeceram, lecta ejus epistola gravissimum cepi. Tu etsi non potuisti ullo modo facere, ut mihi illam epistolam non mitteres, tamen mallem non esse missam. Ad ea autem, quæ scribis de testamento, videbis, quid et quo modo. De nummis et illa sic scripsit, ut ego ad te antea; et nos, si quid opus erit, utemur ex eo, de quo scribis. Ille a. d. kal. sept. Athenis non videtur fore.

Multa eum in Asia dicuntur morari, maxime Pharnaces. Legio xii, ad quam primum Sulla venit, lapidibus egisse hominem dicitur. Nullam putant se commoturam. Illum arbitrantur protinus Patris in Siciliam. Sed si hoc ita est, huc veniat necesse est. Ac mallem illum alio quo. Hinc enim evasissem. Nunc metuo, ne sit exspectandum, et cum reliquis etiam loci gravitas hic miserrime perferenda.

Quod me mones, ut ea videam, quæ ad tempus ac-

LETTRE CCCCXXVI.

Brindes, date posterieure au 27 août 706.

CICÉRON A ATTICUS.

J'ai reçu, le 27 août, votre lettre du 21. La douleur que j'avais eue de tous les indignes procédés de mon frère, et que le temps avait diminuée, s'est renouvelée plus que jamais lorsque j'ai lu sa lettre[1]. Je conçois que vous ne pouviez pas vous dispenser de me l'envoyer; cependant j'aimerais mieux ne l'avoir point vue. Quant à ce que vous m'écrivez sur le testament de ma femme, vous verrez ce qu'il y aura à faire, et comment on pourra s'y prendre. Elle m'a écrit sur cet argent, comme je vous l'ai déjà mandé : si j'en ai besoin, je me servirai de celui dont vous me parlez. Je ne crois pas que César puisse être à Athènes le 1er septembre.

On dit qu'il y aura plus d'une affaire qui le retiendra en Asie, et surtout Pharnace. On dit aussi que la douzième légion, à qui Sylla a porté d'abord les ordres de César[2], l'a chassé à coups de pierres. On ne croit pas qu'il y en ait aucune qui veuille marcher. On compte que César ira droit de Patras en Sicile; cependant, si ce qu'on dit de ces légions est véritable, il faudra bien qu'il vienne ici. J'aimerais mieux qu'il n'y vînt point, j'aurais la liberté de me sauver quelque part. A présent je crains bien qu'il ne faille l'attendre; et pendant ce temps-là je souffre fort ici du mauvais air, sans compter les autres inconvéniens.

Vous m'engagez à me ménager, et à m'accommoder

commodem : facerem, si res pateretur, et si ullo modo fieri posset. Sed in tantis nostris peccatis, tantisque nostrorum injuriis, nihil est, quod aut facere dignum nobis, aut simulare possim. Sullana confers : in quibus omnia genere ipso praeclarissima fuerunt, moderatione paullo minus temperata. Haec autem ejusmodi sunt, ut obliviscar mei; multoque malim, quod omnibus sit melius, quorum utilitatem meam duxi. Tu ad me tamen velim quam saepissime scribas, eoque magis, quod praeterea nemo scribit : ac si omnes, tuas tamen maxime exspectarem. Quod scribis, illum per me Quinto fore placatiorem : scripsi ad te antea, eum statim Quinto filio omnia tribuisse, nostri nullam mentionem. Vale.

EPISTOLA CCCCXXVII.

(ad Att., XI, 22.)

Scrib. Brundisii, circa kal. sept. A. V. C. 706.

CICERO ATTICO SAL.

Diligenter mihi fasciculum reddidit Balbi tabellarius. Accepi enim a te litteras, quibus videris vereri, ut epistolas illas acceperim : quas quidem vellem mihi nunquam redditas. Auxerunt enim mihi dolorem : nec, si in aliquem incidissent, quidquam novi attulissent.

au temps. Je le ferais si la situation où je suis me le permettait, et si cela était possible. Mais après toutes les fautes que j'ai faites, et tous les sujets de chagrin que j'ai eus de la part de mes proches, je ne puis plus, même en dissimulant, rien faire qui soit digne de moi. Vous comparez tout ce que fait César avec ce que fit Sylla. Il est vrai que ce dernier pouvait être plus modéré; mais à cela près, et sa cause, et ceux qui la soutinrent, tout lui fit honneur. Dans l'état où sont à présent les choses, il faut que je m'oublie moi-même, et que je souhaite ce qui sera le plus avantageux à tous les citoyens, dont les intérêts me sont devenus propres. Je vous prie de m'écrire souvent, car il n'y a que vous qui m'écriviez; et quand je recevrais des lettres de tous côtés, j'attendrais encore les vôtres avec impatience. Vous me dites que César pardonnera plus aisément à mon frère, à ma considération. Je vous ai déjà mandé qu'il a d'abord tout accordé à son fils, sans dire un seul mot de moi. Adieu.

LETTRE CCCCXXVII.

Brindes, vers le 1er septembre 706.

CICÉRON A ATTICUS.

Le messager de Balbus m'a remis exactement le paquet dont vous me paraissez en peine dans votre dernière lettre. Je voudrais n'avoir point vu celle de mon frère; cela n'a servi qu'à augmenter ma douleur. Quand cette lettre serait tombée entre les mains de quelqu'un, qu'aurait-elle appris de nouveau? qui est-ce qui ne sait

Quid enim tam pervulgatum, quam illius in me odium et genus hoc litterarum? quod ne Cæsar quidem ad istos videtur misisse, quo illius improbitate offenderetur, sed, credo, uti notiora nostra mala essent. Nam quod te vereri scribis, ne illi obsint, eique rei mederi; ne rogari quidem se passus est de illo : quod quidem mihi molestum non est : illud molestius, istas impetrationes nostras nihil valere.

Sulla, ut opinor, cras hic erit cum Messala. Currunt ad illum pulsi a militibus, qui se negant usquam, nisi acceperint. Ergo ille huc veniet, quod non putabant; tarde quidem. Itinera enim ita facit, ut multos dies in oppidum ponat. Pharnaces autem, quoquo modo aget, afferet moram. Quid mihi igitur censes? jam enim corpore vix sustineo gravitatem hujus cœli, qui mihi laborem affert in dolore. An his illuc euntibus mandem, ut me excusent, ipse accedam propius? quæso, attende; et me, quod adhuc sæpe rogatus non fecisti, consilio juva : scio rem difficilem esse; sed, ut in malis. Etiam illud mea magni interest, te ut videam. Profecto aliquid profecero, si id acciderit. De testamento, ut scribis, animadvertes.

pas combien mon frère me hait? qui est-ce qui n'a pas vu de semblables lettres de lui? Je crois même que César n'a pas envoyé celle-ci à ses amis, pour faire voir combien il était indigné du procédé de mon frère, mais pour rendre publique une affaire si désagréable pour moi [1]. Vous me dites que vous appréhendez que cela ne fasse tort à mon frère dans l'esprit de César, et qu'il faudrait tâcher d'y remédier. César n'a pas seulement attendu qu'on le sollicitât pour lui : je n'en suis pas fâché; mais je le suis fort de ce qu'il paraît que ma considération n'y est entrée pour rien.

Sylla sera, à ce que je crois, ici demain avec Messala. Ils vont en toute hâte trouver César, pour lui apprendre comment ses soldats les ont reçus. Ils ont déclaré qu'ils ne marcheraient pas qu'ils n'eussent touché de l'argent [2]. Ainsi il faudra que César vienne ici, quoique ses amis ne comptassent pas là-dessus; mais il n'y sera pas sitôt, car il marche fort lentement, et demeure plusieurs jours dans chaque ville : mais, quoi qu'il puisse faire, Pharnace le retardera [3]. Que faut-il donc que je fasse? ma santé ne peut plus s'accommoder de l'air insalubre de cette ville, et c'est un nouveau mal joint aux peines de l'esprit. Je pourrais prier ceux qui vont trouver César, de lui faire pour moi des excuses de ce que je ne l'attends pas ici, et m'approcher de Rome. Pensez-y, je vous prie, et déterminez-moi : ce que vous n'avez point fait jusqu'à présent, quoique je vous en aie prié plusieurs fois. Je sais que cela n'est pas aisé; mais dites-moi du moins ce qui serait le moins mal. Il serait encore mieux pour moi que je vous visse; cela avancerait certainement mes affaires. Vous verrez ce qu'il y a à faire sur le testament de ma femme, comme vous me le promettez.

EPISTOLA CCCCXXVIII.
(ad div., XIV, 22.)
Scrib. Brundisii, kal. sept. A. V. C. 706.

M. T. CICERO TERENTIÆ SUÆ S. P. D.

Si vales, bene est : valeo. — Nos quotidie tabellarios nostros exspectamus : qui si venerint, fortasse erimus certiores, quid nobis faciendum sit, faciemusque te statim certiorem. Valetudinem tuam cura diligenter. Vale. Kal. septemb.

EPISTOLA CCCCXXIX.
(ad div., XIV, 20.)
Scrib. de Venusino, kal. oct. A. V. C. 706.

M. T. CICERO TERENTIÆ SUÆ S. P. D.

In Tusculanum nos venturos putamus aut nonis aut postridie. Ibi ut sint omnia parata. Plures enim fortasse nobiscum erunt, et, ut arbitror, diutius ibi commorabimur. Labrum, si in balneo non est, ut sit. Item cetera quæ sunt ad victum et ad valetudinem necessaria. Vale. Kal. octobr. de Venusino.

LETTRE CCCCXXVIII.

Brindes, 1er septembre 706.

M. T. CICÉRON A TERENTIA.

Si vous vous portez bien, je m'en réjouis ; ma santé est fort bonne. — J'attends tous les jours nos messagers [1]. S'ils arrivent enfin, je saurai peut-être quel parti je dois prendre, et je vous en informerai aussitôt. Prenez soin de votre santé. Adieu. Le 1er septembre.

LETTRE CCCCXXIX.

Venouse, 1er octobre 706.

M. T. CICÉRON A TERENTIA.

Je crois être à Tusculum le 7 ou le jour d'après. Ayez soin que tout y soit prêt, car j'aurai peut-être avec moi plusieurs personnes, et vraisemblablement nous y serons long-temps. Qu'il y ait une cuve dans le bain, et qu'il ne manque rien pour la vie et la santé. Adieu. Le 1er octobre, à Venouse.

EPISTOLA CCCCXXX.

(ad div., XV, 21.)

Scrib. Romæ, mense decembri A. V. C. 706.

M. T. CICERO TREBONIO S. P. D.

Et epistolam tuam legi libenter, et librum libentissime : sed tamen in ea voluptate hunc accepi dolorem, quod, quum incendisses cupiditatem meam consuetudinis nostræ augendæ (nam ad amorem quidem nihil poterat accedere), tum discedis a nobis, meque tanto desiderio afficis, ut unam mihi consolationem relinquas, fore, ut utriusque nostrum absentis desiderium crebris et longis epistolis leniatur. Quod ego non modo de me tibi spondere possum, sed de te etiam mihi. Nullam enim apud me reliquisti dubitationem, quantum me amares.

Nam ut illa omittam, quæ civitate teste fecisti, quum mecum inimicitias communicasti; quum me concionibus tuis defendisti, quum quæstor in mea atque in publica causa consulum partes suscepisti, quum tribuno plebis quæstor non paruisti, cui tuus præsertim collega pareret; ut hæc recentia, quæ meminero semper, obliviscar, quæ tua sollicitudo de me in armis, quæ lætitia in reditu fuerit, quæ cura, qui dolor, quum ad te curæ et dolores mei perferrentur; Brundisium denique te ad me venturum fuisse, nisi subito in Hispaniam missus esses; ut hæc igitur omittam, quæ mihi tanti æstimanda

LETTRE CCCCXXX.

Rome, décembre 706.

M. T. CICÉRON A TREBONIUS [1].

J'ai lu votre lettre avec plaisir, et votre livre avec un plaisir extrême. Cependant cette satisfaction est mêlée de douleur : vous nous quittez après m'avoir inspiré un goût plus ardent que jamais pour votre commerce (car je ne parle point de l'amitié, qui ne pouvait recevoir d'accroissement), et vous me causez tant de regret, qu'il ne me reste point d'autre consolation que l'espérance d'adoucir mutuellement le chagrin de l'absence par de longues et fréquentes lettres. C'est de quoi je puis répondre, non-seulement de ma part, mais aussi de la vôtre. Vous ne m'avez laissé aucun doute de votre amitié.

Sans parler de ce que vous avez fait à la vue de toute la ville lorsque vous avez embrassé mes querelles, lorsque vous m'avez défendu par vos harangues, lorsque, étant questeur, vous avez pris parti pour les consuls dans ma cause et dans celle du public; enfin, lorsque vous avez résisté au tribun du peuple, quoique vous ne fussiez que questeur, et que votre collègue même eût pris le parti de céder; sans parler encore de ce qui est plus récent et que je n'oublierai jamais, c'est-à-dire de la sollicitude que vous avez marquée pour moi pendant la guerre, de votre joie à mon retour, de vos soins, de votre douleur lorsque vous appreniez mes inquiétudes et mes chagrins; enfin, du dessein que vous aviez de venir me joindre à

sunt, quanti vitam æstimo, et salutem meam : liber iste, quem mihi misisti, quantam habet declarationem amoris tui?

Primum, quod tibi facetum videtur, quidquid ego dixi, quod aliis fortasse non item; deinde, quod illa, sive faceta sunt sive secus, fiunt narrante te venustissima; quin etiam, antequam ad me veniatur, risus omnis pæne consumitur. Quod si in his scribendis nihil aliud, nisi, quod necesse fuit, de uno me tamdiu cogitavisses, ferreus essem, si te non amarem. Quum vero ea, quæ scriptura persecutus es, sine summo amore cogitare non potueris, non possum existimare, plus quemquam a se ipso, quam me a te amari. Cui quidem ego amori, utinam ceteris rebus possem! amore certe respondebo : quo tamen ipso tibi confido futurum satis.

Nunc ad epistolam venio, cui copiose et suaviter scriptæ nihil est quod multa respondeam. Primum enim ego illas Calvo litteras misi, non plus, quam has, quas nunc legis, existimans exituras. Aliter enim scribimus, quod eos solos, quibus mittimus; aliter, quod multos lecturos putamus. Deinde quod ingenium ejus melioribus extuli laudibus, quam tu id vere potuisse fieri putas : primum ita judicabam. Acute movebatur; genus quoddam sequebatur, in quo, lapsus judicio, quo va-

Brindes, si vous n'aviez pas reçu ordre de partir tout d'un coup pour l'Espagne ; sans parler, dis-je, de tant de marques d'attachement, qui doivent m'être aussi précieuses que ma vie et mon salut, quel témoignage d'amitié ne reconnais-je pas dans le livre que vous m'avez envoyé ?

Premièrement, vous trouvez du sel dans ce que j'ai dit, et tout le monde ne me fait peut-être pas la même grâce ; ensuite, agréable ou non, ce que j'ai dit le devient beaucoup assurément par votre manière de le raconter. J'ajoute même que le rire est presque épuisé pour ce que vous dites avant qu'on arrive à ce qui m'appartient. Quand je ne vous aurais pas d'autre obligation que de vous être occupé si long-temps de moi, comme on le conçoit nécessairement dans un ouvrage de cette nature, il faudrait que je fusse de fer pour ne pas vous aimer. Mais n'ayant pu penser tout ce que vous avez écrit, sans une extrême amitié, je dois me figurer qu'on n'a pas plus de tendresse pour soi-même que vous en avez pour moi. Que ne puis-je y répondre par toutes sortes de voies ! J'y répondrai du moins par les sentimens de mon cœur, et je me flatte même que vous vous croirez assez payé par ce retour.

Je viens à votre lettre. Elle est écrite avec autant d'agrément que d'abondance ; mais elle ne demande pas une longue réponse. D'abord, ma lettre à Calvus[2] n'était pas plus faite que celle-ci pour être montrée. Quand on ne croit parler qu'à ceux à qui l'on écrit, on ne s'exprime point comme on le ferait dans une lettre qui doit tomber sous les yeux de plusieurs personnes. En second lieu, j'ai donné plus de louanges à son esprit qu'il ne vous paraît en mériter. Mais c'était un penseur ingénieux, et il était attaché à un genre où, même en péchant un peu

lebat, tamen assequebatur, quod probaret. Multæ erant et reconditæ litteræ : vis non erat. Ad eam igitur adhortabar. In excitando autem et in acuendo plurimum valet, si laudes eum, quem cohortere. Habes de Calvo judicium et consilium meum : consilium, quod hortandi causa laudavi : judicium, quod de ingenio ejus valde existimavi bene.

Reliquum est, ut tuam profectionem amore prosequar, reditum spe exspectem, absentem memoria colam, omne desiderium litteris mittendis accipiendisque leniam. Tu velim tua in me studia et officia multum tecum recordere : quæ quum tibi liceat, mihi nefas sit oblivisci, non modo virum bonum me existimabis, verum etiam te a me amari plurimum judicabis. Vale.

EPISTOLA CCCCXXXI.
(ad div., IX., 1.)
Scrib. Romæ, initio A. V. C. 707.

M. T. CICERO M. TERENTIO VARRONI S. D.

Ex his litteris, quas Atticus a te missas mihi legit, quid ageres, et ubi esses, cognovi : quando autem te visuri essemus, nihil sane ex iisdem litteris potui suspicari. In spem tamen venio, appropinquare tuum adven-

contre le jugement, qui était son fort, il n'a pas laissé d'atteindre à ce qui lui paraissait digne d'éloges. Ce n'est pas l'érudition qui lui manque. Il en a mis beaucoup, et de la plus exquise; mais il manque de force; c'est à quoi je l'exhortais. Lorsqu'il est question d'exhorter et d'exciter quelqu'un, les louanges y servent beaucoup. Voilà ce que j'ai pensé de Calvus, et les vues que j'ai eues en lui écrivant. Mes louanges étaient une exhortation, et j'avais d'ailleurs assez bonne opinion de son esprit.

Il me reste de vous suivre de cœur à votre départ, de me nourrir de l'espérance de votre retour, de conserver chèrement votre souvenir dans l'absence, et d'en adoucir le regret par les lettres que je recevrai de vous et par celles que je vous écrirai. Je souhaite que vous vous rappeliez souvent vos propres services, et les marques que vous m'avez données de votre attachement. Vous devez vous en souvenir; et si vous faites réflexion que je ne puis les oublier sans crime, non-seulement vous me croirez un homme excellent, mais vous jugerez que je vous aime beaucoup.

LETTRE CCCCXXXI.

Écrite à Rome, au commencement de l'année 707.

M. T. CICÉRON A M. TERENTIUS VARRON[1].

Atticus m'ayant lu la dernière lettre qu'il a reçue de vous, j'ai appris par cette voie où vous êtes et ce que vous faites; mais je n'en ai rien recueilli qui ait pu me faire juger quand nous vous reverrons. Je commence

tum : qui mihi utinam solatio sit! Etsi tot tantisque rebus urgemur, ut nullam allevationem quisquam non stultissimus sperare debeat : sed tamen aut tu potes me, aut ego te fortasse aliqua re juvare.

Scito enim me, posteaquam in Urbem venerim, rediisse cum veteribus amicis, id est cum libris nostris, in gratiam : etsi non idcirco eorum usum dimiseram, quod iis succenserem, sed quod eorum me suppudebat. Videbar enim mihi, quum me in res turbulentissimas infidelissimis sociis demisissem, præceptis illorum non satis paruisse. Ignoscunt mihi, revocant in consuetudinem pristinam, teque, quod in ea permanseris, sapientiorem, quam me, dicunt fuisse.

Quamobrem, quando placatis his utor, videor sperare debere, si te viderim, et ea quæ premant, et ea quæ impendeant, me facile transiturum. Quamobrem sive in Tusculano, sive in Cumano ad te placebit, sive (quod minime velim) Romæ : dummodo simul simus, perficiam profecto, ut id utrique nostrum commodissimum esse videatur.

néanmoins à me flatter que votre retour n'est point éloigné. Puisse-t-il m'apporter quelque consolation! Quoique nos disgrâces soient si grandes et en si grand nombre qu'il faudrait être insensé pour se promettre quelque adoucissement, vous pourriez cependant m'être de quelque secours, où peut-être vous recevriez de moi quelque service.

Sachez que depuis mon retour je me suis réconcilié avec mes anciens amis, c'est-à-dire avec mes livres. A la vérité, si je les avais quittés, ce n'est pas que je fusse irrité contre eux : mais je ne pouvais les voir sans une espèce de confusion. Il me semblait que je n'avais pas suivi assez fidèlement leurs préceptes, lorsque je m'étais engagé dans des affaires fort tumultueuses avec une troupe de compagnons très-infidèles[2] : mais ils me pardonnent, ils me rappellent à leur ancien commerce; ils me déclarent que vous avez été plus sage que moi, de ne pas l'abandonner.

A présent que je suis rentré en grâce avec eux, je crois devoir espérer que, si j'ai le bonheur de vous voir, il me sera facile de supporter, et les maux qui me pressent, et ceux dont je suis menacé. Ainsi, soit à Tusculum, soit à Cumes, je me rendrai volontiers près de vous, si vous le trouvez agréable; ou, ce qui le serait beaucoup moins pour moi, je vous attendrai à Rome. Je ne demande que le plaisir de nous voir ensemble; et pourvu que je l'obtienne, je me charge de nous y faire trouver à tous deux beaucoup d'avantages.

EPISTOLA CCCCXXXII.
(ad div., VI, 22.)
Scrib. Romæ, initio A. V. C. 707.

CICERO DOMITIO.

Non ea res me deterruit, quo minus, posteaquam in Italiam venisti, litteras ad te mitterem, quod tu ad me nullas miseras, sed quia nec quid tibi pollicerer, ipse egens rebus omnibus, nec quid suaderem, quum mihimetipsi consilium deesset, nec quid consolationis afferrem in tantis malis, reperiebam. Hæc quanquam nihilo meliora sunt nunc, atque etiam multo desperatiora, tamen inanes esse meas litteras, quam nullas, malui. Ego, si te intelligerem plus conatum esse suscipere reipublicæ causa muneris, quam quantum præstare posses, tamen, quibuscumque rebus possem, ad eam conditionem te vivendi, quæ daretur, quæque esset, hortarer.

Sed quum consilii tui, bene fortiterque suscepti, eum tibi finem statueris, quem ipsa fortuna terminum nostrarum contentionum esse voluisset, oro obtestorque te pro vetere nostra conjunctione ac necessitudine, proque summa mea in te benivolentia, et tua in me pari, te ut nobis, parenti, conjugi, tuisque omnibus, quibus es fuistique semper carissimus, salvum conserves; incolu-

LETTRE CCCCXXXII.

Ecrite à Rome, au commencement de l'année 707.

CICÉRON A DOMITIUS [1].

Si je ne vous ai point écrit depuis votre retour en Italie, ce n'est pas que je me sois offensé de votre silence ; mais, dans le besoin où j'étais moi-même de toutes sortes de secours, je n'avais rien à vous promettre ; et lorsque le conseil me manquait à moi-même, j'étais peu capable de vous en donner : enfin, dans l'excès de nos maux, je ne trouvais rien à vous offrir pour votre consolation. Quoique l'état des affaires ne soit pas plus heureux, et qu'au contraire elles paraissent plus désespérées de jour en jour, j'aime mieux vous écrire des lettres qui ne contiennent rien, que de me priver absolument de vous écrire. Quand je saurais que vous auriez formé en faveur de la république des entreprises au dessus de vos forces, je ne laisserais pas de vous exhorter autant que je le pourrais à vous renfermer dans la situation où l'on nous permettrait de vivre, et qui est à présent celle où nous sommes.

Mais vous avez jugé à propos de mettre à tous ces desseins, que vous aviez formés avec tant de courage et de vertu, le même terme que la fortune a mis à nos démêlés. Je vous supplie donc, je vous conjure, par notre ancienne liaison, par l'amitié extrême que je vous porte et par celle que vous avez pour moi, de vous conserver pour vos amis, pour votre mère, pour votre épouse, pour vos enfans et pour tant de personnes qui vous ap-

mitati tuae tuorumque, qui ex te pendent, consulas; quae didicisti, quaeque ab adolescentia, pulcherrime a sapientissimis viris tradita, memoria et scientia comprehendisti, iis hoc tempore utare; quos conjunctos summa benivolentia plurimisque officiis amisisti, eorum desiderium, si non aequo animo, at forti feras. Ego quid possim, nescio, vel potius me parum posse sentio : illud tamen tibi polliceor, me, quaecumque saluti dignitatique tuae conducere arbitrabor, tanto studio esse facturum, quanto semper tu et studio et officio in meis rebus fuisti. Hanc meam voluntatem ad matrem tuam, optimam feminam, tuique amantissimam, detuli. Si quid ad me scripseris, ita faciam, ut te velle intellexero : sin autem tu minus scripseris, ego tamen omnia, quae tibi utilia esse arbitrabor, summo studio diligenterque curabo. Vale.

EPISTOLA CCCCXXXIII.

(ad div., IV, 15.)

Scrib. Romae, initio A. V. C. 707.

M. T. CICERO CN. PLANCIO S. D.

Accepi perbreves tuas litteras, quibus id, quod scire cupiebam, co noscere non potui; cognovi autem id, quod mihi dubium non fuit. Nam, quam fortiter ferres

partiennent et qui vous ont toujours aimé tendrement. Prenez soin, dis-je, et de votre sûreté et de celle de votre famille, qui dépend de la vôtre. Le temps est venu d'exercer toutes vos connaissances, et de faire usage de tant de lumières, que vous avez puisées dès votre jeunesse dans la tradition des sages du premier ordre, et qui sont entrées dans votre mémoire pour s'y tourner en principes. Je ne demande point que vous regrettiez sans douleur la perte de ces amis avec qui vous étiez lié étroitement par quantité de services mutuels; mais regrettez-les avec constance. J'ignore quel est à présent mon pouvoir, ou plutôt je sens qu'il est fort borné; mais je vous promets néanmoins que dans tout ce qui peut appartenir à votre salut et à votre dignité, vous me trouverez la même ardeur et les mêmes soins que je vous ai vus pour moi dans toutes mes affaires. J'ai fait connaître là-dessus mes sentimens à votre mère, qui est la bonté même, et qui est remplie de tendresse pour vous. Si vous me marquez vos intentions, je ne manquerai pas de m'y conformer : mais quand vous ne m'écririez point, je ne ferai pas avec moins de diligence et d'affection tout ce qui peut être utile à votre service. Adieu.

LETTRE CCCCXXXIII.

Écrite à Rome, au commencement de l'année 707.

M. T. CICÉRON A CN. PLANCIUS [1].

Votre dernière lettre, qui est très-courte, ne m'éclaircit point sur ce que je désirais apprendre, et me donne des détails sur ce que je n'ignorais pas. Je n'y ai point

communes miserias, non intellexi : quam me amares, facile perspexi; sed hoc sciebam : illud si scissem, ad id meas litteras accommodavissem. Sed tamen etsi antea scripsi, quæ existimavi scribi oportere, tamen hoc tempore breviter commonendum putavi, ne quo in periculo te proprio existimares esse : in magno omnes, sed tamen in communi sumus. Quare non debes aut propriam fortunam ac præcipuam postulare, aut communem recusare. Quapropter eo animo simus inter nos, quo semper fuimus : quod de te sperare, de me præstare possum. Vale.

EPISTOLA CCCCXXXIV.

(ad div., XIII, 29.)

Scrib. Romæ, initio A. V. C. 707.

M. T. CICERO L. PLANCO S. D.

Non dubito, quin scias, in iis necessariis, qui tibi a patre relicti sunt, me tibi esse vel conjunctissimum, non his modo causis, quæ speciem habeant magnæ conjunctionis, sed iis etiam, quæ familiaritate et consuetudine teneantur : quam scis mihi jucundissimam cum patre tuo et summam fuisse. Ab his initiis noster in te amor profectus auxit paternam necessitudinem, et eo magis, quod intellexi, ut primum per ætatem judicium facere potueris, quanti quisque tibi faciendus esset, me a te

lu si vous soutenez les misères communes avec constance, et j'y vois aisément que vous êtes plein d'amitié pour moi; mais je ne l'ignorais point : au lieu que si vous vous étiez expliqué sur ce que j'ignore, ma réponse serait convenable à vos explications. Cependant je ne laisserai pas d'ajouter en peu de mots, à ce que j'ai déjà cru vous devoir marquer sur le même sujet, que vous ne devez craindre aucun danger personnel. Nous en avons tous un grand à redouter, mais il est commun. Vous ne devez, ni souhaiter pour vous une fortune particulière et distinguée, ni refuser celle qui nous menace tous. Il faut par conséquent que nous conservions entre nous ces mêmes sentimens qui ne nous ont jamais manqué. Si je l'espère de vous, je puis le garantir de moi. Adieu.

LETTRE CCCCXXXIV.

Écrite à Rome, au commencement de l'année 707.

M. T. CICÉRON A L. PLANCUS [1].

Vous ne sauriez ignorer qu'entre les amis que votre père vous a laissés, je suis un des plus intimes, non-seulement par les raisons qui donnent de l'éclat à l'amitié, mais encore par celles de la familiarité et de l'habitude; car j'avais plus que personne cette agréable sorte de liaison avec votre père. Telle est l'origine de l'amitié que j'ai pour vous. Elle n'a fait qu'augmenter celle qui était entre votre père et moi; d'autant plus qu'à peine l'âge vous a rendu capable de distinguer à qui vous deviez de l'estime, et que vous avez commencé

in primis cœptum esse observari, coli, diligi. Accedebat non mediocre vinculum quum studiorum, quod ipsum est per se grave, tum eorum studiorum earumque artium, quæ per se ipsæ eos, qui voluntate eadem sunt, etiam familiaritate devinciunt.

Exspectare te arbitror, hæc tam longe repetita principia quo spectent. Id primum ergo habeto, non sine magna justaque causa hanc a me commemorationem esse factam. C. Ateio Capitone utor familiarissime. Notæ tibi sunt varietates meorum temporum. In omni genere et honorum et laborum meorum et animus, et opera, et auctoritas, et gratia, etiam res familiaris C. Capitonis præsto fuit, et paruit et temporibus et fortunæ meæ. Hujus propinquus fuit T. Antistius : qui quum sorte quæstor Macedoniam obtineret, neque ei successum esset, Pompeius in eam provinciam cum exercitu venit. Facere Antistius nihil potuit. Nam, si potuisset, nihil ei fuisset antiquius, quam ad Capitonem, quem ut parentem diligebat, reverti; præsertim quum sciret, quanti is Cæsarem faceret semperque fecisset. Sed oppressus tantum attigit negotii, quantum recusare non potuit. Quum signaretur argentum Apolloniæ, non possum dicere eum præfuisse, neque possum negare affuisse, sed non plus duobus an tribus mensibus. Deinde abfuit a castris; fugit omne negotium. Hoc mihi, ut testi, velim credas. Meam enim ille mœstitiam in illo bello videbat, mecum omnia communicabat. Itaque abdidit se in intimam Macedoniam, quo potuit longissime a

à me donner des marques particulières de respect, de tendresse et d'attachement. Il s'y joignait un autre lien, qui n'est pas d'une force médiocre, et qui est grave par lui-même : c'est celui des mêmes études ; surtout de ces études et de ces arts qui font naître de l'intimité entre ceux qui les cultivent avec le même goût.

Vous attendez sans doute où je veux vous conduire en reprenant les choses de si loin. Croyez d'abord que j'ai eu de fortes et justes raisons pour entrer dans ce détail. Je vis dans un commerce intime avec C. Ateius Capiton. Vous savez quelle variété de fortune j'ai éprouvée pendant toute ma vie. Dans mes prospérités comme dans mes disgrâces, le cœur, les services, l'autorité, le crédit, le bien même de T. Capiton m'a toujours été offert, et sans distinction de temps et de fortune j'ai toujours eu la liberté d'en disposer. Il est parent de T. Antistius, qui se trouvait questeur de Macédoine par la voie du sort, sans qu'on lui eût nommé de successeur, lorsque Pompée entra dans cette province avec une armée. Antistius ne fut pas libre de suivre ses inclinations, sans quoi il n'aurait pensé qu'à rejoindre Capiton, qu'il aimait comme un père, surtout n'ignorant pas dans quel degré d'estime il était et il avait toujours été près de César. Mais, suivant la loi du plus fort, il n'entra dans les affaires qu'autant qu'il s'y trouva comme forcé. Lorsqu'on leva de l'argent dans la ville d'Apollonie, je ne puis pas dire qu'il fût chargé de ce soin, ni désavouer non plus qu'il n'y fût présent ; mais cela dura deux ou trois mois. Ensuite il se retira du camp. Il évita toutes sortes d'affaires. Je vous rends témoignage de ce qui s'est passé sous mes yeux. Il était témoin lui-même de ma tristesse. Il me communiquait

castris, non modo ut non præesset ulli negotio, sed etiam ut ne interesset quidem. Is post prœlium se ad hominem necessarium, A. Plautium, in Bithyniam contulit. Ibi eum Cæsar quum vidisset, nihil aspere, nihil acerbe dixit : Romam jussit venire. Ille in morbum continuo incidit, ex quo non convaluit.

Æger Corcyram venit : ibi est mortuus. Testamento, quod Romæ Paullo et Marcello consulibus fecerat, hæres ex parte dimidia et tertia est Capito : in sextante sunt ii, quorum pars sine ulla cujusquam querela publica potest esse : ea est ad H.-S. xxx. Sed de hoc Cæsar viderit. Te, mi Plance, pro paterna necessitudine, pro nostro amore, pro studiis et omni cursu nostro totius vitæ simillimo, rogo, et a te ita peto, ut majore cura, majore studio nihil possim, ut hanc rem suscipias, meam putes esse, enitare, contendas, efficias, ut mea commendatione, tuo studio, Cæsaris beneficio, hæreditatem propinqui sui C. Capito obtineat.

Omnia, quæ potui in hac summa tua gratia ac potentia a te impetrare, si petiissem, ultro te ad me detulisse putabo, si hanc rem impetravero. Illud fore tibi adjumento spero, cujus ipse Cæsar esse optimus judex potest :

toutes ses dispositions. Il prit enfin le parti de se retirer au fond de la Macédoine, le plus loin du camp qu'il lui fut possible, non-seulement pour se dispenser de toutes sortes d'affaires, mais pour éviter même d'y être présent. Après la bataille, il alla joindre en Bithynie A. Plautius, son ami intime. César, qui le trouva dans cette province, ne lui dit rien de dur ni de mortifiant. Il lui ordonna de se rendre à Rome : mais il tomba immédiatement dans une maladie dont il ne s'est jamais rétabli.

Dans cet état il vint à Corcyre, et c'est là qu'il est mort. Il avait fait son testament à Rome, sous le consulat de Paullus et de Marcellus. Capiton s'y trouve appelé à la succession pour la moitié et le tiers [2]. Ceux qui partagent le sixième sont des gens dont la part peut être confisquée sans que personne s'en plaigne. Elle monte à soixante-quinze mille écus. Mais c'est l'affaire de César. Ce que je vous demande, mon cher Plancus, au nom de l'amitié qui me liait avec votre père, et de celle qui me lie avec vous; au nom de nos études et de la ressemblance de nos inclinations; ce que je vous demande avec tout l'intérêt et toute l'ardeur dont je suis capable, c'est de vous charger de cette entreprise, de vous imaginer qu'elle me regarde, d'employer tous vos efforts, de ne rien épargner, en un mot de faire l'impossible, pour obtenir qu'à ma recommandation, par vos bons offices et par la bonté de César, T. Capiton puisse recueillir cet héritage.

Si j'ai dû me flatter de pouvoir obtenir quelque chose de vous, dans ce haut degré de faveur et de puissance où vous êtes, je m'imaginerai que tout ce que vous seriez disposé à m'accorder, vous l'aurez fait pour moi de

semper Cæsarem Capito coluit et dilexit. Sed ipse hujus rei testis est : novi hominis memoriam. Itaque nihil te doceo. Tantum tibi sumito pro Capitone apud Cæsarem, quantum ipsum meminisse senties. Ego quod in me ipso experiri potui, ad te deferam : in eo quantum sit ponderis, tu videbis.

Quam partem in republica causamque defenderim, per quos homines ordinesque steterim, quibusque munitus fuerim, non ignoras. Hoc mihi velim credas, si quid fecerim hoc ipso in bello minus ex Cæsaris voluntate (quod intellexerim scire ipsum Cæsarem me invitissimum fecisse), id feci aliorum consilio, hortatu, auctoritate; quod fuerim moderatior temperatiorque, quam in eā parte quisquam, id me fecisse maxime auctoritate Capitonis : cujus similes si reliquos necessarios habuissem, reipublicæ fortasse nonnihil, mihi certe plurimum profuissem. Hanc rem, mi Plance, si effeceris : meam de tua erga me benivolentia spem confirmaveris, ipsum Capitonem, gratissimum, officiosissimum, optimum virum, ad tuam necessitudinem tuo summo beneficio adjunxeris.

votre propre mouvement, en m'accordant ce que je vous demande aujourd'hui. Pour faciliter le succès de vos soins, je veux vous faire remarquer une chose dont César jugera mieux que personne : c'est que Capiton a toujours eu de la tendresse et de l'attachement pour lui. Il le sait, et je suis certain qu'il ne l'aura point oublié : ainsi je ne vous apprends rien de nouveau. Mais réglez vos sollicitations sur le souvenir que vous jugerez qu'il en conserve. Je veux vous apprendre aussi ce que j'ai pu connaître par ma propre expérience, et je vous en laisse le jugement.

Vous n'ignorez pas à quel parti et à quelle cause je me suis attaché dans la république, quels hommes et quels ordres m'ont soutenu, enfin sur qui je me reposais de ma défense. Soyez persuadé que si dans cette guerre j'ai fait quelque chose contre la volonté de César; si malgré moi-même, comme je suis informé qu'il ne l'ignore pas, j'ai pris parti contre lui, je me suis laissé entraîner par le conseil, l'exhortation et l'autorité des autres; mais que si j'ai été plus modéré, moins emporté que personne dans le même parti, c'est particulièrement à Capiton qu'il faut l'attribuer. Si tous mes amis lui avaient ressemblé, peut-être n'aurais-je pas été inutile à la république; et je me serais du moins servi plus utilement moi-même. En un mot, mon cher Plancus, si vous m'accordez ce que je vous demande, vous confirmerez l'opinion que j'ai de votre amitié pour moi, et, par un service de cette importance, vous vous ferez un ami de Capiton, qui est un homme très-reconnaissant, très-officieux et d'un excellent caractère.

EPISTOLA CCCCXXXV.
(ad div., XIII, 78.)
Scrib. Romae, initio A. V. C. 707.

M. T. CICERO ALLIENO, PROCOS., S. D.

Democritus Sicyonius non solum hospes meus est, sed etiam, quod non multis contingit, Graecis praesertim, valde familiaris. Est enim in eo summa probitas, summa virtus, summa in hospites liberalitas et observantia; meque praeter ceteros et colit, et observat, et diligit.

Eum tu non modo suorum civium, verum paene Achaiae principum cognosces. Huic ego tantummodo aditum ad tuam cognitionem patefacio et munio : cognitum, per te ipsum, quae tua natura est, dignum tua amicitia atque hospitio judicabis. Peto igitur a te, ut his litteris lectis recipias eum in tuam fidem, polliceare omnia te facturum mea causa. De reliquo, si id, quod confido, fore dignum eum tua amicitia hospitioque cognoveris, peto, ut eum complectare, diligas, in tuis habeas. Erit id mihi majorem in modum gratum.

LETTRE CCCCXXXV.

Écrite à Rome, au commencement de l'année 707.

M. T. CICÉRON A ALLIENUS, PROCONSUL[1].

Démocrite le Sicyonien est non-seulement mon hôte, mais, ce que je n'accorde point à tout le monde, et surtout aux Grecs, il est de mes amis les plus intimes. Je lui connais, avec beaucoup de probité et de vertu, une politesse et des attentions extrêmes pour ses hôtes, et je puis dire qu'il me respecte, qu'il m'honore et qu'il m'aime particulièrement.

Vous verrez qu'il est non-seulement le principal de ses concitoyens, mais comme le chef de toute l'Achaïe. Je ne fais que lui ouvrir et lui faciliter l'accès à votre connaissance; car, du caractère dont vous êtes, vous ne l'aurez pas plutôt connu, que vous le jugerez digne de votre amitié et de la qualité de votre hôte. Je demande donc de vous, qu'après avoir lu ma lettre, vous le receviez sous votre protection, et que vous lui promettiez de faire tout pour lui à ma considération. Ensuite, si vous trouvez, comme je me le promets, qu'il mérite d'être votre hôte et votre ami, je vous prie de le caresser, de l'aimer, et de le mettre au nombre de ceux qui vous appartiennent. Ce sera m'obliger infiniment.

EPISTOLA CCCCXXXVI.
(ad div., XIII, 79.)
Scrib. Romæ, initio A. V. C. 707.

M. T. CICERO ALLIENO, PROCOS., S. P. D.

Et te scire arbitror, quanti fecerim C. Avianum Flaccum, et ego ex ipso audieram, optimo et gratissimo homine, quam a te liberaliter esset tractatus. Ejus filios dignissimos illo patre, meosque necessarios, quos ego unice diligo, commendo tibi sic, ut majore studio nullos commendare possim. C. Avianus in Sicilia est. Marcus est nobiscum. Ut illius dignitatem præsentis ornes, rem utriusque defendas, te rogo. Hoc mihi gratius in ista provincia facere nihil potes. Idque ut facias, te vehementer etiam atque etiam rogo. Vale.

EPISTOLA CCCCXXXVII.
(ad div., XIII, 10.)
Scrib. Romæ, initio A. V. C. 707.

CICERO BRUTO S.

Quum ad te tuus quæstor, M. Varro, proficisceretur, commendatione egere eum non putabam. Satis enim commendatum tibi eum arbitrabar ab ipso more majorum, qui, ut te non fugit, hanc quæsturæ conjunctionem liberorum necessitudini proximam voluit esse. Sed

LETTRE CCCCXXXVI.

Écrite à Rome, au commencement de l'année 707.

M. T. CICÉRON A ALLIENUS, PROCONSUL.

Je m'imagine que vous n'ignorez pas combien j'ai d'estime pour C. Avianus Flaccus[1]; et je sais de lui-même, qui est un homme du caractère le plus sensible et le plus reconnaissant, tous les procédés que vous avez eus pour lui. C'est sur ce fondement que je vous recommande avec toute l'affection possible, ses deux fils, qui sont dignes d'un tel père, et mes intimes amis. C. Avianus est en Sicile, et Marcus à Rome avec nous. Je vous prie de marquer au premier, qui est sous vos yeux, beaucoup de considération, et de prendre soin des intérêts de l'un et de l'autre. Vous ne pouvez rien faire dans votre province à quoi je sois plus sensible, et je vous le demande avec beaucoup d'instances. Adieu.

LETTRE CCCCXXXVII.

Écrite à Rome, au commencement de l'année 707.

CICÉRON A BRUTUS[1].

M. Varron se rendant auprès de vous pour être votre questeur, je ne crois pas qu'il ait besoin de recommandation. Il vous est assez recommandé par l'usage même de nos ancêtres, qui veut, comme vous ne l'ignorez pas, que ce lien de la questure soit le plus étroit

quum sibi ita persuasisset ipse, meas de se accurate scriptas litteras maximum apud te pondus habituras, a meque contenderet, ut quam diligentissime scriberem : malui facere, quod meus familiaris tanti sua interesse arbitraretur. Ut igitur debere me facere hoc intelligas, quum primum M. Terentius in forum venit, ad amicitiam se meam contulit. Deinde, ut se corroboravit, duæ causæ accesserunt, quæ meam in illum benivolentiam augerent : una, quod versabatur in hoc studio nostro, quo etiam nunc maxime delectamur, et cum ingenio, ut nosti, nec sine industria; deinde, quod mature se contulit in societates publicanorum; quod quidem nollem. Maximis enim damnis affectus est. Sed tamen causa communis ordinis, mihi commendatissimi, fecit amicitiam nostram firmiorem.

Deinde versatus in utrisque subselliis, optima et fide et fama, jam ante hanc commutationem reipublicæ petitioni sese dedit, honoremque honestissimum existimavit fructum laboris sui. His autem temporibus a me Brundisio cum litteris et mandatis profectus ad Cæsarem est : qua in re et amorem ejus in suscipiendo negotio perspexi, et in conficiendo ac renunciando fidem. Videor mihi, quum separatim de probitate ejus et moribus dicturus fuissem, si prius causam, cur eum tantopere diligerem, tibi exposuissem, in ipsa causa exponenda satis etiam de probitate dixisse. Sed tamen

après celui de la paternité. Mais s'étant persuadé luimême qu'une lettre de moi, dans des termes un peu pressans, ferait sur vous beaucoup d'impression, et me l'ayant demandée, j'ai pris le parti de faire pour mon ami ce qui lui paraît si essentiel à ses intérêts. Il faut vous expliquer ce qui m'y oblige. Dès sa première entrée au forum, M. Terentius Varron a recherché mon amitié. A mesure qu'il s'est fortifié, deux raisons ont augmenté pour lui mon inclination : l'une, qu'il s'est appliqué aux études qui font encore mon plus grand plaisir, et qu'il y a fait paraître, comme vous savez, de l'esprit et de l'habileté; l'autre, qu'il s'est engagé de bonne heure dans les sociétés des publicains; ce que je souhaiterais néanmoins qu'il n'eût pas fait, car il y a souffert de grandes pertes : mais l'intérêt d'un ordre qui m'a toujours été fort en recommandation a rendu notre amitié beaucoup plus ferme.

Ensuite, après s'être fait une excellente réputation et l'avoir méritée dans les deux rangs de la judicature, il s'est tourné vers les emplois publics avant les changemens qui sont arrivés dans l'état, et l'honneur lui a paru le plus honnête fruit qu'il pût recueillir de son travail. Dans les malheureux temps que vous savez, il est parti de Brindes avec mes lettres et d'autres commissions, pour se rendre auprès de César. Je puis dire que dans cette affaire je n'ai pas été moins content de son zèle à l'entreprendre, que de sa fidélité à l'exécuter et à m'informer du succès. Il me semble que si j'avais voulu traiter particulièrement l'article de sa probité, il n'aurait pas fallu commencer par vous apprendre pourquoi je l'aime, puisque c'est avoir assez fait l'éloge de sa pro-

separatim promitto, in meque recipio, fore eum tibi et voluptati et usui.

Nam et modestum hominem cognosces, et prudentem, et a cupiditate omni remotissimum; praeterea magni laboris summaeque industriae. Neque ego haec polliceri debeo, quae tibi ipsi, quum bene cognoris, judicanda sunt; sed tamen in omnibus novis conjunctionibus interest, qualis primus aditus sit, et qua commendatione quasi amicitiae fores aperiantur. Quod ego his litteris efficere volui. Etsi id ipsa per se necessitudo quaesturae efficere debet. Sed tamen nihilo infirmius illud, hoc addito. Cura igitur, si me tanti facis, quanti et Varro existimat, et ipse sentio, ut quam primum intelligam, hanc meam commendationem tantum illi utilitatis attulisse, quantum et ipse sperarit, nec ego dubitarim.

EPISTOLA CCCCXXXVIII.
(ad div., V, 21.)

Scrib. Romae, initio A. V. C. 707.

M. T. CICERO L. MESCINIO S. D.

Gratae mihi tuae litterae fuerunt, ex quibus intellexi, quod etiam sine litteris arbitrabar, te summa cupiditate affectum esse videndi mei : quod ego ita libenter accipio, ut tamen tibi non concedam. Nam tecum esse, ita

bité que de vous avoir donné cette explication. Mais, indépendamment de ce qui me regarde, je vous promets et je vous garantis que vous tirerez de l'agrément et de l'utilité de son caractère; vous y reconnaîtrez un homme modeste, prudent, fort éloigné de toute cupidité, très-habile d'ailleurs et très-laborieux.

Au reste, je ne devrais pas vous promettre ce que vous observerez vous-même quand vous l'aurez bien connu : mais, dans toutes les nouvelles liaisons, ce n'est point une chose indifférente que le premier abord, et la manière dont on nous ouvre en quelque sorte les portes de l'amitié. C'est le service que je veux rendre à Varron par cette lettre. A la vérité, le lien de la questure doit produire le même effet; mais ce que j'y ajoute ne servira pas du moins à l'affaiblir. Si vous avez donc pour moi toute la considération qu'il s'imagine, et que je me sens porté moi-même à le croire, ne tardez point à me faire connaître qu'il a tiré de ma recommandation autant d'avantage qu'il l'espère et que j'ose me le promettre.

LETTRE CCCCXXXVIII.

Écrite à Rome, au commencement de l'année 707.

M. T. CICÉRON A L. MESCINIUS[1].

INDÉPENDAMMENT de ce que vous m'écrivez, j'étais bien persuadé que vous aviez une impatience extrême de me voir; mais je ne suis pas moins charmé que vous m'en assuriez dans votre lettre. Ce que je vous demande,

mihi omnia, quæ opto, contingant, ut vehementer velim.

Etenim quum esset major et virorum et civium bonorum, et jucundorum hominum et amantium mei copia, tamen erat nemo, quicum essem libentius, quam tecum; et pauci quibuscum essem æque libenter. Hoc vero tempore, quum alii interierint, alii absint, alii mutati voluntate sint, unum medius fidius tecum diem libentius posuerim, quam hoc omne tempus cum plerisque eorum, quibuscum vivo necessario. Noli enim existimare, mihi solitudinem non jucundiorem esse, qua tamen ipsa uti non licet, quam sermones eorum, qui frequentant domum meam, excepto uno aut ad summum altero. Itaque utor eodem perfugio, quo tibi utendum censeo, litterulis nostris; præterea, conscientia etiam consiliorum meorum. Ego enim is sum, quemadmodum tu facillime potes existimare, qui nihil unquam mea potius, quam meorum civium causa fecerim : cui nisi invidisset is, quem tu nunquam amasti (me enim amabas), et ipse beatus esset, et omnes boni.

Ego sum, qui nullius vim plus valere volui, quam honestum otium : idemque, quum illa ipsa arma, quæ semper timueram, plus posse sensi, quam illum con-

c'est de croire que mon impatience est égale à la vôtre ; car, puissé-je ne rien obtenir de ce que je désire, si je ne souhaite ardemment que tout me devienne commun avec vous !

Dans le temps même que je trouvais ici plus de gens d'honneur et de courage, des gens d'une société plus agréable et qui avaient plus d'amitié pour moi, il n'y en avait point que je visse plus volontiers que vous, et j'en connaissais peu dont le commerce me plût autant que le vôtre. Mais à présent que les uns sont morts, les autres absens, et que d'autres enfin ont changé d'inclination, je vous proteste qu'un seul jour passé avec vous aurait plus de charme pour moi que tout le temps que je donne à la plupart de ceux avec lesquels je ne puis me dispenser de vivre ; car, gardez-vous bien de croire que je ne trouvasse pas plus de plaisir dans la solitude que dans l'entretien de ceux qui fréquentent ma maison, et dont je n'excepte au plus qu'une ou deux personnes. Il ne m'est point permis néanmoins d'être seul. Ma ressource est celle dont je vous conseille d'user comme moi : l'étude de nos chères lettres. J'y joins le témoignage que mon cœur me rend de ses intentions. Je puis dire de moi, comme vous vous le persuaderez facilement, que mon intérêt propre n'a jamais prévalu dans ma conduite sur celui de mes concitoyens ; et que si celui que vous n'avez jamais aimé[2], parce que vous m'aimiez, ne m'avait regardé d'un œil d'envie, il serait lui-même heureux, et tous les honnêtes gens le seraient comme lui.

Je puis dire de moi, que je me suis toujours proposé d'empêcher que la violence ne prévalût sur un honnête repos ; et quand je me suis aperçu que ces armes, que

sensum bonorum, quem ego idem effeceram, quavis tuta conditione pacem accipere malui, quam viribus cum valentiore pugnare. Sed et hæc et multa alia coram brevi tempore licebit. Neque me tamen ulla res alia Romæ tenet, nisi exspectatio rerum africanarum. Videtur enim mihi res in propinquum adducta discrimen. Puto autem mea nonnihil interesse (quanquam id ipsum, quid intersit, non sane intelligo), verumtamen, quidquid illinc nuntiatum sit, non longe abesse a consiliis amicorum.

Est enim res jam in eum locum deducta, ut, quanquam multum intersit inter eorum causas, qui dimicant, tamen inter victorias non multum interfuturum putem. Sed plane animus, qui dubiis rebus forsitan fuerit infirmior, desperatis confirmatus est multum : quem etiam tuæ superiores litteræ confirmarunt, quibus intellexi, quam fortiter injuriam ferres; juvitque me, tibi quum summam humanitatem, tum etiam tuas litteras profuisse. Verum enim scribam : teneriore mihi animo videbare; sicut omnes fere, qui vita ingenua, in beata civitate et libera, viximus. Sed ut illam secundam moderate tulimus, sic hanc non solum adversam, sed funditus eversam fortunam fortiter ferre debemus; ut hoc saltem in maximis malis boni consequamur, ut mortem, quam etiam beati contemnere debebamus, propterea quod nullum sensum esset habitura, nunc sic affecti non modo contemnere debeamus, sed etiam optare. Tu, si me di-

j'avais toujours redoutées, l'emportaient sur l'accord des honnêtes gens, qui était mon ouvrage, j'ai mieux aimé accepter la paix à toutes sortes de conditions, pourvu qu'il y eût de la sureté, que de lutter par la force contre un ennemi trop puissant. Mais je remets à traiter toutes ces affaires de bouche, comme nous en aurons bientôt la liberté. Si quelque chose m'arrête encore à Rome, c'est l'attente des nouvelles d'Afrique; car il me semble que nous touchons au dénoûment. J'y suis sans doute assez intéressé, quoique je ne comprenne pas d'ailleurs en quoi cet intérêt consiste : mais quelques nouvelles qu'il nous vienne, je ne veux point avoir à chercher bien loin le conseil de mes amis.

Au point où l'on en est, je vois que s'il faut mettre beaucoup de différence entre les deux causes, il n'y en aura pas beaucoup entre les deux victoires. Mais autant que l'incertitude m'avait peut-être abattu, autant je suis fortifié par le désespoir. Vos lettres servent encore à confirmer mon courage, lorsque j'y vois avec quelle fermeté vous supportez l'injustice[3]; et je m'anime, en apprenant le fruit que vous avez tiré de votre caractère et de vos études. Je ne vous cacherai point que vous m'aviez paru d'abord un peu trop sensible, comme il est assez naturel de l'être lorsqu'on a mené une vie douce dans une ville libre et heureuse : mais, après avoir su jouir de la prospérité avec modération, il nous faut soutenir avec fermeté, je ne dis pas le changement, mais le renversement absolu de notre fortune; et puisque le bonheur même ne doit pas nous empêcher de mépriser la mort, qui ne nous laisse aucun sentiment des choses de la vie, le bien que nous devons nous proposer dans l'excès de nos maux est non-seulement de la mépriser, mais d'en faire

ligis, fruere isto otio, tibique persuade, præter culpam ac peccatum, quo semper caruisti et carebis, homini accidere nihil posse, quod sit horribile aut pertimescendum.

Ego, si videbitur recte fieri posse, ad te veniam brevi: si quid acciderit, ut mutandum consilium sit, te certiorem faciam statim. Tu ita fac cupidus mei videndi sis, ut istinc te ne moveas tam infirma valetudine, nisi ex me prius quæsieris per litteras, quid te velim facere. Me velim, ut facis, diligas, valetudinique tuæ et tranquillitati animi servias.

EPISTOLA CCCCXXXIX.
(ad div., IX, 3.)
Scrib. Romæ, circa idus apriles A. V. C. 707.

CICERO VARRONI S. D.

Etsi, quod scriberem, non habebam, tamen Caninio ad te eunti non potui nihil dare. Quid ergo potissimum scribam? quod velle te puto, cito me ad te esse venturum. Etsi vide, quæso, satisne rectum sit, nos, hoc tanto incendio civitatis, in istis locis esse. Dabimus sermonem iis, qui nesciunt, nobis, quocumque in loco simus, eumdem cultum, eumdem victum esse. Quid refert? tamen in sermonem incidemus. Valde id, credo, laborandum est, ne, quum omnes in omni genere et scele-

même l'objet de nos vœux. Si vous m'aimez, ne vous lassez pas du loisir dont vous jouissez, et persuadez-vous bien qu'à l'exception du vice, dont vous serez toujours exempt comme vous l'avez toujours été, il ne peut rien arriver à l'homme qui doive lui inspirer de l'horreur ou de l'effroi.

Je ne tarderai point à me rendre auprès de vous, si vous croyez que rien ne s'y oppose; mais si les évènemens m'obligent d'abandonner ce dessein, je vous en informerai aussitôt. Accordez ce désir que vous avez de me voir avec la faiblesse de votre santé, et ne quittez point le lieu où vous êtes sans m'avoir consulté là-dessus par vos lettres. Continuez-moi votre amitié; mais prenez soin aussi de votre santé et de votre tranquillité.

LETTRE CCCCXXXIX.

Rome, vers le 13 avril 707.

CICÉRON A VARRON.

Quoique je n'eusse rien à vous écrire, je n'ai pu laisser partir Caninius sans le charger de quelque chose pour vous. Que vous marquerai-je? ce que je m'imagine que vous souhaitez, c'est-à-dire que je vous rejoindrai incessamment[1]. Examinez néanmoins si, dans le temps que l'état est en feu[2], il convient que nous soyons où nous sommes. Nous apprêterons à parler à ceux qui ne savent pas que, dans quelques lieux que nous soyons, notre manière de vivre et de penser est toujours la même. Il nous importe peu qu'on parle : mais on parlera. As-

rum et flagitiorum volutentur, nostra nobiscum aut inter nos cessatio vituperetur.

Ego vero, neglecta Barbarorum inscitia, te persequar. Quamvis enim hæc sint misera, quæ sunt miserrima, tamen artes nostræ nescio quo modo nunc uberiores fructus ferre videntur, quam olim ferebant : sive quia nulla nunc in re alia acquiescimus, sive quod gravitas morbi facit, ut medicinæ egeamus, eaque nunc appareat, cujus vim non sentiebamus, quum valebamus. Sed quid ego nunc hæc ad te, cujus domi nascuntur? γλαῦκα εἰς Ἀθήνας. Nihil scilicet, nisi ut rescriberes aliquid, me exspectares. Sic igitur facies.

EPISTOLA CCCCXL.
(ad div., IX, 2.)

Data Romæ, mense aprili, paucis diebus post antecedentem, A. V. C. 707.

CICERO VARRONI S. D.

Caninius tuus et idem noster, quum ad me pervesperi venisset, et se postridie mane ad te iturum esse dixisset, dixi ei, me daturum aliquid mane, et ut peteret, rogavi. Conscripsi epistolam noctu : nec ille ad me rediit : oblitum credidi. Attamen eam ipsam tibi epistolam misissem per meos, nisi audissem ex eodem, postridie te mane e Tusculano exiturum.

surément, tandis que tout le monde s'abandonne à toutes sortes de crimes et de désordres, nous devons être fort inquiets si l'on ne nous blâmera point d'abandonner les affaires pour être à nous-mêmes et vivre entre nous.

Pour moi, laissant nos Barbares à leur ignorance, je m'attacherai à vous suivre. Quoique rien ne soit plus déplorable que tout ce qui se passe autour de nous, il se trouve, je ne sais comment, que les fruits de nos arts sont aujourd'hui plus abondans qu'autrefois; soit parce qu'ils sont à présent notre seule ressource, soit parce que la grandeur du mal nous met dans la nécessité de chercher un remède, et que nous reconnaissons celui dont nous n'avons pas senti la force dans le temps de la santé. Mais pourquoi vous présenter des idées qui vous sont si familières? c'est porter *des chouettes à Athènes*. Je devais vous prier seulement de m'écrire et de m'attendre; et je vous demande en effet l'un et l'autre.

LETTRE CCCCXL.

Écrite à Rome, au mois d'avril 707, quelques jours après la précédente.

CICÉRON A VARRON.

CANINIUS, votre ami et le mien, étant venu chez moi fort tard, me dit qu'il devait vous aller voir le lendemain. Je lui promis de le charger le lendemain au matin d'une lettre pour vous, et je le priai de la venir prendre. En effet, j'écrivis la nuit; mais il ne parut pas le lendemain, et je m'imagine qu'il m'oublia. Je vous aurais envoyé la même lettre par mes gens, s'il ne m'eût dit aussi que vous deviez quitter le lendemain Tusculum.

At tibi repente paucis post diebus, quum minime exspectarem, venit ad me Caninius mane : proficisci ad te statim dixit. Etsi erat ἕωλος illa epistola, præsertim tantis postea novis rebus allatis, tamen perire lucubrationem meam nolui, et eam ipsam Caninio dedi : sed cum eo, ut cum homine docto et tui amantissimo, locutus ea sum, quæ pertulisse illum ad te existimo. Tibi autem idem consilii do, quod mihimet ipsi, ut vitemus oculos hominum, si linguas minus facile possimus. Qui enim victoria se efferunt, quasi victos nos intuentur. Qui autem victos esse nostros moleste ferunt, nos dolent vivere.

Quæres fortasse, cur, quum hæc in Urbe sint, non absim, quemadmodum tu. Tu enim ipse, qui et me et alios prudentia vincis, omnia credo vidisti, nihil te omnino fefellit. Quis est tam Lyncæus, qui tantis tenebris nihil offendat? nusquam incurrat? Ac mihi quidem jam pridem venit in mentem, bellum esse aliquo exire, ut ea, quæ agebantur hic, quæque dicebantur, nec viderem, nec audirem. Sed calumniabar ipse. Putabam, qui obviam mihi venisset, ut cuique commodum esset, suspicaturum, aut dicturum, etiamsi non suspicaretur : *hic aut metuit, et ea re fugit ; aut aliquid cogitat, et habet navem paratam.* Denique, levissime qui suspicaretur, et qui fortasse me optime novisset, putaret me idcirco discedere, quod quosdam homines oculi mei ferre non possent. Hæc ego suspicans adhuc Romæ maneo; et tamen λεληθότως consuetudo diuturna callum jam ob-

Peu de jours après j'ai revu Caninius, au matin, lorsque j'étais fort éloigné de m'y attendre : il m'a dit qu'il allait partir sans perdre un moment. Quoique ma lettre fût vieillie¹, surtout lorsqu'il nous est venu, depuis, quantité de nouvelles importantes, je la lui ai remise, pour ne pas perdre le fruit de mon travail : mais connaissant son savoir et l'amitié qu'il a pour vous, je lui ai dit de bouche bien des choses dont il n'aura pas manqué de vous rendre compte. Je vous donne le conseil que je prends pour moi-même : évitons les yeux des hommes, si nous ne pouvons pas nous dérober à leurs discours. Ceux qui s'enflent de leur victoire nous regardent comme des vaincus. Ceux qui s'indignent de notre défaite² s'affligent de nous voir vivre.

Vous me demanderez pourquoi je ne suis pas comme vous hors de la ville, lorsqu'on y pense si mal; car, votre prudence surpassant la mienne et celle de tous les autres, vous avez tout prévu, j'en suis sûr; il ne vous est rien échappé. Mais il faut avoir les yeux de Lyncée pour ne rien rencontrer, pour ne heurter à rien dans de si épaisses ténèbres. Il m'est venu plus d'une fois à l'esprit, qu'il était beau de me retirer dans quelque lieu où je ne pusse ni voir ni entendre ce qu'on fait et ce qu'on dit ici. Mais je me tourmentais par mes propres reproches. Je m'imaginais que le premier qui tomberait à ma rencontre ne manquerait pas de soupçonner, ou de dire, quand il ne l'aurait pas soupçonné, «que je craignais, que la crainte me faisait fuir, que je méditais quelque chose, et que j'avais un navire prêt pour ma fuite.» Enfin, ceux même dont les soupçons m'auraient épargné et qui m'auraient le mieux connu, se seraient imaginés que je prenais le parti de me retirer parce que je ne

duxit stomacho meo. Habes rationem mei consilii. Tibi igitur hoc censeo : latendum tantisper ibidem, dum defervescat hæc gratulatio, et simul dum audiamus, quemadmodum negotium confectum sit. Confectum enim esse existimo. Magni autem intererit, qui fuerit victoris animus, qui exitus rerum. Quanquam quo me conjectura ducat, habeo : sed exspecto tamen. Te vero nolo, nisi ipse rumor jam raucus erit factus, ad Baias venire.

Erit enim nobis honestius, etiam quum hinc discesserimus, videri venisse in illa loca ploratum potius quam natatum. Sed hæc tu melius : modo nobis stet illud, una vivere in studiis nostris; a quibus antea delectationem modo petebamus, nunc vero etiam salutem : non deesse, si quis adhibere volet, non modo ut architectos, verum etiam ut fabros, ad ædificandam rempublicam, et potius libenter accurrere : si nemo utetur opera, tamen et scribere et legere πολιτείας : et si minus in curia atque in foro, at in litteris et libris, ut doctissimi veteres fecerunt, navare rempublicam, et de moribus ac legibus quærere.

pouvais accoutumer mes yeux à souffrir certaines gens. Ce sont ces réflexions qui m'ont retenu à Rome; et l'habitude est venue à bout de m'endurcir contre tout ce qui m'a paru le plus choquant. Voilà le fond de ma conduite. Si vous me demandez conseil pour vous-même, je crois que vous devez vous cacher quelque temps où vous êtes, jusqu'à ce que la chaleur de ces premiers complimens soit refroidie, et que nous apprenions comment l'affaire s'est terminée; car je me figure qu'elle l'est à présent. Les dispositions du vainqueur et la forme même de la victoire sont des observations d'importance. Quoique je tire assez de lumières de mes conjectures, j'attends néanmoins l'évènement. Mais si les bruits ne changent point, je ne veux pas que vous veniez à Baïes.

Quand nous quitterions les lieux où nous sommes, il nous sera plus honorable de paraître nous rendre à Baïes pour déplorer notre sort, que pour y prendre le plaisir des bains. Vous jugerez mieux que moi de ce qui est convenable; mais tenons-nous du moins à la résolution de vivre ensemble dans l'exercice de nos études : après avoir fait l'agrément de notre vie, elles en seront aujourd'hui le soutien. Nous ne manquerons point à ceux qui voudront nous employer, non-seulement en qualité d'architectes, mais d'ouvriers pour rebâtir la république, et nous nous présenterons même avec empressement. Si personne n'accepte nos services, nous ne laisserons pas de composer et de lire des traités de politique; et, suivant l'exemple des savans de l'antiquité, nous donnerons à l'étude, pour l'utilité de la république, le temps et les soins que nous ne pourrons employer au sénat et au forum, et nous ferons de nouvelles recherches sur les mœurs et les lois.

Mihi hæc videntur. Tu quid sis acturus, et quid tibi placeat, pergratum erit, si ad me scripseris.

EPISTOLA CCCCXLI.
(ad Att., XII, 1.)
Scrib. in villa vIII kal. jun. A. V. C. 707.

CICERO ATTICO SAL.

Undecimo die, postquam a te discesseram, hoc litterularum exaravi, egrediens e villa ante lucem : atque eo die cogitabam in Anagnino, postero autem in Tusculano : ibi unum diem : v kalend. igitur ad constitutum. Atque utinam continuo ad complexum meæ Tulliæ, ad osculum Atticæ possim currere! quod quidem ipsum scribe, quæso, ad me, ut, dum consisto in Tusculano, sciam quid garriat; sin rusticatur, quid scribat ad te : eique interea aut scribe salutem, aut nuntia, itemque Piliæ. Et tamen, etsi continuo congressuri sumus, scribes ad me, si quid habebis.

Quum complicarem hanc epistolam, noctuabundus ad me venit cum epistola tua tabellarius : qua lecta, de Atticæ febricula scilicet valde dolui. Reliqua, quæ exspectabam, ex tuis litteris cognovi omnia. Sed quod scribis, *igniculum matutinum;* γεροντικώτερον est memoriola vacillare. Ego enim IV kalend. Axio dederam, tibi III, Quinto, quo die venissem, id est II kalend. Hoc igitur

Tel est mon avis. De votre côté, vous me ferez plaisir de m'écrire quelles sont vos vues et votre inclination.

LETTRE CCCCXLI.

A sa maison de campagne, 25 mai 707.

CICÉRON A ATTICUS [1].

J'écris cette lettre de grand matin, avant de partir de ma maison de campagne. Je compte qu'il y a onze jours que je vous ai quitté. Je vais aujourd'hui coucher à Anagnie [2], et demain à Tusculum, où je passerai un jour, pour me trouver le 28 à notre rendez-vous. Je voudrais bien pouvoir aller au plus tôt serrer ma chère fille dans mes bras, et recevoir un baiser de la petite Attica [3]. Mandez-moi de ses nouvelles, afin que, pendant que je serai à Tusculum, je sache ce qu'elle vous conte, et, si elle est à la campagne, ce qu'elle vous écrit. En attendant, ou vous lui lirez, ou vous lui écrirez que je la salue, aussi bien que Pilia; et quoique nous soyons à la veille de nous revoir, vous me manderez ce que vous saurez de nouveau.

Comme je pliais cette lettre, votre messager, qui a marché toute la nuit, est arrivé ici. Je suis fâché que votre fille ait un peu de fièvre. Votre lettre m'a appris tout ce que je voulais savoir. Quant à ce que vous me dites, « que se chauffer le matin en ce temps-ci, cela sent bien le vieillard, » manquer de mémoire comme vous, cela le sent bien davantage. Vous ne vous êtes pas souvenu que c'était le 29 que je devais souper chez Axius,

habebis. Novi nihil. *Quid ergo opus erat epistola?* Quid, quum coram sumus, et garrimus quidquid in buccam? Est profecto quiddam λέσχη, quæ habet, etiamsi nihil subest, collocutione ipsa suavitatem.

EPISTOLA CCCCXLII.
(ad Att., XII, 2.)

Scrib. Romæ, circiter kal. jun. A. V. C. 707.

CICERO ATTICO SAL.

Hic rumor est L. Murcum periisse naufragio, Asinium delatum vivum in manus militum, L naves delatas in Uticam reflatu hoc, Pompeium non comparere, nec in Balearibus omnino fuisse, ut Patiecus affirmat. Sed auctor nullius rei quisquam. Habes, quæ, dum tu abes, locuti sunt. Ludi interea Præneste. Ibi Hirtius, et isti omnes. Et quidem ludi dies octo. Quæ coenæ! quæ deliciæ! res interea fortasse transacta est. O miros homines! At Balbus ædificat; τί γὰρ αὐτῷ μέλει? Verum, si quæris, homini, non recta sed voluptaria quærenti, nonne βεβίωται? Tu interea dormis. Jam explicandum est πρόβλημα, si quid acturus es. Si quæris quid putem, ego fructum puto. Sed quid multa? jam te videbo, et quidem, ut spero, de via recta ad me. Si-

chez vous le 30, et chez mon frère le jour que je dois arriver, c'est-à-dire le 31. Voilà tout ce que j'ai à vous dire. Je ne sais rien de nouveau. Pourquoi donc écrire? Pourquoi? et lorsque nous causons ensemble, et que nous nous disons tout ce qui nous vient à l'esprit, cela ne nous amuse-t-il pas agréablement, quoique nous n'ayons pas grand'chose à nous dire?

LETTRE CCCCXLII.

Écrite à Rome, vers le .er juin 707.

CICÉRON A ATTICUS.

Il court ici le bruit que L. Murcus[1] a péri sur mer; qu'Asinius[2] a été pris par les soldats du parti de Pompée; que la même tempête a obligé cinquante vaisseaux à relâcher à Utique; qu'on ne sait où est Pompée, et qu'il n'a point été dans les îles Baléares, comme Patiecus l'assure; mais ce sont des bruits vagues et sans auteur. Voilà ce qu'on a dit à Rome depuis que vous en êtes parti. Cependant on célèbre des jeux à Préneste. Hirtius y est avec les autres amis de César, et ces jeux dureront huit jours. Que de festins, que de parties de plaisir! et pendant ce temps-là, peut-être que tout est décidé en Afrique. J'admire cette conduite. Pour Balbus, il bâtit toujours à bon compte. Qu'est-ce que tout cela lui fait? Si vous me demandez ce que j'en pense, n'est-ce pas une vie bien remplie pour un homme qui néglige la vertu, et qui ne se propose d'autre fin que le plaisir? Cependant vous vous endormez. Il faut savoir à quoi s'en tenir, et voir quel parti vous voulez prendre. Si

mul enim et diem Tyrannioni constituemus, et si quid aliud.

EPISTOLA CCCCXLIII.
(ad div., IX, 4.)
Scrib. in Tusculano, mense junio A. V. C. 707.

CICERO VARRONI S. D.

Περὶ δυνατῶν me scito κατὰ Διόδωρον κρίνειν. Quapropter, si venturus es, scito necesse esse te venire : sin autem non es, τῶν ἀδυνάτων est, te venire. Nunc vide, utra te κρίσις magis delectet, Χρυσιππείαne, an hæc, quam noster Diodotus non concoquebat. Sed de his etiam rebus, otiosi quum erimus, loquemur. Hoc etiam est κατὰ Χρύσιππον δυνατόν. De Coctio mihi gratum est. Nam id etiam Attico mandaram. Tu si minus ad nos, accurremus ad te. Si hortum in bibliotheca habes, deerit nihil.

vous me demandez mon avis, je vous dirai que c'est bien fait de jouir. Mais en voilà assez, aussi bien je vous verrai bientôt. Je compte que vous descendrez chez moi : nous prendrons un jour pour entendre Tyrannion, et nous nous dirons tout ce que nous avons à nous dire.

LETTRE CCCCXLIII.

Tusculum, juin 707.

CICÉRON A VARRON.

Apprenez que je pense comme Diodotus[1] sur les choses possibles. S'il est donc vrai que vous deviez venir, sachez qu'il est nécessaire que vous veniez; et si vous ne venez pas, c'est qu'il était impossible que vous vinssiez. Voyez pour lequel des deux sentimens vous êtes, de celui de Chrysippe, ou de celui-ci, que mon Diodotus ne pouvait bien concilier avec ses idées. Mais attendons, pour examiner cette question, que nous soyons libres : ce qui appartient encore à la possibilité de Chrysippe. J'apprends avec plaisir ce que vous m'écrivez de Coctius. J'avais chargé Atticus du même soin. Si vous ne venez bientôt, je courrai chez vous. Je n'aurai rien à désirer, si votre bibliothèque est accompagnée d'un jardin.

EPISTOLA CCCCXLIV.

(ad Att., XII, 3.)

Scrib. in Tusculano, mense junio A. V. C. 707.

CICERO ATTICO SAL.

Unum te puto minus blandum esse, quam me; et, si uterque nostrum et aliquando adversus aliquem, inter nos certe nunquam sumus. Audi igitur me hoc ἀγοητεύτως dicentem. Ne vivam, mi Attice, si mihi non modo Tusculanum, ubi ceteroqui sum libenter, sed μακάρων νῆσοι tanti sunt, ut sine te sim tot dies. Quare obduretur hoc triduum, ut te quoque ponam in eodem πάθει : quod ita est profecto. Sed velim scire, hodiene statim de auctione, aut quo die venias. Ego me interea cum libellis. Ac moleste fero, Vennonii me historiam non habere.

Sed tamen, ne nihil de re, nomen illud, quod a Cæsare, tres habet conditiones : aut emptionem ab hasta (perdere malo, etsi propter turpitudinem hoc ipsum puto esse perdere) : aut delegationem a mancipe, annua die (quis erit cui credam? aut quando iste Metonis annus veniet?), aut Vecteni conditionem semisse. Σκέψαι igitur. Ac vereor ne iste jam auctionem nullam faciat, sed, ludis factis, κτύπῳ subsidio currat, ne talis vir ἀλογηθῇ. Sed μελήσει.

LETTRE CCCCXLIV.

Tusculum, juin 707.

CICÉRON A ATTICUS.

Je crois qu'il n'y a que vous au monde qui soyez moins homme à complimens que moi; et si nous en faisons quelquefois, du moins nous ne nous en faisons jamais l'un à l'autre. Écoutez donc ce que je vais vous dire, et prenez-le à la lettre. Que je meure, mon cher Atticus, si Tusculum, quoique je m'y plaise fort, ou même les îles Fortunées [1] me plairaient assez pour y passer tant de temps sans vous. Prenons donc patience encore ces trois jours; je ne doute point qu'ils ne vous paraissent aussi longs qu'à moi. Seulement je voudrais savoir si vous viendrez aujourd'hui après cette vente, ou bien quel jour ce sera. En attendant, je me distrais avec mes livres; mais je suis fâché de n'avoir pas l'histoire de Vennonius [2].

Cependant, pour ne pas paraître négliger mes affaires [3], je vous dirai que j'ai trois moyens pour être payé de ce que me doit Méton, créances que César m'a permis de faire valoir. Le premier, c'est d'acheter de ses biens, mais j'aimerais mieux tout perdre; d'ailleurs, outre que cela serait honteux pour moi, ce serait perdre en effet. Le deuxième, c'est d'accepter un transport sur quelqu'un qui achètera ces biens et qui me paiera au bout d'un an. Mais, dans ce cas, quel débiteur aurais-je, et cette année ne sera-t-elle pas réellement un cycle de Méton [4]? Le troisième, c'est de se contenter de la proposition de Vecte-

EPISTOLA CCCCXLV.
(ad Att., XII, 4.)
Scrib. in Tusculano, mense junio A. V. C. 707.

CICERO ATTICO SAL.

O GRATAS tuas mihi jucundasque litteras! quid quæris? restitutus est mihi dies festus. Angebar enim, quod Tiro ἐνερευθέστερον te sibi esse visum dixerat. Addam igitur, ut censes, unum diem. Sed de Catone πρόβλημα Ἀρχιμήδειον est. Non assequor, ut scribam, quod tui convivæ non modo libenter, sed etiam æquo animo legere possint. Quin etiam, si a sententiis ejus, si ab omni voluntate consiliisque, quæ de republica habuit, recedam, ψιλῶςque velim gravitatem constantiamque ejus laudare; hoc ipsum tamen istis odiosum ἄκουσμα sit. Sed vere laudari ille vir non potest, nisi hæc ornata sint: quod ille ea quæ nunc sunt, et futura viderit, et ne fierent contenderit, et, facta ne videret, vitam reliquerit. Horum quid est quod Aledio probare possimus?

nus, de toucher la moitié argent comptant. Pensez-y, je vous prie. Je crains même que celui qui est chargé de cette vente, ne la fasse point, et qu'il n'aille à Préneste à la fin des jeux, pour faire donner des applaudissemens à celui qui les donne, de peur qu'un si grand personnage ne reçoive pas l'honneur qu'il mérite[5]; mais nous y penserons.

LETTRE CCCCXLV.

Tusculum, juin 707.

CICÉRON A ATTICUS.

Que votre lettre m'a fait de plaisir! Que vous dirai-je? c'est un jour de fête que vous me rendez. J'étais fort en peine de votre santé, sur ce que Tiron m'avait dit qu'il vous avait trouvé changé. Je serai donc ici un jour de plus, comme vous me le conseillez. L'éloge de Caton[1] est une matière bien délicate; et je ne vois pas comment je pourrais m'y prendre pour la traiter d'une manière, je ne dis pas qui plût, mais qui ne déplût pas à vos convives. Quand je ne parlerais point de la vigueur avec laquelle il s'exprimait dans le sénat, de son zèle pour la république, et de tout ce qu'il a fait pour elle, et que je me réduirais à louer en général cette sagesse et cette prudence qui ne s'est jamais démentie, ils trouveraient peut-être encore que j'en dis trop. Pour bien faire l'éloge de ce grand homme, il faudrait s'étendre sur ces trois points: qu'il a prévu tout ce qui est arrivé; qu'il s'y est opposé de tout son pouvoir; et qu'enfin il a mieux aimé mourir que d'en être témoin. Qu'y a-t-il là qui puisse plaire à Aledius[2]?

Sed cura, obsecro, ut valeas, eamque, quam ad omnes res adhibes, in primis ad convalescendum adhibe prudentiam.

EPISTOLA CCCCXLVI.
(ad div., IX, 6.)

Scrib. Romæ, mense junio A. V. C. 707.

CICERO VARRONI S. D.

Caninius noster me tuis verbis admonuit, ut scriberem ad te, si quid esset quod putarem te scire oportere. Est igitur adventus Cæsaris scilicet in exspectatione : neque tu id ignoras. Sed tamen, quum ille scripsisset, ut opinor, se in Alsiense venturum, scripserunt ad eum sui, ne id faceret : multos ei molestos fore, ipsumque multis : Ostiæ videri commodius eum exire posse. Id ego non intelligebam quid interesset. Sed tamen Hirtius mihi dixit, et se ad eum, et Balbum, et Oppium scripsisse, ut ita faceret, homines, ut cognovi, amantes tui. Hoc ego idcirco nosse te volui, ut scires hospitium tibi ubi parares, vel potius utrobique; quid enim ille facturus sit, incertum est : et simul ostentavi tibi, me istis esse familiarem, et consiliis eorum interesse. Quod ego cur nolim nihil video. Non enim est idem ferre, si quid ferendum est, et probare, si quid probandum non est. Etsi quid non probem? quid enim jam scio præter initia rerum? Nam hæc in voluntate fuerunt. Vidi enim (nam tu aberas) nostros ami-

Ayez bien soin, je vous en prie, de votre santé, et, pour la rétablir, faites usage de cette prudence qui paraît dans tout ce que vous faites.

LETTRE CCCCXLVI.

Écrite à Rome, au mois de juin 707.

CICÉRON A VARRON.

Notre ami Caninius m'a prié de votre part de vous écrire ce que je croirai de votre intérêt de vous faire connaître. Vous savez qu'on attend le retour de César; mais ayant écrit, si je ne me trompe, qu'il devait se rendre à Alsium, ses amis lui ont marqué de n'en rien faire, parce qu'il y trouverait quantité de fâcheux, et qu'il y causerait lui-même beaucoup d'embarras; enfin, qu'il lui serait plus commode de débarquer à Ostie. Je ne comprends pas quelle différence ils y mettent. Cependant Hirtius m'a dit que c'était lui-même, avec Oppius et Balbus, qui avait écrit dans ces termes à César. Je sais qu'ils vous aiment beaucoup, et c'est ce qui me porte à vous donner cet avis, afin que vous sachiez de quel côté vous devez vous faire préparer un logement, ou plutôt que vous vous en fassiez retenir un aux deux endroits[1]; car on n'est point encore bien informé des vues de César. J'ai voulu vous apprendre aussi que je suis fort bien avec ses amis, et que j'assiste même à leurs conseils. En effet, je ne vois pas pourquoi j'en ferais difficulté. Il y a bien de la différence entre supporter ce qu'on ne peut se dispenser de souffrir, ou approuver ce qui ne mérite pas notre approbation. Encore, que re-

cos cupere bellum; hunc autem non tam cupere, quam non timere. Ergo hæc consilii fuerunt; reliqua necessaria. Vincere autem aut. hos aut illos necesse est.

Scio te semper mecum in luctu fuisse, quum videremus quam illud ingens malum alterius utrius exercitus ex ducum interitu; tum vero extremum malorum omnium esse civilis belli victoriam, quam quidem ego etiam illorum timebam, ad quos veneramus. Crudeliter enim otiosis minabantur; eratque iis et tua invisa voluntas, et mea oratio. Nunc vero, si essent nostri potiti, valde intemperantes fuissent. Erant enim nobis perirati, quasi quidquam de nostra salute decrevissemus, quod non idem illis censuissemus; aut quasi utilius reipublicæ fuerit, eos etiam ad bestiarum auxilium confugere, quam vel emori, vel cum spe, si non optima, at aliqua tamen vivere. *At in perturbata republica vivimus.* Quis negat? Sed hoc viderint ii qui nulla sibi subsidia ad omnes vitæ casus paraverunt. Huc enim ut venirem, superior longius, quam volui, fluxit oratio. Quum enim te semper magnum hominem duxi, tum quod his tempestatibus es prope solus in portu, fructusque doctrinæ percipis eos, qui maximi sunt, ut ea consideres, eaque tractes, quorum et usus et delectatio est omnibus istorum et actis et voluptatibus anteponenda. Equidem hos tuos Tusculanenses dies instar esse

fuserais-je d'approuver? Mes connaissances se bornent à l'origine des choses. Tout consistait d'abord dans les sentimens. Vous étiez alors absent; mais j'ai vu que nos amis souhaitaient la guerre, et que César la souhaitait moins qu'il ne la craignait. Cependant c'est le point sur lequel on était libre; car tout le reste est devenu nécessaire. Il fallait bien que l'un des deux partis fût victorieux.

Je me souviens que nous gémissions, vous et moi, en considérant qu'il fallait s'attendre à la perte de l'une ou de l'autre armée, à la mort des chefs, et que la victoire, dans une guerre civile, était le plus terrible de tous les maux. Je redoutais celle même du parti que nous avions embrassé; car ils menaçaient ceux qui étaient demeurés neutres, et vos sentimens, comme mes discours, leur déplaisaient beaucoup. Comptez que, s'ils étaient devenus les maîtres, ils auraient eu peu de modération. Ils étaient fort irrités contre nous, comme si nous eussions formé pour notre salut des résolutions qui ne s'accordaient point avec leurs idées, ou comme s'il eût été plus utile à la république d'avoir recours aux éléphans du roi Juba[2], que de mourir, ou de vivre avec quelque espérance, de quelque nature qu'elle pût être. «Mais nous vivons dans une république où règne la confusion.» Qui n'en convient? Les plus malheureux sont ceux qui ne s'étaient pas ménagé des ressources pour toutes les situations de la vie. C'est où j'en voulais venir par cette suite de réflexions, qui s'est plus étendue que je ne le voulais. Je vous ai toujours regardé comme un grand homme; et vous êtes presque le seul qui, vous étant retiré dans le port au milieu de tant d'orages, y recueillez les fruits du savoir : ils sont considérables; mais je vous exhorte à choisir certains sujets, dont l'u-

vitæ puto, libenterque omnibus omnes opes concesserim, ut mihi liceat, vi nulla interpellante, isto modo vivere. Quod nos quoque imitamur, ut possumus, et in nostris studiis libentissime conquiescimus.

Quis enim hoc non dederit nobis, ut quum opera nostra patria sive non possit uti, sive nolit, ad eam vitam revertamur quam multi docti homines, fortasse non recte, sed tamen multi etiam reipublicæ præponendam putaverunt? Quæ igitur studia, magnorum hominum sententia, vacationem habent etiam publici muneris, iis concedente republica, cur non abutamur? Sed plus facio, quam Caninius mandavit. Is enim, si quid ego scirem, rogarat, quod tu nescires : ego tibi ea narro, quæ tu melius scis, quam ipse, qui narro. Faciam ergo illud, quod rogatus sum, ut eorum, quæ temporis hujus sint, quæque tua interesse videro, ne quid ignores.

EPISTOLA CCCCXLVII.

(ad div., IX, 7.)

Scrib. Romæ, mense junio A. V. C. 707.

CICERO VARRONI S. D.

Coenabam apud Seium, quum utrique nostrum redditæ sunt a te litteræ. Mihi vero jam maturum videtur.

sage et l'agrément sont fort au dessus des occupations et des plaisirs de nos vainqueurs. Pour moi, j'estime que les jours que vous passez à Tusculum valent toute une vie; et je renoncerais de bon cœur à toutes les richesses du monde pour obtenir la liberté de mener une existence si délicieuse, sans avoir à craindre qu'elle fût troublée par la violence. Je l'imite, du moins autant qu'il m'est possible, et je cherche avec beaucoup de satisfaction mon repos dans nos chères études.

Pourrait-on me refuser, lorsque la patrie rejette mes services ou ne peut les accepter, la liberté de reprendre un genre de vie que quantité de savans hommes ont cru préférable au soin des affaires publiques? Peut-être se trompaient-ils; mais ceux qui l'ont cru n'étaient pas en petit nombre; et si de grands hommes ont jugé qu'en faveur de ces études on pouvait se dispenser des affaires publiques, pourquoi ne choisirais-je pas une occupation si douce, lorsque la république même y consent! Mais je fais plus que Caninius ne m'a demandé. Il ne m'a chargé de vous écrire que ce que vous ne saviez pas, et je m'étends sur ce que vous savez mieux que moi. Je ne manquerai donc pas, comme il m'en a prié, de vous informer des affaires du temps qui peuvent vous intéresser.

LETTRE CCCCXLVII.

Rome, juin 707.

CICÉRON A VARRON.

J'ÉTAIS à souper chez Seius[1], lorsqu'on nous a remis vos lettres à l'un et à l'autre. Il me semble qu'il est

Nam, quod antea calumniatus sum, indicabo malitiam meam. Volebam prope alicubi esse te, si quid bonæ salutis, σύν τε δύ' ἐρχομένω. Nunc, quum confecta sunt omnia, dubitandum non est, quin equis viris. Nam ut audivi de L. Cæsare F., mecum ipse : *Quid hic mihi faciet patri?* Itaque non desino apud istos, qui nunc dominantur, coenitare. Quid faciam! tempori serviendum est. Sed ridicula missa; præsertim quum sit nihil, quod rideamus.

Africa terribili tremit horrida terra tumultu.

Itaque nullum est ἀποπροηγμένον, quod non verear. Sed quod quæris, quando, qua, quo, nihil adhuc scimus. Istuc ipsum de Baiis, nonnulli dubitant, an per Sardiniam veniat. Illud enim adhuc prædium suum non inspexit: nec ullum habet deterius, sed tamen non contemnit. Ego omnino magis arbitror per Siciliam; vel jam sciemus. Adventat enim Dolabella. Eum puto magistrum fore.

Πολλοὶ μαθηταὶ κρείττονες διδασκάλων.

Sed tamen, si sciam, quid tu constitueris, meum consilium accommodabo potissimum ad tuum. Quare exspecto tuas litteras.

temps de partir [2]. Mettez mes tergiversations antérieures sur le compte de ma malice [3]. Je voulais que vous ne fussiez pas trop éloigné, dans la pensée que s'il arrivait quelque chose d'heureux, nous serions peut-être mieux reçus ensemble. Mais puisque tout est terminé, il faut tout employer sans doute pour apaiser le vainqueur. En apprenant le sort de L. César [4], j'ai dit en moi-même : *Épargnera-t-il le père* [5] *?* Aussi je ne cesse point de souper avec nos maîtres. Quel autre parti ai-je à choisir ? Il faut se soumettre au temps. Mais trêve de badinage, surtout lorsqu'il n'y a aucun sujet de rire.

L'âpre Afrique frémit des horreurs de la guerre.

Il n'y a rien de si monstrueux que je n'appréhende : mais si vous me demandez quand, où, de qui, c'est ce que nous ignorons encore. Ce qu'on écrit même de Baïes, qu'il doit venir par la Sardaigne, est encore assez incertain. A la vérité, il n'a point encore vu cette ferme [6], et quoiqu'il n'en ait guère de pire, il ne la méprise point. Cependant je suis plus porté à croire qu'il passera par la Sicile. Nous ne tarderons point à le savoir, car Dolabella arrive : il m'apprendra ce que je dois faire. Si l'on écoute le poète grec :

Il est maint écolier qui vaut mieux que son maître [7].

Cependant, si vous me communiquez vos résolutions, j'arrangerai volontiers mes vues suivant les vôtres. J'attends de vos nouvelles.

EPISTOLA CCCCXLVIII.

(ad div., IX, 5.)

Scrib. Romæ, mense junio A. V. C. 707.

CICERO VARRONI S. D.

Mihi vero ad nonas bene maturum videtur fore, neque solum propter rempublicam, sed etiam propter anni tempus. Quare diem istum probo. Itaque eumdem ipse sequar. Consilii nostri, ne si eos quidem, qui id secuti non sunt, non pœniteret, nobis pœnitendum putarem. Secuti enim sumus non spem, sed officium : reliquimus autem non officium, sed desperationem.

Ita verecundiores fuimus, quam qui se domo non commoverunt; saniores, quam qui amissis opibus domum non reverterunt. Sed nihil minus fero, quam severitatem otiosorum; et, quoquo modo se res habet, magis illos vereor, qui in bello occiderunt, quam hos curo, quibus non satisfacimus, quia vivimus. Mihi si spatium fuerit in Tusculanum ante nonas veniendi, istic te videbo : sin minus, persequar in Cumanum, et ante te certiorem faciam, ut lavatio parata sit.

LETTRE CCCCXLVIII.

Rome, juin 707.

CICÉRON A VARRON.

Et moi aussi je pense qu'il en sera encore temps aux nones[1], et que cette fixation convient non-seulement aux affaires, mais encore à la saison. J'approuve donc le choix de ce jour, et je me réglerai là-dessus. Je pense toujours que nous ne devrions pas nous repentir de notre conduite, quand ceux qui n'ont pas pris le même parti[2] ne se repentiraient pas de n'avoir pas suivi notre exemple. Ce n'est pas l'espérance qui nous a servi de guide, c'est le devoir; et nous abandonnons moins le devoir que nous ne cédons au désespoir.

Ainsi nous avons suivi des lois plus austères que ceux qui n'ont pas quitté leur maison, et nous nous sommes conduits ensuite avec plus de prudence que ceux qui ne sont pas retournés à Rome après la ruine de leurs forces. Mais rien ne m'est plus insupportable que la sévérité de ceux qui sont demeurés oisifs; et, de quelque manière que les affaires puissent tourner, je crains beaucoup plus ceux qui ont péri dans la guerre, que je ne m'embarrasse de ceux qui ne sont pas contens de nous voir vivre. Si j'ai le temps d'aller à Tusculum avant les nones, j'aurai le plaisir de vous y voir : autrement j'irai jusqu'à Cumes; mais j'aurai soin auparavant de vous en informer, afin que le bain soit prêt.

EPISTOLA CCCCXLIX.
(ad Att., XII, 5.)

Scrib. in Tusculano, initio mensis quint. A. V. C. 707.

CICERO ATTICO SAL.

Quintus pater quartum, vel potius millesimum nihil sapit, qui lætetur Luperco filio, et Statio, ut cernat duplici dedecore cumulatam domum. Addo etiam Philotimum tertium. O stultitiam, nisi mea major esset, singularem! quod autem os, in hanc rem ἔρανον a te! fac, non ad Διψῶσαν κρήνην, sed ad Πειρήνην eum venisse; sed ἄμπνευμα σεμνὸν Ἀλφεοῦ in te, ut scribis, haurire, in tantis suis præsertim angustiis; ποῖ ταῦτ᾽ ἄρ᾽ ἀποσκήψει? sed ipse viderit. Cato me quidem delectat. Sed etiam Bassum Lucilium sua.

De Cœlio tu quæres, ut scribis : ego nihil novi. Noscenda est natura, non facultas modo. De Hortensio et Virginio, tu si quid dubitabis; etsi quod magis placeat, ego quantum adspicio, non facile inveneris. Cum Mustela, quemadmodum scribis, quum venerit Crispus. Ad Aulum scripsi, ut ea, quæ bene nossem de auro, Pisoni demonstraret. Tibi enim sane assentio, et istud nimium diu duci, et omnia nunc undique contrahenda. Te quidem nihil agere, nihil cogitare aliud, nisi quod

LETTRE CCCCXLIX.

Tusculum, au commencement de juillet 707.

CICÉRON A ATTICUS.

Mon frère extravague pour la quatrième fois, ou plutôt pour la millième, d'être bien aise que son fils et Statius soient *Luperques* de César[1] : c'est une double honte pour notre famille ; il faut joindre encore Philotime. Est-il une pareille folie ? je ne sache que la mienne de plus grande. Mais quelle hardiesse ! vous demander de l'argent pour cette belle dépense ! Quand même toutes les sources ne seraient pas taries, et que vous en auriez d'aussi abondantes que celles de Pirène et d'Aréthuse, pour parler comme vous, devrait-il, lui qui est si gêné, faire de si folles dépenses ? A quoi tout cela aboutira-t-il ? c'est son affaire. Je suis fort content de mon *Caton;* mais Lucilius Bassus est aussi fort content de ce qu'il fait.

Vous vous informerez de Célius, comme vous me le marquez ; je n'ai rien de nouveau à vous dire là-dessus. Il ne suffit pas de savoir ce qu'on a[2], il faut aussi voir quel est le caractère. Vous me marquerez si vous avez quelque difficulté sur Hortensius et Virginius, quoiqu'il ne soit pas aisé de savoir quel est le meilleur parti. Vous parlerez à Mustela[3], comme vous me le promettez, lorsque Crispus sera à Rome. J'ai écrit à Aulus que je savais bien ce que c'était que cet or, et qu'il le dît à Pison[4] ; car je trouve, comme vous, que cela traîne trop, et qu'il faut, dans le temps où nous sommes, ramasser

ad me pertineat, facile perspicio ; meisque negotiis impediri cupiditatem tuam ad me veniendi. Sed mecum esse te puto, non solum quod meam rem agis, verum etiam quod videre videor, quo modo agas. Neque enim ulla hora tui mihi est operis ignota.

Tubulum prætorem video L. Metello, Q. Maximo consulibus. Nunc velim, P. Scævola pontifex maximus, quibus consulibus tribunus plebis. Equidem puto proximis, Cæpione et Pompeio. Prætor enim P. Furio, Sext. Atilio. Dabis igitur tribunatum, et, si poteris, Tubulus quo crimine. Et vide, quæso, L. Libo, ille qui de Serv. Galba, Censorinone et Manilio, an T. Quintio, M'. Acilio consulibus tribunus plebis fuerit. Conturbat enim me in Bruti epitome Fannianorum scriptum quod erat in extremo : idque ego secutus hunc Fannium, qui scripsit historiam, generum esse scripseram Lælii : sed tu me γεωμετρικῶς refelleras : te autem nunc Brutus et Fannius. Ego tamen de bono auctore, Hortensio, sic acceperam, ut apud Brutum est. Hunc igitur locum expedies.

Ego misi Tironem Dolabellæ obviam. Is ad me idibus revertetur. Te exspectabo postridie. De Tullia mea tibi antiquissimum esse video : idque ita ut sit, te vehementer rogo. Ergo et in integro omnia : sic enim scribis.

tout ce que l'on a. Je n'ai pas de peine à voir que vous n'êtes occupé et que vous ne pensez qu'à ce qui me regarde, et que ce sont mes affaires qui vous empêchent de venir me trouver, quoique vous en ayez fort envie. C'est comme si vous étiez avec moi, non-seulement parce que vous faites mes affaires, mais parce qu'il me semble que je vois comment vous les faites; car il n'y a point d'heure de votre temps dont je ne puisse rendre compte.

Je vois que Tubulus a été préteur[5] sous le consulat de L. Metellus et de Q. Maximus. Je voudrais savoir à présent sous quels consuls P. Scévola le grand-pontife a été tribun. Je crois que ce fut sous les suivans, Cépion et Pompée. Je sais bien qu'il a été préteur sous le consulat de P. Furius et de Sext. Atilius. Dites-moi donc quand il a été tribun, et marquez-moi, si vous le savez, de quel crime Tubulus fut accusé. Examinez aussi si L. Libon[6], celui qui accusa devant le peuple Serv. Galba, a été tribun sous le consulat de Censorinus et de Manilius, ou sous celui de T. Quintius et de M'. Acilius; car je n'ose plus me fier à l'abrégé que Brutus a fait des *Annales* de Fannius[7]. J'avais copié ce qui est à la fin, et c'était sur cette autorité que j'avais dit que Fannius, qui a écrit cette histoire, était gendre de Lélius, mais vous m'avez démontré le contraire; maintenant Brutus et Fannius prouvent avec autant de force contre vous. Ce que j'ai mis dans le livre *des Orateurs illustres*, je le tiens d'Hortensius, et c'est une bonne autorité. Expliquez-moi donc tout cela.

J'ai envoyé Tiron au devant de Dolabella : il sera de retour le 13, et je compte que vous viendrez le lendemain. Je vois combien les intérêts de ma fille vous sont chers, et je vous les recommande : il faut, comme vous

Mihi etsi kalendæ vitandæ fuerunt, Nicasionumque ἀρχέτυπα fugienda, conficiendæque tabulæ : nihil tamen tanti, ut a te abessem, fuit. Quum Romæ essem, et te jam jamque visurum me putarem, quotidie tamen horæ, quibus exspectabam, longæ videbantur. Scis me minime esse blandum. Itaque minus aliquanto dico, quam sentio.

EPISTOLA CCCCL.

(ad div., IX, 16.)

Scrib. in Tusculano, mense quintili A. V. C. 707.

CICERO PAPIRIO PÆTO S.

Delectarunt me tuæ litteræ, in quibus primum amavi amorem tuum, qui te ad scribendum incitavit, verentem, ne Silius suo nuntio aliquid mihi sollicitudinis attulisset : de quo et tu mihi antea scripseras, bis quidem eodem exemplo, facile ut intelligerem, te esse commotum ; et ego tibi accurate rescripseram, ut quoquo modo, in tali re atque tempore, aut liberarem te ista cura, aut certe levarem.

Sed quum proximis quoque litteris ostendis, quantæ tibi curæ sit ea res, sic, mi Pæte, habeto : quidquid arte

me le marquez, laisser pour le présent les choses dans l'état où elles sont. Je suis bien aise de ne point me trouver à Rome le 1er du mois, pour ne point voir messieurs les usuriers [8], et pour régler mes comptes à loisir : mais, malgré tout cela, je ne me console point d'être si long-temps sans vous voir. Lorsque j'étais à Rome, quoique je vous attendisse à tout moment, cependant les heures me paraissaient encore longues. Vous savez que je ne fais point de complimens, et je ne vous dis qu'une partie de ce que je sens.

LETTRE CCCCL.

Tusculum, en juillet 707.

CICÉRON A PAPIRIUS PÉTUS.

Votre lettre m'a causé beaucoup de plaisir. Ce que j'aime avant tout, c'est votre amitié qui vous a porté à m'écrire, dans la crainte où vous étiez que Silius [1] ne m'eût alarmé par sa nouvelle. Vous m'aviez déjà marqué la même inquiétude, par une lettre dont j'ai reçu deux copies; ce qui m'avait fait comprendre que vous étiez fort agité. Aussi vous avais-je soigneusement répondu, pour vous délivrer ou vous soulager du moins de cette peine, comme la nature de l'affaire et celle des circonstances m'y obligent également : mais, votre dernière lettre me faisant voir encore combien vous y prenez d'intérêt, je dois vous expliquer mes véritables sentimens.

Soyez persuadé, mon cher Pétus, que toute l'adresse dont on peut faire usage (car il faut que l'adresse se

fieri poterit (non enim jam satis est consilio pugnare : artificium quoddam excogitandum est), sed tamen quidquid elaborari aut effici potuerit ad istorum benivolentiam conciliandam et colligendam, summo studio me consecutum esse; nec frustra, ut arbitror. Sic enim color, sic observor ab omnibus his qui a Cæsare diliguntur, ut ab his me amari putem. Etsi non facile dijudicatur amor verus et fictus, nisi aliquod incidat ejusmodi tempus, ut, quasi aurum igni, sic benivolentia fidelis periculo aliquo perspici possit. Cetera sunt signa communia; sed ego uno utor argumento, quamobrem me ex animo vereque arbitrer diligi, quia et nostra fortuna ea est, et illorum, ut simulandi causa non sit.

De illo autem, quem penes est omnis potestas, nihil video, quod timeam; nisi quod omnia sunt incerta, quum a jure discessum est; nec præstari quidquam potest, quale futurum sit, quod positum est in alterius voluntate, ne dicam libidine. Sed tamen ejus ipsius nulla re a me offensus est animus. Est enim adhibita in ea re ipsa summa a nobis moderatio. Ut enim olim arbitrabar, esse meum libere loqui, cujus opera esset in civitate libertas : sic, ea nunc amissa, nihil loqui, quod offendat aut illius, aut eorum, qui ab illo diliguntur, voluntatem. Effugere autem si vellem nonnullorum acute aut facete dictorum offensionem, fama ingenii mihi esset abjicienda : quod si possem, non recusarem.

Sed tamen ipse Cæsar habet peracre judicium; et,

joigne quelquefois à la prudence), je l'ai employée pour m'insinuer dans leur affection ; et je ne crois pas l'avoir fait sans succès, car je suis si caressé de tous ceux qui ont quelque degré de faveur auprès de César, que je commence à me persuader qu'ils m'aiment de bonne foi. Et quoiqu'il ne soit pas aisé de distinguer la fausse et la sincère amitié, excepté du moins dans les périls pressans, qui en sont l'épreuve, comme le feu est celle de l'or, j'ai néanmoins une forte raison de me persuader qu'ils m'aiment sincèrement; c'est que leur condition et la mienne sont telles, que rien ne les oblige à la dissimulation.

A l'égard de celui qui est en possession du pouvoir, je ne connais point d'autre motif qui doive me le faire craindre, que cette règle générale de prudence : quand une fois la justice et la droiture sont violées, tout devient incertain. En effet, quel fond peut-on faire sur ce qui dépend de la volonté ou, pour mieux dire, de la passion d'autrui? Cependant j'ai toujours évité de l'offenser, et je me suis conduit avec la plus parfaite modération. Si j'ai cru pouvoir autrefois parler librement dans une ville qui me devait sa liberté, j'ai senti, depuis qu'elle l'a perdue, que j'étais obligé de ménager César et ses principaux amis. Mais demander aussi que j'étouffe une raillerie dans ma bouche lorsqu'elle se présente sur ma langue, c'est vouloir que je renonce à toute réputation d'esprit; ce que je ne refuserais pas même, si cela m'était possible.

D'ailleurs, César a le jugement admirable; c'est une

ut Servius, frater tuus, quem litteratissimum fuisse judico, facile diceret, *Hic versus Plauti non est, hic est,* quod tritas aures haberet notandis generibus poetarum, et consuetudine legendi : sic audio Caesarem, quum volumina jam confecerit ἀποφθεγμάτων, si quod afferatur ad eum pro meo, quod meum non sit, rejicere solere; quod eo nunc magis facit, quia vivunt mecum fere quotidie illius familiares. Incidunt autem in sermone vario multa, quae fortasse illis, quum dixi, nec illitterata nec insulsa esse videantur. Haec ad illum cum reliquis actis perferuntur. Ita enim ipse mandavit. Sic fit, ut, si quid praeterea de me audiat, non audiendum putet. Quamobrem OEnomao tuo nihil utor; etsi posuisti loco versus Accianos.

Sed quae est invidia? aut quid mihi nunc invideri potest? Verum fac esse omnia. Sic video philosophis placuisse iis, qui mihi soli videntur vim virtutis tenere, nihil esse sapientis praestare, nisi culpam; qua mihi videor dupliciter carere : et quod ea senserim quae rectissima fuerunt, et quia, quum viderem praesidii non satis esse ad ea obtinenda, viribus certandum cum valentioribus non putarim. Ergo in officio boni civis certe non sum reprehendendus. Reliquum est ne quid stulte, ne quid temere dicam aut faciam contra potentes. Id quoque puto esse sapientis.

justice qu'il faut lui rendre. De même que votre frère Servius[2], que j'ai regardé comme un excellent critique, aurait dit tout d'un coup : *Ce vers est de Plaute, celui-ci n'en est pas,* parce qu'ayant l'oreille excellente, il savait distinguer le style et la manière de chaque poète ; ainsi César, qui a déjà recueilli quelques volumes d'apophthegmes[3], s'est tellement familiarisé avec les miens, que si on lui donne comme de moi quelque chose qui n'en soit point, il le rejette aussitôt. Ce discernement lui est d'autant plus facile, que, ses meilleurs amis vivant très-familièrement avec moi, ils ne manquent point de lui rapporter tout ce qui m'échappe d'ingénieux ou de plaisant dans la variété de nos discours. Je sais qu'ils ont de lui cette commission, comme celle de lui apprendre toutes les nouvelles de la ville : de sorte que s'il lui vient quelque chose par d'autres voies, il y fait peu d'attention. L'exemple d'Énomaüs, quoique fort heureusement cité d'Accius[4], est donc inutile par rapport à ma conduite.

Qu'est-ce que l'envie dont vous parlez? ou que voyez-vous à présent dans ma situation qui puisse exciter l'envie? Mais, supposé qu'elle pût naître par mille raisons, le sentiment des philosophes, de ces hommes qui ont eu seuls à mon gré les véritables notions de la vertu, n'a-t-il pas toujours été que l'unique devoir du sage est de ne mériter aucun reproche? C'est un honneur que j'ose m'attribuer à deux titres : d'abord, parce que j'ai toujours pris les mesures qui m'ont paru les plus justes ; et ensuite, lorsque je me suis aperçu que mes forces ne suffisaient pas pour les suivre, je n'ai pas cru devoir lutter contre ceux qui l'emportaient visiblement sur moi. Il est donc certain que je ne mérite aucun blâme sur tout

Cetera vero, quid quisque me dixisse dicat, aut quomodo ille accipiat, aut qua fide mecum vivant ii qui me assidue colunt et observant, præstare non possum. Ita fit, ut et consiliorum superiorum conscientia, et præsentis temporis moderatione me consoler; et illam Accii similitudinem non jam ad invidiam, sed ad fortunam transferam; quam existimo levem et imbecillam, et ab animo firmo et gravi, tanquam fluctum a saxo, frangi oportere. Etenim quum plena sint monumenta Græcorum, quemadmodum sapientissimi viri regna tulerint vel Athenis, vel Syracusis, quum servientibus suis civitatibus, fuerint ipsi quodam modo liberi : ego me non putem tueri meum statum sic posse, ut neque offendam animum cujusquam, nec frangam dignitatem meam ?

Nunc venio ad jocationes tuas, quum tu secundum OEnomaum Accii, non, ut olim solebat, Atellanam, sed, ut nunc fit, mimum introduxisti. Quem tu mihi pompilum, quem thynnarium narras? quam tyrotarichi patinam? Facilitate mea ista ferebantur antea : nunc mutata res est. Hirtium ego et Dolabellam dicendi discipulos habeo, cœnandi magistros. Puto enim te au-

ce qui appartient aux devoirs d'un bon citoyen. Mon sentiment est aussi que, dans ses discours comme dans ses actions, le sage ne doit laisser rien échapper qui blesse mal-à-propos ceux qui sont en possession de l'autorité.

A l'égard du reste, je ne puis répondre ni de ce qu'on me fait dire, ni de la manière dont on le prend, ni de la sincérité de ceux qui vivent familièrement avec moi, et qui me composent à présent une espèce de cour. Le fondement de ma tranquillité et de ma constance est donc ma modération présente, autant que le souvenir de ma conduite passée; et j'applique moins votre comparaison d'Accius à l'envie qu'à la fortune, qui est toujours faible et légère, et qu'un esprit capable de quelque modération et de quelque fermeté doit repousser avec autant de force que les vagues de la mer le sont par un roc. L'histoire grecque nous fournit l'exemple d'une infinité de sages qui ont vécu sous la tyrannie dans Athènes et dans Syracuse. L'esclavage de leur patrie ne les empêchait pas de conserver un esprit libre. Pourquoi ne pourrais-je pas réussir à prendre un juste tempérament, qui me soutiendra dans ma patrie sans causer d'offense à personne, et sans exposer ma dignité aux atteintes d'autrui?

Venons à vos plaisanteries, puisque dans votre citation de l'*Énomaüs* vous n'avez pas pris le ton à la mode de l'Atellane, comme on le faisait autrefois, mais le ton de la farce. Que me parlez-vous de vos poissons, de vos thons et de vos salaisons[5]? Ma facilité le souffrait autrefois; mais les choses sont entièrement changées. Hirtius et Dolabella prennent de moi des leçons d'éloquence, mais ils sont mes maîtres pour les soupers : car si vous

disse, si forte ad vos omnia perferuntur, illos apud me declamitare, me apud eos coenitare. Tu autem, quod mihi bonam copiam ejures, nihil est. Tum enim, quum rem habebas, quæsticulis te ferebam attentiorem. Nunc, quum tam æquo animo bona perdas, non eo sis consilio, ut, quum me hospitio recipias, æstimationem me aliquam putes accipere. Etiam hæc levior est plaga ab amico, quam a debitore. Nec tamen eas coenas quæro, ut magnæ reliquiæ fiant : quod erit, magnificum sit et lautum. Memini te mihi Phameæ coenam narrare. Temperius fiat; cetera eodem modo.

Quod si perseveras me ad matris tuæ coenam revocare, feram id quoque. Volo enim videre animum qui mihi audeat ista quæ scribis, apponere, aut etiam polypum Miniani Jovis similem. Mihi crede, non audebis. Ante meum adventum fama ad te de mea nova lautitia veniet : eam extimesces. Neque est quod in promulside spei ponas aliquid, quam totam sustuli. Solebam enim ante debilitari oleis et lucanicis tuis.

Sed quid hæc loquimur? liceat modo isto venire. Tu vero (volo enim abstergere animi tui metum) ad tyrotarichum antiquum redi. Ego tibi unum sumptum afferam, quod balneum calfacias oportebit; cetera more

êtes informé de tout ce qui se passe ici, vous aurez sans doute appris qu'ils déclament chez moi, et que je soupe assez souvent chez eux. N'espérez pas vous en tirer en me jurant votre insolvabilité[6]. Lorsque vous aviez du bien, je fermais les yeux sur vos petites lésineries. Aujourd'hui que vous perdez si tranquillement votre fortune[7], n'allez pas vous figurer qu'en me recevant chez vous il y ait quelque compensation à espérer pour votre dépense : la plaie seulement doit vous paraître plus légère d'un ami que d'un créancier. Cependant je ne demande point de ces soupers dont les restes formeraient encore des festins : il suffit que ce qu'on sert soit magnifique[8] et bien préparé. Je me souviens d'avoir entendu de vous le récit d'un souper de Phaméas : soupons moins tard ; mais tout le reste est fort de mon goût.

Si vous continuez de me rappeler au souper de votre mère, je prendrai patience aussi ; et je serais ravi même de trouver quelqu'un qui eût le courage de me présenter des mets tels que vous me les décrivez, ou un polype qui ressemble à notre Jupiter Enluminé[9]. Croyez-moi, vous n'aurez pas cette hardiesse. Vous aurez entendu parler, avant mon arrivée, de la nouvelle habitude où je suis de faire bonne chère. Cette idée pourra vous effrayer. Il ne faut pas que vous comptiez sur les hors-d'œuvre, car je les ai bannis entièrement. Ce n'est plus le temps que je prenais goût à vos olives et à vos ragoûts de Lucanie.

Mais à quoi bon tant de discours ? Fasse le ciel seulement que je puisse me rendre chez vous ! Et pour vous ôter toute crainte, je vous permets d'en revenir à l'ancien tyrotarique. La seule dépense que je veux vous causer sera pour échauffer le bain. Que le reste

nostro : superiora illa lusimus. De villa Seliciana et curasti diligenter, et scripsisti facetissime. Itaque puto me prætermissurum. Salis enim satis est, sanuionum parum. Vale.

EPISTOLA CCCCLI.

(ad div., IX, 18.)

Scrib. in Tusculano, mense junio exeunte A. V. C. 707.

CICERO L. PAPIRIO PÆTO S. D.

Quum essem otiosus in Tusculano, propterea quod discipulos obviam miseram, ut iidem me quam maxime conciliarent familiari suo, accepi tuas litteras, plenissimas suavitatis, ex quibus intellexi probari tibi meum consilium, quod, ut Dionysius tyrannus, quum Syracusis expulsus esset, Corinthi dicitur ludum aperuisse, sic ego, sublatis judiciis, amisso regno forensi, ludum quasi habere cœperim. Quid quæris? me quoque delectat consilium. Multa enim consequor : primum id, quod maxime nunc opus est, munio me ad hæc tempora. Id cujusmodi sit nescio, tantum video nullius adhuc consilia me huic anteponere, nisi forte mori melius fuit. In lectulo, fateor; sed non accidit. In acie non fui. Ceteri quidem, Pompeius, Lentulus tuus, Scipio, Afranius, fœde perierunt; at Cato præclare. Jam istuc quidem,

aille, s'il vous plaît, à l'ordinaire; car tout ce que j'ai dit ici n'est qu'un badinage. Je suis fort satisfait des soins que vous vous êtes donnés pour la maison de Selicius[9]: ce que vous m'en dites est tout-à-fait plaisant. Il y a bien de l'apparence que je ne finirai pas ce marché; non qu'il n'y ait assez de sel, mais peu d'occasions d'en faire usage[10].

LETTRE CCCCLI.

Tusculum, fin de juin 707.

CICÉRON A PAPIRIUS PÉTUS.

J'AI reçu votre aimable lettre dans ma maison de Tusculum, où je me trouve assez oisif, parce que j'ai envoyé mes disciples au devant de César[1], pour les faire servir à me rétablir parfaitement dans l'esprit de leur ami. Vous approuvez la résolution que j'ai prise d'imiter Denys le Tyran. On rapporte qu'ayant été chassé de Syracuse, il se fit maître d'école à Corinthe. J'ai commencé comme lui à tenir une espèce d'école, depuis que j'ai perdu l'empire du barreau. Que voulez-vous? je m'applaudis de cette résolution, et j'en tire plus d'un avantage. Le premier, qui convient fort à présent, est de me fortifier contre le malheur des circonstances. J'aurais peine à vous expliquer ma pensée; mais jusqu'aujourd'hui je ne vois point encore de parti que je préfère au mien : à moins qu'il n'eût été plus à souhaiter peut-être de mourir dans mon lit; j'en conviens, mais ce bonheur ne m'est point arrivé. Je ne me suis pas trouvé au combat : Pompée, votre ami Lentulus, Scipion, Afranius,

quum volemus, licebit. Demus modo operam ne tam necesse nobis sit, quam illi fuit : id quod agimus.

Ergo hoc primum. Sequitur illud, ipse melior fio : primum valetudine, quam intermissis exercitationibus amiseram : deinde ipsa illa, si qua fuit in me, facultas orationis, nisi me ad has exercitationes retulissem, exaruisset. Extremum illud est, quod tu nescio an primum putes : plures jam pavones confeci, quam tu pullos columbinos. Tu istic te Ateriano jure delectato; ego me Hirtiano. Veni igitur, si vir es, et disce a me προλεγομένας, quas quaeris : etsi sus Minervam. Sed quando, ut video, aestimationes tuas vendere non potes, neque ollam denariorum implere, Romam tibi remigrandum est.

Satius est hic cruditate, quam istic fame. Video te bona perdidisse : spero idem istic familiares tuos. Actum igitur de te est, nisi provides. Potes mulo isto, quem tibi reliquum dicis esse, quum cantherium comedisti, Romam pervehi. Sella tibi erit in ludo, tanquam hypodidascalo, proxima. Eam pulvinus sequetur.

tous les autres, ont péri misérablement[2]. Caton a pris un parti honorable; mais il dépendra toujours de moi de l'imiter quand je le voudrai, et je prendrai soin seulement, comme je fais, que cette extrémité ne me devienne point aussi nécessaire qu'à lui.

Tel est le premier fruit que je tire de ma situation. En demandez-vous un autre? Je deviens meilleur: premièrement à l'égard de la santé; car l'interruption de mes exercices avait ruiné la mienne: en second lieu, si je n'avais repris cette méthode, ce que je puis avoir de talent pour parler se serait éteint tout-à-fait. Enfin, un dernier avantage, que vous mettez peut-être au dessus des autres, c'est que j'ai déjà expédié plus de paons que vous de pigeonneaux. Vous faites vos délices des ragoûts d'Aterius, et moi de ce que me sert Hirtius[3]. Venez donc, si vous êtes homme de cœur, et préparez-vous à recevoir de nous les leçons que vous demandez. Au fond, c'est un pourceau qui en remontre à Minerve[4]. Mais puisque vous ne pouvez faire prendre un meilleur cours à vos affaires, ni remplir mieux votre caisse, il faut que vous reveniez à Rome.

Croyez-moi, il vaut mieux mourir ici d'une indigestion, que de faim dans le lieu où vous êtes. Je comprends que vous avez perdu tout votre bien, et les amis que vous avez près de vous me paraissent menacés du même sort. C'est fait de vous si vous ne prenez de justes mesures. Vous pouvez revenir à Rome sur ce mulet qui vous reste, puisque vous avez mangé, dites-vous, votre cheval. Vous aurez dans mon école un fauteuil proche de moi, comme le sous-maître, et je ne manquerai pas d'y joindre un coussin.

EPISTOLA CCCCLII.
(ad div., VII, 3.)
Scrib. Romæ, mense quintili A. V. C. 707.

CICERO M. MARIO S. D.

Persæpe mihi cogitanti de communibus miseriis, in quibus tot annos versamur, et (ut video) versabimur, solet in mentem venire illius temporis, quo proxime fuimus una. Quin etiam ipsum diem memoria teneo. Nam a. d. III idus maias, Lentulo et Marcello consulibus, quum in Pompeianum vesperi venissem, tu mihi sollicito animo præsto fuisti. Sollicitum autem te habebat cogitatio tum officii, tum etiam periculi mei. Si manerem in Italia, verebare ne officio deessem : si proficiscerer ad bellum, periculum te meum commovebat. Quo tempore vidisti profecto me quoque ita conturbatum, ut non explicarem quid esset optimum factu. Pudori tamen malui famæque cedere, quam salutis meæ rationem ducere. Cujus me mei facti pœnituit, non tam propter periculum meum, quam propter vitia multa, quæ ibi offendi quo veneram.

Primum neque magnas copias, neque bellicosas; deinde, extra ducem, paucosque præterea (de principibus loquor), reliqui primum in ipso bello rapaces, deinde in oratione ita crudeles, ut ipsam victoriam

LETTRE CCCCLII.

Écrite à Rome, en juillet 707.

CICÉRON A M. MARIUS.

Dans les réflexions que je fais fort souvent sur nos disgrâces communes, qui durent depuis tant d'années, et qui ne me paraissent pas près de finir, je ne manque guère de me rappeler le temps et même le jour où nous nous sommes trouvés pour la dernière fois ensemble. C'était le 13 mai, sous les consuls Lentulus et Marcellus. Je m'étais rendu le soir à ma terre de Pompéies, où vous me vîntes offrir votre secours avec beaucoup d'inquiétude. Votre crainte était égale pour mon devoir et pour le danger de ma situation. Vous appréhendiez que ce ne fût manquer à mon devoir que de demeurer en Italie; et si je partais pour la guerre, vous trembliez du péril où j'allais m'exposer. Il vous fut aisé de remarquer aussi mon trouble; il m'empêcha même d'examiner de quel côté je pouvais trouver le plus d'avantage : cependant je fis céder la considération de mon salut aux motifs de la bienséance et de la renommée. A la vérité, je ne fus pas long-temps à m'en repentir; mais ce fut moins par la vue du danger que par celle des fautes dont je fus frappé dans le lieu où je m'étais rendu.

Premièrement, les troupes que j'y trouvai n'étaient ni fort nombreuses ni fort guerrières. En second lieu, à la réserve du chef et d'un petit nombre d'autres, tout le reste (je parle des principaux du parti) marquaient dès l'entrée de la guerre leur inclination au pillage. Enfin,

horrerem; maximum autem æs alienum amplissimorum virorum. Quid quæris? nihil boni, præter causam. Quæ quum vidissem, desperans victoriam, primum cœpi suadere pacem, cujus fueram semper auctor : deinde, quum ab ea sententia Pompeius valde abhorreret, suadere institui, ut bellum duceret. Hoc interdum probabat, et in ea sententia videbatur fore, et fuisset fortasse, nisi quadam ex pugna cœpisset suis militibus confidere.

Ex eo tempore, vir ille summus nullus imperator fuit. Signa tirone et collectitio exercitu cum legionibus robustissimis contulit. Victus turpissime, amissis etiam castris, solus fugit. Hunc ego belli mihi finem feci, nec putavi, quum integri pares non fuissemus, fractos superiores fore. Discessi ab eo bello, in quo aut in acie cadendum fuit, aut in aliquas insidias incidendum, aut deveniendum in victoris manus, aut ad Jubam confugiendum, aut capiendus tanquam exsilio locus, aut consciscenda mors voluntaria. Certe nihil fuit præterea, si te victori nolles, aut non auderes committere. Ex omnibus autem iis quæ dixi incommodis, nihil tolerabilius exsilio, præsertim innocenti, ubi nulla adjuncta est turpitudo; addo etiam quum ea urbe careas, in qua nihil sit quod videre possis sine dolore. Ego cum meis, et (si quidquam nunc cujusquam est) etiam in meis esse malui.

ils dissimulaient si peu leur cruauté dans leurs discours, que je pris la victoire même en horreur. Je ne parlerai pas des dettes immenses dont les plus considérables d'entre eux étaient chargés. Que vous dirai-je? ils n'avaient de bon que leur cause. A cette vue, désespérant de la victoire, je commençai par conseiller la paix, pour laquelle je m'étais toujours déclaré. Ensuite, trouvant dans Pompée beaucoup d'éloignement pour ce parti, j'entrepris de le porter à temporiser. Il entrait quelquefois dans mon sentiment, il paraissait disposé à l'embrasser, et je suis persuadé qu'il l'aurait fait, sans un certain combat[1] qui lui fit naître de la confiance pour ses troupes.

Depuis ce moment, on ne reconnut plus dans ce grand homme les qualités d'un général. Il mit aux mains une milice formée à la hâte avec des légions endurcies dans le métier de la guerre : il fut défait honteusement; il perdit son camp, et prit seul la fuite. Cette catastrophe fut pour moi la fin de la guerre. Je ne me figurai point que, venant de sentir notre inégalité dans la plénitude de nos forces, nous pussions devenir supérieurs après avoir été vaincus. Je pris donc la résolution d'abandonner une guerre où je voyais qu'après le parti de périr en combattant il n'y avait pas d'autre espérance que de tomber entre les mains du vainqueur, ou de chercher une retraite auprès de Juba[2], ou de choisir un lieu d'exil, ou de se donner volontairement la mort. Nommez-moi quelque autre ressource pour ceux qui ne voulaient pas se soumettre, ou qui n'osaient pas se fier au vainqueur. De toutes celles que j'ai nommées moi-même, je n'en voyais pas de plus supportable que l'exil, surtout pour un innocent, sans aucune tache à redouter, et lorsque la ville de Rome, à laquelle il fallait renoncer, n'offrait

Quæ acciderunt, omnia dixi futura. Veni domum, non quo optima vivendi conditio esset, sed tamen, si esset aliqua forma reipublicæ, tanquam in patria ut essem; si nulla, tanquam in exsilio. Mortem mihi cur consciscerem, causa nulla visa est; cur optarem, multæ. Vetus est enim, *ubi non sis qui fueris, non esse cur velis vivere.* Sed tamen vacare culpa magnum est solatium, præsertim quum habeam duas res, quibus me sustentem, optimarum artium scientiam, et maximarum rerum gloriam : quarum altera mihi vivo nunquam eripietur, altera ne mortuo quidem.

Hæc ad te scripsi verbosius, et tibi molestus fui, quod te quum mei, tum reipublicæ cognovi amantissimum. Notum tibi omne meum consilium esse volui, ut primum scires, me nunquam voluisse plus quemquam posse, quam universam rempublicam : postea autem, quam alicujus culpa tantum valeret unus, ut obsisti non posset, me voluisse pacem : amisso exercitu et eo duce, in quo spes fuerat uno, me voluisse etiam reliquis omnibus; postquam non potuerim, mihi ipsi finem fecisse belli : nunc autem, si hæc civitas est, civem esse me, si non, exsulem esse non incommodiore loco, quam

plus rien qu'on pût voir sans douleur. Mais je préférai le parti de vivre avec les miens et dans mes propres terres, du moins s'il reste à quelqu'un quelque chose qui lui appartienne.

Il n'était rien arrivé que je n'eusse prévu. Je revins chez moi, non pour y vivre dans une situation parfaitement heureuse, mais pour y être comme dans ma patrie, si la république subsistait sous quelque forme; et si elle périssait entièrement, pour y être comme en exil. Je ne voyais aucune raison de se donner la mort, quoique j'en connusse mille de la souhaiter; car, suivant la vieille maxime, « lorsqu'on a cessé d'être ce qu'on était, il n'y a plus rien qui doive attacher à la vie. » Cependant c'est une grande consolation de n'avoir rien à se reprocher, surtout lorsqu'on a comme moi un double soutien : je veux dire, l'étude des arts les plus excellens, et la gloire de mes actions : l'un assurément ne me sera jamais arraché pendant ma vie, et l'autre ne le sera pas même après ma mort.

Je me suis fort étendu dans cette lettre, et je n'ai pas craint de vous paraître ennuyeux, parce que je vous connais beaucoup d'affection pour la république et pour moi. J'ai voulu que vous fussiez informé de toutes mes vues; premièrement, afin que vous soyez bien persuadé que je n'ai jamais souhaité de voir entre les mains de personne plus de pouvoir qu'à toute la république; qu'ensuite, lorsque, par les fautes dont je me dispense de nommer l'auteur, j'ai vu quelqu'un si puissant qu'il devenait impossible de lui résister, j'ai désiré la paix; qu'après la ruine de notre armée et celle du chef où nous avions mis toutes nos espérances, j'ai souhaité que la guerre finît pour tout le monde; et, fâché de n'y pou-

si me Rhodum aut Mitylenas contulissem. Hæc tecum coram malueram : sed quia longius fiebat, volui per litteras eadem, ut haberes quod diceres, si quando in vituperatores meos incidisses. Sunt enim qui, quum meus interitus nihil fuerit reipublicæ profuturus, criminis loco putent esse quod vivam. Quibus ego certo scio non videri satis multos periisse : qui, si me audissent, quamvis iniqua pace, honeste tamen viverent. Armis enim inferiores, non causa fuissent.

Habes epistolam verbosiorem fortasse, quam velles : quod tibi ita videri putabo, nisi mihi longiorem remiseris. Ego si, quæ volo, expediero, brevi tempore te, ut spero, videbo.

EPISTOLA CCCCLIII.
(ad Att., XII, 6.)
Scrib. in Tusculano, mense quintili A. V. C. 707.

CICERO ATTICO SAL.

De Cœlio, vide, quæso, ne qua lacuna sit in auro. Ego ista non novi. Sed certe in collybo est detrimenti satis. Huc aurum si accedit.... — Sed quid loquor? tu videbis. Habes Hegesiæ genus, quod Varro laudat. Venio

voir réussir, j'en ai cherché la fin pour moi-même : que si Rome est encore une république[3], je suis citoyen; ou que si elle ne doit plus porter ce titre, j'y suis en exil, mais plus commodément que je ne serais à Rhodes ou à Mitylène[4]. Il m'aurait été plus agréable de vous dire tout cela moi-même; mais, dans l'éloignement où nous sommes, je me suis déterminé à vous l'écrire, pour vous mettre en état de répondre, lorsqu'il vous arrivera de rencontrer ceux qui me blâment. Il est certain que ma mort n'aurait été d'aucune utilité pour la république : cependant il se trouve des gens qui me font un crime de vivre, et pour qui ce n'est point assez d'avoir vu périr tant de citoyens, qui vivraient, s'ils m'en avaient cru, et qui vivraient avec honneur, quoiqu'à des conditions injustes; car, s'ils n'ont pas été les plus forts, leur cause n'en aurait pas moins été la meilleure.

Je crains, encore une fois, que vous ne trouviez ma lettre trop longue, et je n'en douterai pas si votre réponse ne l'est encore plus. Je me flatte de vous voir incessamment, si je me délivre de mes affaires aussitôt que je le souhaite.

LETTRE CCCCLIII.

Écrite à Tusculum, en juillet 707.

CICÉRON A ATTICUS.

Prenez garde, je vous prie, qu'il n'y ait point d'alliage dans l'or de Célius. Je savais bien ce que vous me dites là-dessus, mais il y a déjà assez à perdre sur le change, si vous y joignez la perte sur l'or. Mais pourquoi vous en dire davantage? vous penserez à tout.

ad Tyrannionem. Ain' tu ? verum hoc fuit ? sine me ? at ego quoties, quum essem otiosus, sine te tamen nolui ? quo modo hoc ergo lues ? uno scilicet, si mihi librum miseris : quod ut facias, etiam atque etiam rogo. Etsi me non magis liber ipse delectabit, quam tua admiratio delectavit. Amo enim πάντα φιλόδημον : teque istam tam tenuem θεωρίαν tam valde admiratum esse gaudeo. Etsi tua quidem sunt ejusmodi omnia : scire enim vis, quo uno animus alitur.

Sed quæso, quid ex ista acuta et gravi refertur ad τέλος ? sed longa oratio est, et tu occupatus in meo quidem fortasse aliquo negotio. At pro isto asso sole, quo tu abusus es in nostro pratulo, a te nitidum solem unctumque repetemus. Sed ad prima redeo. Librum, si me amas, mitte. Tuus est enim profecto, quoniam quidem est missus ad te.

Chreme, tantumne ab re tua est otii tibi, ut etiam Oratorem legas ? macte virtute ! mihi quidem gratum, et erit gratius, si non modo in libris tuis, sed etiam in aliorum per librarios tuos Aristophanem reposueris pro Eupoli. Cæsar autem mihi irridere visus est *quæso* illud tuum, quod erat εὐπινὲς et urbanum : ita porro te sine cura esse jussit, ut mihi quidem dubitationem omnem

Voilà du style à la manière d'Hégésias [1], qui est si fort du goût de Varron. Parlons de Tyrannion [2]. Quoi ! cela est bien vrai ? vous lui avez fait lire son ouvrage sans m'attendre ? et moi, quoique j'aie eu souvent du temps de reste, je n'ai point voulu me le faire lire, parce que vous n'y étiez pas. Comment me dédommagerez-vous ? Il n'y a qu'un moyen, c'est de m'envoyer l'ouvrage ; je vous en prie instamment ; quoique, après tout, le livre même ne me fera pas plus de plaisir que j'en ai eu de voir combien vous l'admirez : car j'aime en toutes choses un esprit populaire, et je suis bien aise que vous admiriez si fort un ouvrage dont le sujet est si mince : je vous reconnais en cela, vous aimez tout ce qui a rapport à la science, qui est la seule nourriture de l'esprit.

Mais, dites-moi un peu, que pourrais-je tirer de ces remarques sur les accens pour le traité que je médite sur la fin que les hommes doivent se proposer ? mais cela nous mènerait trop loin, et vous êtes occupé peut-être à quelqu'une de mes affaires. Une autre fois je me ferai payer de ce que je vous ai appris dans cet entretien que nous avons eu ensemble dans mon jardin, en tirant de vous des choses plus curieuses et plus solides [3]. Je reviens à Tyrannion : envoyez-moi, je vous prie, son livre ; il est à vous, puisqu'il vous est dédié.

Quoi ! Chrémès [4], *vos affaires vous ont laissé assez de temps pour lire mon Orateur ?* Courage ! cela me fait plaisir ; mais vous m'en ferez encore plus, si vous faites mettre *Aristophane* [5] au lieu d'*Eupolis*, non-seulement dans votre exemplaire, mais dans ceux des autres ; ce que vos copistes pourront faire. Il me paraît que César s'est moqué de votre *quæso* [6], quoique je le croie bien latin et du bel usage : mais il vous a si fort assuré que

tolleret. Atticam doleo tam diu; sed quoniam jam sine horrore est, spero esse, ut volumus.

EPISTOLA CCCCLIV.
(ad div., IX, 19.)
Scrib. Romae, mense sextili A. V. C. 707.

CICERO L. PAPIRIO PAETO S. D.

Tamen a malitia non discedis. Tenuiculo apparatu significas Balbum fuisse contentum. Hoc videris dicere, quum reges tam sint continentes, multo magis consulares esse oportere. Nescis me ab illo omnia expiscatum: recta enim a porta domum meam venit. Neque hoc admiror, quod non suam potius, sed illud, quod non ad suum.

Ego autem primis tribus verbis: quid noster Paetus? At ille adjurans, nusquam se unquam libentius. Hoc si verbis assecutus es, aures ad te afferam non minus elegantes: sin autem opsonio, peto a te ne pluris esse balbos, quam disertos putes. Me quotidie aliud ex alio impedit. Sed, si me expediero, ut in ista loca venire possim, non committam, ut te sero a me certiorem factum putes.

vous pourriez demeurer en repos, qu'il m'a ôté toute inquiétude. Je suis fâché que la fièvre de votre fille dure si long-temps : mais, puisqu'elle n'a plus de frisson, j'espère qu'elle en sera bientôt quitte.

LETTRE CCCCLIV.

Écrite à Rome, août 707.

CICÉRON A PAPIRIUS PÉTUS.

Vous êtes toujours malin. Balbus, dites-vous, s'est contenté d'une chère médiocre : je vous entends. Puisque les rois[1] ont tant de modération, les consulaires apparemment devraient en avoir beaucoup plus. Vous ne savez pas que j'ai tout appris de lui-même, car de la porte de la ville il est venu directement chez moi. Je ne suis pas surpris qu'il n'ait pas d'abord été chez lui, mais qu'il n'ait point été plus tôt chez son patron[2].

Que me direz-vous de notre cher Pétus? Ce sont les premiers mots que j'ai prononcés en le voyant. Il m'a juré que jamais il ne s'était trouvé mieux nulle part. Si c'est par vos discours que vous l'avez disposé à vous rendre ce témoignage, je ne vous porterai point des oreilles moins délicates que les siennes; si c'est à force de bonne chère, je m'imagine que vous ne traitez pas un bègue mieux qu'un homme éloquent. Je suis arrêté tous les jours par des affaires qui naissent l'une de l'autre. Mais si je puis être assez libre pour vous aller voir, vous n'aurez point à me reprocher de vous en avoir averti trop tard.

NOTES

DES LETTRES CONTENUES DANS CE VOLUME:

LETTRE CCCLII. 1. *Lentulus.* C'est de Lentulus Spinther, ami de Cicéron, qu'il est parlé au commencement de cette lettre. Il avait été l'un des principaux agens de son rappel. Après avoir été pris dans Corfinium avec Domitius, ce Lentulus venait d'être renvoyé libre par César.

2. *C. Cécius.* Ce personnage est tout-à-fait inconnu. On présume cependant que c'était quelque client de Lentulus.

3. *Ceux qui sont avec Pompée menacent hautement les hommes de quelque distinction et les villes municipales.* C'est-à-dire tout ce qui pense comme eux, sans se déclarer pour eux. J'ai changé la traduction de Mongault, qui s'éloignait beaucoup de l'original.

4. *Ne sait-on pas que déjà il y a contre eux des réunions de créanciers?* C'est l'expression latine, c'est l'expression juridique que j'ai rétablie pour la substituer à une insignifiante paraphrase. Quand un homme n'a pas de quoi payer ses dettes, il se fait des réunions de créanciers où l'on délibère sur les moyens à prendre pour perdre le moins possible. Cela est connu de tout le monde. Quant aux trois personnages nommés plus haut, Scipion était beau-père de Pompée lui-même, Libon l'était de son fils, Faustus était de la famille du dictateur Sylla.

5. *Les grands et vastes projets de Pompée.* Beaucoup d'éditeurs, Schütz entre autres, lisent μικροψυχίαν au lieu de μακροψυχίαν. Mais l'ironie est bien plus marquée en conservant cette dernière leçon. Ne se souvient-on pas que Pompée voulait faire venir contre l'Italie tous les peuples barbares? *Voyez* la lettre 349.

6. CICÉRON A CÉSAR. Il répond à la missive dont il a envoyé copie à Atticus avec la lettre 347. La lettre de César lui était parvenue le 12 mars, il y répond vers le 21. Comparez avec cette réponse la lettre écrite la veille (notre 325e), et vous y trouverez

une grande ressemblance jusque dans les expressions. Schütz fait à cet égard des rapprochemens très-curieux ; il convient qu'il pourrait y avoir interpolation de l'une ou de l'autre, et propose, pour lever tous les scrupules, un morcellement de lettres et une mutilation dont il n'est pas besoin de gâter le texte : il veut que le commencement de la lettre 332 soit mal-à-propos réuni à ce qui suit, et il fait une lettre séparée à partir des mots *Ego Arpini esse volo;* enfin, il trouve place à cette lettre de son invention entre la 356e et la 357e. C'est alors une réponse à ce qu'Atticus vient de lui écrire, savoir que sa lettre à César (celle annexée à la lettre 332) vient d'être publiée, et qu'elle est connue de tout le monde.

LETTRE CCCLIII. 1. *Je désire le même sort que Mucius.* Q. Mucius Scévola, le grand-pontife, qui fut tué par Damasippus, sous le péristyle du temple de Jupiter, au Capitole, en 671. Le meurtre avait été ordonné par le jeune Marius.

2. *Pour Dionysius, je vous avoue que j'ai été surpris de son procédé.* — *Voyez*, pour ce Dionysius, les lettres 327, 328 et 333.

3. *De quel secours peuvent m'être maintenant vos lettres, votre prudence et votre amitié?* Schütz gourmande Cicéron. Il ne conçoit pas que lui qui a, quelques lignes plus haut, remercié Atticus de ce qu'il passe les nuits à réfléchir pour lui, vienne tout-à-coup proclamer que c'est désormais peine perdue, oubliant jusqu'à ces mots : *C'est maintenant qu'il faut que vous pensiez, etc.* Schütz conclut qu'il faut couper ici la lettre, pour en commencer une nouvelle. Avec de pareils argumens on irait loin. Rien de plus naturel que le désordre d'esprit ou le désespoir de Cicéron.

4. *D'être délivré de tant de misères par la pitié d'un ennemi.* Cette traduction m'appartient : Wieland et Mongault avaient imaginé que cette phrase s'appliquait à la clémence dont César userait, sans doute, envers Pompée; mais il n'y a pas un mot de cela dans le texte. Dans toute la phrase Cicéron parle de lui, et, dans cette même lettre, un peu plus haut, il a dit combien il enviait le sort de Mucius Scévola. Je m'appuie, en outre, de l'opinion de Schütz.

LETTRE CCCLIV. 1. Cicéron a Atticus. Dans les éditions ordinaires, cette lettre fait partie de la 12e; Mongault l'avait bien

senti. Schütz l'a séparée, tandis que Wieland en fait le *post-scriptum* de la précédente, *post-scriptum* ajouté par Cicéron, quand il conçoit des doutes sur le blocus de Brindes : puis il recommence sa nouvelle lettre aux mots : *J'ai reçu, le 22 de ce mois....*

2. *Il n'est pas vrai le bruit selon lequel César aurait fermé le port de Brindes.* Mongault, au lieu de rendre la relation dans toute sa joyeuse énergie, fait une circonlocution d'une conjecture. Cicéron s'écrie, au contraire, avec l'enthousiasme du bonheur : Οὐκ ἔστ' ἔτυμος λόγος, se servant à propos des paroles de Stésichore, qui chantait la palinodie, après avoir été privé de la vue pour avoir invectivé Hélène. Après avoir ainsi réparé sa faute, il reprit l'usage de ses yeux. *Voyez*, sur tout cela, le *Phédron* de Platon.

3. *Nous avons été trompés par les mêmes personnes.* Par Bibulus, Lucceius et plusieurs autres de ceux qu'on appelait *optimates*, qui, à ce que Cicéron prétendait, l'avaient mal défendu contre Clodius par un motif de jalousie, et qui, depuis, avaient fait en sorte de brouiller Pompée avec César.

4. *Nos gens de bien.... ne sont pas fâchés de cette guerre.* Cela ne rend pas clairement l'expression latine *oderunt ut scribis ludum*. Il y a bien l'idée de jeu. Wieland l'a heureusement conservé : *Dass den guten leuten des Spiel verhass ist*. Mongault a beau chercher dans Horace des exemples qui prouvent que la guerre a souvent été appelée un jeu : il eût mieux fait d'avouer notre impuissance à bien rendre ce passage.

5. *Je voudrais que vous m'eussiez marqué en particulier ceux dont vous voulez parler.* Cette traduction de Mongault, conforme à la leçon de Grévius, me paraît très-satisfaisante, quoique, après lui, Wieland déclare le sens introuvable. Il y renonce et ne traduit pas, parce qu'il ne veut pas admettre que Cicéron ait eu besoin de demander ces noms à Atticus.

6. *César a gagné les esprits.* C'est le mot *amatur* restitué à juste titre par l'heureuse hardiesse de Grévius. En général, le texte est fort altéré.

7. *Les prières des tyrans.* Ce passage grec est de Platon, dans sa septième lettre aux parens de Denys de Syracuse.

8. *Quant au Lanuinum de Phaméas.* Je ne sais pourquoi Mongault avait retranché le nom de cette maison de campagne. Les vieilles traditions marquaient le lieu du débarquement d'Énée

entre Laurente, siège de Latinus et du royaume de ses aïeux, et la ville de Lavinium, bâtie par lui-même dans la suite. Ces cabanes élevées par ses compagnons avaient composé un hameau qui fut appelé Troie, nom qui était encore le sien du temps de Cicéron. Il est certain, du moins, que les environs de cet antique hameau s'appelaient encore *ager trojanus*. C'était là que Phaméas, riche affranchi, on ne sait de quel Romain, possédait une terre que, dans une précédente lettre à Atticus, Cicéron a déjà manifesté l'envie d'acheter; mais il l'avait prise pour une autre, que ce même Phaméas possédait près de Lavinium, et il rectifie ce malentendu. Phaméas était le grand-père du chanteur Tigellius dont Cicéron parlera plus d'une fois encore dans sa correspondance, et qu'Horace a immortalisé dans ses *Satires*.

9. *Est-il rien de plus indigne ?* Cette partie de la lettre est évidemment ajoutée après la réception des dépêches de Balbus et de Dolabella.

10. *En est-il un seul de nous ?* J'ai rétabli la vraie tournure de phrase que Cicéron emploie pour exprimer son indignation.

11. *Imaginez-vous, mon cher Cicéron.* Tout ce paragraphe suit la copie de la lettre de César. Il est de Balbus et s'adresse à Cicéron, et je ne conçois par pourquoi Mongault l'a, sans aucune explication, incorporé dans la lettre de César, qui écrit à Cornelius et à Balbus, et non à Cicéron.

LETTRE CCCLV. 1. *Il veut venger les mânes de Cn. Carbon, de M. Brutus.* Ils avaient été tirés autrefois de l'ordre de Pompée. Le second est le père du célèbre Brutus qui fut au nombre des meurtriers de César.

2. *Par une affectation de sévérité contraire aux anciennes lois.* On se rappelle que, dans son troisième consulat, Pompée ajouta beaucoup à la rigueur des lois contre la brigue, et donna à ses nouvelles dispositions un effet rétroactif. Par-là il avait forcé à s'exiler de l'Italie beaucoup de personnages fort considérables, qui en eussent été quittes pour une amende. Dès que César eut pris possession de son second consulat, en 705, ces exilés se jetèrent dans ses bras, et en furent d'autant mieux accueillis que leur accession renforçait son parti. C'était d'ailleurs un moyen de popularité. En déclarant qu'il ne traiterait en ennemis que

ceux qu'il trouverait les armes à la main, il empêchait ceux qui n'avaient pas encore suivi Pompée, de prendre activement parti pour lui; puis il opposait un contraste frappant entre sa modération et la violence de son adversaire. Celui-ci, en quittant l'Italie, avait menacé de proscription tous les citoyens romains, ce qui nuisit beaucoup à sa cause. Quant à ces paroles, « que César ne faisait rien à Curion, que Sylla n'eût fait faire à Pompée, » on ne voit pas comment Curion peut être taxé de cruauté. Rien, dans sa conduite, ne peut être comparé à l'exécution de Carbon et de Brutus, que Pompée avait immolés à Sylla dans sa jeunesse.

(WIELAND.)

3. *Que Pompée s'était servi de voies de fait pour faire bannir Milon.* La place publique était pleine de soldats lorsque Cicéron plaida pour lui. César en fait un crime à Pompée, quoique d'ailleurs il ne s'intéressât nullement pour Milon, qu'il ne rappela point lorsqu'il fut le maître de affaires. (MONGAULT.)

LETTRE CCCLVI. 1. *Albe.* Il faut que cette Albe, dans le voisinage de laquelle Curion avait une terre, et qui, d'ailleurs, est fort peu connue, ait été située entre Capoue et Formies.

2. *Je cours risque d'être traité ou par celui-ci comme Scévola, ou par Pompée comme L. Scipion.* Mucius Scévola avait péri par Marius, Scipion par Sylla.

3. *Il faut.... s'armer de constance.* C'est le commencement du 18e vers du livre xx de l'*Odyssée.* Selon son habitude, Cicéron n'en donne que les premières paroles.

4. *T. Rebilus.* C'est T. Caninius Rebilus, lieutenant de César dans la Gaule. Il l'avait chargé de faire à Pompée des propositions de paix.

5. *Mais, comme dit l'autre.* Il y a dans le texte *ut ille ait.* Mongault y a introduit l'explication. C'est plus clair, mais cela détruit l'allusion. J'en suis, comme Wieland, revenu à la pensée cicéronienne. Les vers cités sont les 26e et 27e du livre III de l'*Odyssée.*

6. *Je vous ai envoyé un mémoire, par où l'on peut voir, etc.* Il y a, dans beaucoup d'éditions, *quæ Ægyptæ attulit;* mais on n'a pas besoin de cette conjecture de Turnèbe, je l'ai bannie du texte et de la traduction de Mongault.

7. *Vous avez fort bien répondu à Philargyrus.* Je regrette, comme Wieland et Mongault, la leçon *curasti*, qui ramenait le sens à une affaire d'argent; tandis qu'il paraît, comme le croit Ernesti, que ce Philargyrus était quelque Grec qui voulait justifier Dionysius aux yeux d'Atticus.

8. *Nous penserons à ce que vous nous avez recommandé.* De parler à César, afin qu'il dispensât Cicéron de se trouver au sénat.

9. *Trebatius Scévola.* On lui avait donné ce surnom à cause de la grande connaissance qu'il avait du droit, dans lequel les deux Mucius, surnommés Scévola, le grand-pontife et l'augure, avaient excellé. Le surnom ordinaire de Trebatius était Testa.

10. *Sinuesse.* Sur la côte de Campanie.

LETTRE CCCLVII. 1. *Il me marque que ce n'est plus seulement des secours qu'il attend de moi, mais qu'il en appelle à tous mes moyens.* Du singulier *opem* au pluriel *opes*, il y a un jeu de mots manifeste, que Mongault et Schütz ont méconnu, et que Wieland a admirablement rendu. C'est, en effet, de ressources pécuniaires que Cicéron semble s'occuper par cette amplification. J'ai donc changé la traduction de Mongault.

2. *Lors même que j'apprends.* J'ai encore changé la traduction de Mongault. Il n'y a pas dans le texte : « Quoique j'apprenne que ceux à qui j'ai donné la vie sont allés rejoindre mes ennemis. » Ce n'est pas une nouvelle arrivée d'un coup et pour un seul évènement; César parle en général des ingrats qu'il fait quelquefois.

LETTRE CCCLIX. 1. *Quelle sentine de crimes?* J'ai fait ici un changement considérable, en m'écartant des traductions de Wieland et de Mongault, pour suivre le texte de Schütz. Il y avait, au lieu des mots *arca scelorum*, ceux-ci : *in qua erat Eros Celeris*, « dans laquelle (troupe) était Éros, l'affranchi de Celer, » c'est-à-dire Q. Pilius Celer, frère ou cousin de la femme d'Atticus. Mais c'est Victorius qui avait créé cet Éros. D'autres lisaient τέρας *Celeris*. Schütz a repris la leçon des anciennes éditions.

2. *Pedum.* Ville du Latium, entre Tibur, Préneste et Tusculum.

3. *J'attendrai les hirondelles.* Le sens de λελαγοῦσαν a été deviné

par Bosius, parce que l'hirondelle annonce le retour du printemps. Wieland a été littéral : *J'attendrai* le retour de la *babillarde*.

4. *C'est une affaire faite, et c'est là le mal.* Nous voyons dans le livre *de l'Amitié*, que *actum agere* était une expression passée en proverbe qui signifiait, « se tourmenter inutilement sur une chose à laquelle il n'y a plus de remède. »

LETTRE CCCLX. 1. *Volcatius.* C'était un homme sage et modéré, et le plus ancien des consulaires.

2. *Servius sera le plus ardent.* Servius et Titinius, sans doute, n'avaient d'autre but, en envoyant leurs fils faire leurs premières armes sous César, que d'obtenir pour eux-mêmes la permission d'observer la neutralité, en restant en Italie. César leur inspirait bien plus d'effroi que Pompée, qui avait été obligé de s'éloigner. Comment Cicéron, qui d'ailleurs était l'ami de Servius Sulpicius, trouvait-il donc ici sujet de s'indigner? (WIELAND.)

3. *Thurii.* C'est la même chose que Sybaris, dans le golfe de Tarente, du côté du midi.

4. *Nous allons donc.... faire le métier de pirates.* Amère ironie : comme si Pompée, qui possédait tous les vaisseaux de l'état, n'avait eu d'autres ressources que d'affamer Rome et toute l'Italie!

LETTRE CCCLXI. 1. *A la campagne de mon frère.* C'était une terre voisine d'Arpinum.

2. *Il me dit ces vers.* Ce sont les 304 et 305 du liv. XXII de l'*Iliade*. C'est le langage que tient Hector pendant qu'il combat contre Achille. Peducéus s'en servit convenablement pour répondre au conseil que lui demandait Cicéron.

3. *Cet orateur gagé.* Corradus croit que Cicéron veut parler de Volcatius ou de Sulpicius. Il est vrai que l'un et l'autre souhaitaient que les affaires s'accommodassent; mais on ne voit pas pourquoi Cicéron disait de l'un ou de l'autre, *emptum pacificatorem*. Un autre commentateur l'entend de Curion, et il est vrai que César l'avait gagné à force d'argent; mais, à en juger par son caractère, il n'y a pas d'apparence qu'il inspirât à César des sentimens modérés. Si Émilius Paullus était alors à Rome, cela lui convient mieux; nous avons déjà dit que César lui avait donné une somme d'argent considérable, pour l'engager, pendant qu'il était consul, à garder une sorte de neutralité. (MONGAULT.)

4. *Que l'on envoie dès à présent Flavius en Sicile avec une légion.* Le bruit courait alors que cette province lui était déférée; mais César y envoya Cicéron, ce qu'il nous apprend lui-même (*Guerre civile*, liv. 1, ch. 30).

5. *A moins que cet orateur gagé.* La leçon *iste nummarius.* Dans les manuscrits, il y a *summarius;* ce qui donnait la torture aux interprètes. Bosius préférait *summœrius,* dans le sens de *summœnianus;* ce qui, selon lui, devait désigner l'impudicité et les débauches auxquelles Curion s'abandonnait. Gronovius choisit *summanus,* en sorte que ce soit Jupiter ou Pluton; mais la correction de Manuce, que nous avons suivie, est sans contredit la plus heureuse de toutes.

6. *Votre ami Celèr.* C'était un ami ou un affranchi d'Atticus qui faisait ses affaires.

7. *Ce que vous me mandez d'Antoine.* Personne jamais ne décidera de quoi il est question. S'agit-il d'un Antoine ou non? demandez aux ignorans copistes. Quelques manuscrits portent *Marum,* d'autres *Maceum,* d'autres encore *Maccom.* Popma soupçonna qu'originairement il y avait Μακρόν, en sorte que cela signifiât, que d'être éloigné de sa patrie était moins triste, en effet, que ne semble le dire le mot. Il y a peut-être plus d'audace encore que de bonheur dans cette conjecture.

8. *Quant à ces propositions de paix.* Mongault croit que cette fin doit être séparée du corps de la lettre, à partir des mots *Quas quidem credo jam datas esse.* Wieland traduit comme si, au lieu de *cujus,* il y avait *cum de me adhuc.* La suite du discours est alors claire pour tout le monde; et, comme il le remarque fort bien, le morcellement proposé par Mongault devient inutile.

LETTRE CCCLXIII. 1. *Qui sont ceux qui commanderont en Italie pendant son absence.* César laissa à Lepidus, alors préteur, le soin des affaires de Rome, et à Antoine le commandement de l'Italie avec la qualité de *propréteur.*

2. *Si l'on a nommé des députés.* On avait parlé de faire à Pompée des propositions de paix; mais personne ne voulut se charger de cette commission, parce qu'on voyait que César ne souhaitait nullement que les affaires s'accommodassent, et qu'il ne cherchait qu'à mettre les apparences de son côté. En effet, il sut

mauvais gré à Pison, son beau-père, de ce qu'il avait trop insisté là-dessus.

LETTRE CCCLXIV. 1. CICÉRON A ATTICUS. Ordinairement cette lettre fait partie de la précédente, et c'est ainsi que Mongault et Wieland l'ont considérée; mais il suffit de bien comparer le sujet de l'une et de l'autre pour les disjoindre. Dans la première, sont les questions que Cicéron fait à Atticus; mais dans l'autre il demande une lettre, quand même on n'aurait rien à lui dire.

2. *On vous a vu dans la maison des pontifes.* Il y a dans le texte *in regia*, soit parce que Numa passait pour avoir habité cette maison, soit pour tout autre motif. C'était un édifice public situé sur la voie Sacrée. Les pontifes y siégeaient, et César, en sa qualité de *pontifex maximus*, y recevait souvent. S'il en était autrement, les mots *nec reprehendo* seraient dépourvus de sens.

LETTRE CCCLXV. 1. *Lorsque je me suis approché de Rome.* A son retour de Cilicie : Trebatius, jurisconsulte que Cicéron aimait beaucoup, et celui auquel il dédia les *Topiques*.

2. *Ou plutôt à l'assemblée des sénateurs.* Ces mots renferment une protestation contre la composition du sénat, qui était incomplet par l'absence de ses consuls et d'une grande partie de ses membres, et qui, par conséquent, délibérait illégalement.

LETTRE CCCLXVI. 1. *Quand même il serait victorieux.* Tout ce passage ferait l'ornement d'une *Philippique* de Démosthène.

2. *Je n'ai jamais eu pour elle que des sentimens dignes des meilleurs citoyens.* On dirait que Mongault a suivi la leçon *digne* proposé par Ernesti. Je préfère le *divine* du texte ordinaire, mais je ne trouve pas à le bien rendre.

3. *Qu'enfin j'ai prévu, quatorze ans auparavant.* Cicéron parle de l'époque de son consulat. Il vit alors beaucoup de nobles favoriser les conjurés, et parmi eux César.

4. *L'autre.... en est venu à ces extrémités.* Quintus, le fils de Quintus Cicéron, avait écrit à César à l'insu de son père et de son oncle; il l'engageait à ne rien négliger pour détourner ce dernier du projet de quitter l'Italie. Sur les reproches que lui firent de cette action son oncle et son père, il partit pour Rome, comme pour aller réparer cette faute. Cicéron apprit alors qu'il

avait eu un entretien avec Hirtius, sans savoir ce qui y avait été dit. Hirtius, du parti de César, fut consul après sa mort, et périt à la bataille de Modène. Il paraît avoir été de mœurs très-dissolues, et son amitié pour le fils de Quintus nuisit à la réputation de ce jeune homme.

5. *Que César s'était fort emporté contre Metellus.* César voulant pénétrer dans le trésor, Metellus en saisit les portes et s'y opposa. César lui dit que les lois ne s'accordaient pas avec la violence; qu'il ne reconnaîtrait d'autorité que quand il aurait rendu le calme à la république. Mais Metellus fut ferme dans son opposition, et la foule applaudit. César, voyant avec peine que cette démarche lui avait ôté quelque chose de sa popularité, partit sans haranguer le peuple, de peur d'éprouver quelques désagrémens.

6. *Je voulais, m'a-t-il dit, surprendre un décret du sénat.* Et non pas sur un *faux décret du sénat;* interprétation qui serait une véritable absurdité. On pouvait donner le nom de sénat à une complaisante réunion de quelques sénateurs gagnés, sans observer pour la convocation ni délais ni formes, de peur qu'un tribun du parti de Pompée, par exemple Metellus, ne fît intervenir son opposition; mais on ne pouvait commettre un faux, ni supposer l'existence d'un sénatus-consulte.

7. *Ce qu'il a accordé à Philippe.* César lui avait laissé la liberté de demeurer neutre, et cependant il était son neveu par alliance, ayant épousé Attia Julia, fille de la sœur de César, lorsqu'elle était devenue veuve par la mort d'Octavius.

8. *Si César attendait l'interrègne pour faire élire des magistrats.* Cicéron pouvait dire, *s'il fera tenir l'assemblée pour un préteur, ou s'il se fera nommer dictateur.* Quand l'année était finie sans qu'on eût nommé de nouveaux consuls, le sénat nommait un magistrat pour présider à l'élection; il changeait tous les jours jusqu'à ce qu'elle se fît, et s'appelait *interrex.* (MONGAULT.)

9. *Il me jura, ce qui ne lui coûte guère.* Je lis *facit,* et non *faceret.* En général, tout ce passage est fort incertain. On ne sait quoi mettre dans la bouche de Cicéron. Victorius, Lambinus et Grévius ont chacun leur manière de couper le dialogue.

10. *Que c'est bien malgré moi que je pense autrement.* D'accord avec Schütz et Mongault, je conserve la leçon *suspicandum* au lieu

de la vulgate *supplicandum*, que Wieland paraît avoir préférée, si l'on en juge par sa traduction. Cicéron se défend lui-même de croire que le fils de son frère ait pu faire quelque chose de contraire à son bien-être et à la dignité de sa famille. Du reste, le *suspicandum* se trouve dans un manuscrit très-ancien.

11. *Vous donnerez à Terentia l'argent que j'avais chez les Oppius.* Il est question de ces Oppius dans la lettre 330. Je crois qu'il s'agit plutôt d'un crédit ouvert chez ces banquiers. Muret voulait qu'on lût *hospitium Terentiæ dabis;* ce qui paraît inadmissible à Schütz, car Cicéron avait aussi une maison à Rome, et Terentia n'avait pas besoin d'hospitalité. Mais s'il s'agissait de se cacher, que deviendrait la remarque de Schütz? L'essentiel, c'est qu'il ne faut pas être trop hardi en conjectures.

LETTRE CCCLXVIII. 1. *Vous me donnez une commission bien difficile.* Il y a dans le texte le mot Ἀρκαδίαν. Ce qu'on pourrait rendre par ces mots : *C'est tout une Arcadie;* mais, avant tout, il faut être compris, et le lecteur ne reconnaîtrait pas le vers d'où est pris ce mot. C'est un oracle cité par Hérodote :

Ἀρκαδίαν μ'αἰτεῖς, μέγα μ'αἰτεῖς. Οὔτοι δώσω.

« Vous me demandez l'Arcadie, vous me demandez beaucoup; je ne vous la donnerai pas. »

L'expression était devenue proverbiale pour le refus de toutes les prétentions exagérées. Il s'agit de la surveillance à exercer sur Quintus.

2. *Je ne serai pas néanmoins plus indulgent que vous.* Victorius voulait qu'on lût *molestior,* de sorte que Cicéron dit à Atticus, qu'il ne voulait pas être plus importun en lui confiant la surveillance du jeune Quintus.

3. *J'ai porté sur-le-champ cette lettre à Vestorius, qui s'en était informé plusieurs fois.* Vestorius attendait avec impatience une lettre qui lui est transmise par Cicéron, et non pas que lui écrit Cicéron. Que fait dans tout cela la fille de Cicéron? Pourquoi mettre nos conjectures dans son texte?

4. *Je ne saurais assez m'étonner de son peu d'attention.* Dans la fixation d'un terme de paiement qui était incommode à Cicéron,

parce qu'il était trop rapproché, et qu'alors l'argent était fort rare, et par conséquent fort difficile à se procurer.

LETTRE CCCLXIX. 1. *Je le fais avec soin.* C'est une allusion à un vers des *Adelphes* de Térence. Déméa raconte à Syrus comment il s'y prend pour amener Ctésiphon à ses fins. — *Vous savez le reste.* La pièce étant fort connue, Cicéron n'avait que faire de continuer sa citation.

2. *On dit.... que Pompée va passer dans les Gaules par l'Illyrie.* Apparemment qu'il voulait de là passer en Espagne, où il avait des forces considérables; mais il n'y pensait point : il espérait tirer de plus grands secours des provinces de l'Orient, et il se flattait que Petreius et Afranius, ses lieutenans en Espagne, empêcheraient César d'y pénétrer. (MONGAULT.)

LETTRE CCCLXX. 1. *Siponte.* C'était une ville assez considérable de l'Apulie; on en voit encore des restes dans les environs de Manfredonia. Atticus voulait faire croire qu'il ne sortait d'Italie que pour aller mettre ordre à ses affaires en Épire.

2. *Je regarderai l'Épire comme m'appartenant.* J'ai rétabli l'expression latine. Je sais bien qu'il s'agit de la maison d'Atticus; mais la pensée de Cicéron n'était pas rendue par Mongault : il veut dire que, grâce à Atticus et à ses vastes possessions, il peut librement parcourir toute la province d'Épire. Wieland a justement traduit : « Je me croirai chez moi en Épire. »

LETTRE CCCLXXI. 1. *Postumia.* Postumia était épouse de Sulpicius, et mère de Servius. Suétone met Postumia au rang des femmes dont César avait été amoureux.

2. *Considérez le cours des affaires.* César avait déjà chassé Pompée de l'Italie, et faisait alors la guerre en Espagne contre ses lieutenans; la mer Adriatique était occupée par Dolabella, celle de Sicile par Curion, la Sardaigne par Valerius, et presque toute l'Italie par Marc-Antoine.

LETTRE CCCLXXII. 1. *Comme elles choquaient autrefois la vôtre.* Il s'agit de l'époque où Célius était si bon citoyen, si opposé à tous les méchans : « Aucun citoyen ne déploya plus de courage qu'il n'en a mis dans son tribunat à défendre la cause du sénat et des honnêtes gens contre l'extravagante et séditieuse po-

pularité des pervers, etc. » *Voyez* t. iv, p. 433 de notre *Cicéron*.

2. *T. Ampius.* Il n'y a pas de doute que son discours ne fût menaçant. Cet homme fut appelé par les partisans de César, *la trompette de la guerre civile.*

3. *Dolabella.* Dolabella, en épousant Tullie, avait des dettes considérables, résultat de ses débauches et de son inconduite. Il fallait, pour le sauver de ses créanciers, toute la considération de Cicéron et toute la protection de César. Ce fut le principal motif du parti qu'il prit dans la guerre civile : il ne voulait que s'enrichir et payer ses dettes ; mais César, épuisé par ses dépenses et ses libéralités, ne put pourvoir à tout. Les embarras pécuniaires de Dolabella ne firent que s'accroître ; c'est la source des chagrins de Cicéron.

4. *On cherche à retenir Oppius par quelque emploi.* Il ne fallait à l'ambition d'Oppius rien moins que la préture ou le consulat.

5. *Curtius pense à l'augurat.* Wieland dit mieux que Mongault : « Il songe à l'écarlate et à la pourpre. » Cela explique le *dibaphum* du texte ; ce qui signifie « deux fois teint. »

LETTRE CCCLXXIII. 1. Cicéron a Rufus. Ce Mescinius Rufus est celui qui avait été le questeur de Cilicie, sous le gouvernement de Cicéron. Nous avons déjà expliqué avec quelque peine une grande lettre qu'il lui avait écrite au sujet des comptes, puis d'une affaire fort embrouillée pour les entreprises des Valerius et des Volusus. *Voyez* la lettre 302, t. iv, p. 405 de notre Cicéron.

2. *Je vous regarderai comme mon ami.* J'ai changé toute cette phrase, que Prévost avait rendue fort niaise en s'éloignant du sens.

LETTRE CCCLXXIV. 1. *A opiner avec Gabinius.* Ce Gabinius, ami et chaud partisan de César, avait été consul en 696, avec L. Pison ; alors il s'était déclaré pour Clodius, et toujours il avait été l'ennemi de Cicéron. Celui-ci pensait que, rappelé de son exil par César vainqueur, Gabinius tiendrait dans le sénat un rang supérieur au sien.

2. *Plaguleius, client de C. Ateius.* Il y a dans les manuscrits

Cateli, *Catelli* ou *Catei*. Cette dernière leçon a fourni à Bosius l'idée de lire *C. Ateii*, en sorte qu'il fût question de C. Ateius Capiton, jurisconsulte, disciple de Servius Sulpicius, ou bien du père de cet Ateius. Plaguleius en était le client.

3. *Mes plus intimes amis*. Cicéron pouvait compter sur la reconnaissance de ceux qu'il avait défendus ; mais ils avaient été condamnés légalement : leur réintégration eût été le résultat de la violence : dès-lors un homme tel que Cicéron devait voir avec douleur qu'ils prissent part aux affaires, lors même qu'il n'en avait rien à craindre. Plus haut, quelques personnes, entre autres Mongault et Wieland, lisent *Clodius votre client*. On ne sait rien de ce *Clodius*. Manuce a retiré du manuscrit de Bessarion la leçon *Clodius*. Cela pourrait s'appliquer à Sextus Clodius, alors exilé, qui avait quelques rapports d'amitié avec Atticus.

4. *Avec de nombreux vaisseaux*. J'ai ajouté ces mots à la traduction de Mongault. Le texte est fort altéré : nous ne rendrons pas compte des controverses des commentateurs. J'ai suivi la leçon de Gronovius, comme l'a fait Schütz. Il m'a fallu tout changer, sans cependant m'attacher littéralement au sens de paroles qui, à coup sûr, ne sont pas celles de Cicéron. Il faut donc deviner et s'enfuir bien loin de ce passage et de ses conjectures. Mongault n'avait pas traduit du tout, Wieland non plus ; j'ai fait de même.

5. *Je ne parle pas de ceux dont Appius mon collègue a donné les principes*. Il a fallu ici le nom d'Appius. Victorius l'y a remis au lieu d'*Atticus* qu'on lisait et que Tunstallus défend : mais en mettant Appius par le motif qu'Atticus n'est pas augure, il fallait dire *mon collègue*, et non *notre collègue*, comme l'a fait Mongault. Appius avait écrit et dédié à Cicéron un traité sur la description des augures.

6. *La manière dont il a traité Metellus*. Ce tribun du peuple s'étant opposé à ce que César forçât les portes du trésor public, celui-ci voulut le faire tuer.

7. *Ils ont mangé en deux mois leur patrimoine*. Il s'agit de Curion, d'Antoine, de Dolabella, qui tous étaient perdus de dettes.

8. *A moins que vous ne vouliez que je meure dans mon lit comme Sardanapale*. Qui se brûla dans son palais avec ses concubines et ses trésors.

9. *Selon ce que dit de lui Thucydide.* Le passage que transcrit ici Cicéron se trouve au premier livre de la *Guerre du Péloponnèse*, ch. CXXXVIII.

10. *Les jours de Scipion l'Africain.* Il fut un matin trouvé mort dans son lit, et l'on supposa qu'il avait été tué par les siens. Il paraissait à son cou et à son visage qu'il avait été étranglé. Ce fut pour cela qu'on le porta en terre le visage couvert. C'était le second Africain, celui qui, devant le peuple, avait approuvé la mort de C. Gracchus, raison pour laquelle on soupçonna Sempronia sa femme, et sœur des Gracques, de l'avoir fait périr.

11. *Marius.... n'aurait pas été réduit par Sylla à de si cruelles extrémités.* Lorsqu'il se cacha dans les marais de Minturnes.

12. *Je n'ai garde de me soumettre à ceux contre qui le sénat m'a ordonné de prendre les armes.* Lorsqu'on eut appris que César était entré en Italie, le sénat ordonna aux consuls et à tous ceux qui avaient quelque commandement, de défendre la république. Comme Cicéron n'était point rentré dans Rome depuis qu'il avait quitté son gouvernement de Cilicie, il était encore *cum imperio*, et cet ordre le regardait, *Viderint ne quid respublica detrimenti caperet.* C'était la formule dont on se servait dans les grandes extrémités. (MONGAULT.)

13. *Misène.* Antoine y avait une maison de campagne, une *villa*.

14. *Une lettre fort peu amicale.* Mongault avait dit *qui ne promet rien de bon*; mais j'ai mieux rendu l'*odiosas* du latin. Wieland a dit aussi *une lettre désagréable*.

15. *A cause de nos anciens différends.* Ils avaient été concurrens pour une place d'augure, et Cicéron l'avait emporté. Il y avait de cela deux ou trois ans.

16. *Qui a commencé par vous nuire.* En favorisant l'adoption de Clodius et l'exil de Cicéron, qu'il aurait pu empêcher. On se rappelle que Cicéron a dit, dans la lettre 3 du liv. VIII (326ᵉ de ce Recueil) : *Ille restituendi mei, quam retinendi, studiosior*.

LETTRE CCCLXXV. 1. CICÉRON A ATTICUS. Manuce réunissait cette lettre à la précédente; mais il est évident qu'il faut les séparer, ne fût-ce qu'à raison de cette phrase qu'il prête à Atticus : « Où est donc, me disiez-vous, ce courage qui paraissait dans votre dernière lettre ? » *proximis litteris*. Or, si Manuce avait raison,

ce n'est pas dans la dernière lettre, mais dans celle-là même que Cicéron déployait ce courage.

2. *On assurait que Petreius avait joint Afranius.* Cette nouvelle n'en était pas moins véritable, quoique Philotime n'en eût pas entendu parler.

3. *Mon fils unique.* Plusieurs éditions portent *unicam filiam;* mais, par la lettre de Célius, on voit bien qu'il s'agit du fils et non de la fille de Cicéron. Partout, dans cette lettre, on lit *si filius unicus;* or, Cicéron ne fait que citer, que transcrire. Nous avons donné les lettres de Célius; c'est la lettre 367 de ce Recueil. Dans les autres éditions, elle paraît deux fois, savoir : à la suite de celle-ci, puis elle est la 15ᵉ du liv. viii.

LETTRE CCCLXXVI. 1. *Quel aveuglement à moi, de n'avoir point prévu ce qui m'arrive aujourd'hui!* C'est-à-dire qu'on lui défendrait impérieusement de quitter l'Italie.

2. *Voici la réponse insolente qu'il me fait là-dessus.* Littéralement, « la réponse d'ivrogne. » Antoine était fort débauché; Cicéron voulait dire qu'il lui avait répondu entre deux vins : παροινικῶς. Victorius lisait τυραννικῶς; ce qui peut aller, mais ce qui est loin de valoir l'autre leçon.

3. *Voilà ce qui s'appelle commander à la baguette.* Je ne suis pas content de cette traduction de *Habes :* σκυτάλην Λακωνικήν. Je sais bien que Cicéron fait allusion à l'usage lacédémonien d'écrire sur des lanières roulées autour de bâtons. Sans entrer dans aucun détail à ce sujet, je dirai que je ne respecte la traduction de Mongault que comme conservatrice de ce sens caché; mais qu'il serait bien plus naturel de dire : *c'est bien là le fouet lacédémonien!*

4. *Je recevrai bien mon homme.* C'est-à-dire : *il aura affaire à trompeur et demi; je le sonderai, je l'endormirai, et je partirai sans qu'il s'en doute.* Mongault n'avait que faire de discuter pour cela le sens des différentes acceptions du verbe *excipere.*

5. *Je crierai bien haut, etc.* En conservant la traduction de Mongault, nous avons mis dans le texte la correction *tentabo ut persuadeam.*

6. *Je saurai bien m'échapper malgré qu'ils en aient.* Je prends la leçon *clam hinc istis invitissimis* de Schütz. Il y avait dans un manuscrit *cati hinc,* dans un autre *cartis hinc,* d'où Bosius avait

fait *carris*. C'est bien fait de donner à Cicéron des chariots pour s'en aller, mais cela convient plus à un entrepreneur de convois militaires qu'à un commentateur.

7. *Les nouvelles qui sont venues de Marseille.* Ils avaient fermé leurs portes à l'armée de César, sous prétexte de demeurer neutres, disant que ce n'était point à eux à juger entre César et Pompée. Cette ville jouissait alors d'une espèce de liberté sous la protection des Romains. César en forma le siège et le laissa achever à ses lieutenants, qui la prirent. (MONGAULT.)

8. *Cythéride.* C'est la Lycoris de Virgile; elle avait quitté Gallus pour Antoine.

9. *Et peut-être quelque chose de pire.* Dans le texte, *amicarum an amicorum*, « sont-ce des maîtresses ou des mignons? » Wieland a traduit, « des maîtresses des deux sexes. » J'avoue que j'aime mieux la traduction de Mongault. Il y a dans Dion un passage semblable.

10. *Il a beaucoup de dispositions, mais il faut veiller à son caractère.* Mongault, en prenant en mauvaise part le *mirum ingenium*, en l'appliquant au caractère, a fait un singulier contresens. J'ai corrigé toute cette fin de lettre.

LETTRE CCCLXXVII. 1. *Quoi! Balbus ose aspirer au rang de sénateur?* Il ne s'en tint pas là, il fut consul en 714. Pline dit de lui que cet Espagnol parvint à des honneurs qu'autrefois on avait refusés aux peuples du Latium.

2. *La qualité de* MONETALIS. Cicéron, en adressant sa lettre de la sorte, jouait sur ce mot et rappelait ainsi l'exigence pécuniaire de Vectenus, qui s'en sera fâché. Pour l'apaiser, Cicéron donne à sa plaisanterie une autre tournure : « Il a été étonné de se voir appeler *proconsul*, et, rendant titre pour titre, il a répondu par celui de *monetalis*. » Tel est le véritable sens que j'ai rétabli. Mongault semblait faire consister la susceptibilité en ce qu'un seul titre avait été donné, et en ce que Cicéron n'avait pas dit *triumvir de la monnaie*, en écrivant à Vectenus. Ce n'est pas une susceptibilité de titres, c'est une plaisanterie mordante.

LETTRE CCCLXXVIII. 1. *Il avait écrit pour moi à Hortensius.* Il commandait une partie du littoral de la mer Inférieure, et pouvait être fort utile à la fuite de Cicéron.

2. *J'étais sûr du commandant de Rhegium.* Il y avait aussi sur la mer Inférieure un chef militaire appelé Basilus, et Corradus croit que son nom est traduit ici en latin; en sorte qu'il s'agirait de L. *Minutius Basilus.* J'aimerais mieux la conjecture de Mongault, qui, faute de personnage auquel il puisse appliquer le nom de *Rheginus,* le traduit ou plutôt l'explique, en disant celui de Rhegium, *le chef qui commande à Rhegium.* Alors il faudrait lire *Rheginus.* Wieland n'a pas fait de difficulté d'admettre cette ingénieuse idée dans sa traduction : je l'ai imité.

3. *J'attends ici Servius Sulpicius.* En ajoutant « j'espère le trouver dans de bonnes dispositions, » Mongault s'était écarté de la tournure de phrase que recherchait Cicéron. Celui-ci tient surtout à employer le même verbe : « En l'attendant, je n'attends de lui rien de raisonnable. »

4. *Je me propose souvent l'exemple de Célius.* C. Célius Caldus, consul en 659. Il réunit quelques troupes dans la basse Italie pour s'opposer à la tyrannique usurpation de Sylla. Carbon, qui commandait les restes des forces de Marius et de Cinna, se joignit à lui; mais ils succombèrent bientôt sous le nombre. Il faut que Cicéron, qui avait encore le titre d'*imperator* et des licteurs, ait cru l'occasion favorable, et que sérieusement il ait conçu le projet d'imiter Célius. Il aurait pu, sinon soulever l'Italie pour Pompée et la république, du moins conduire sa petite armée à Caton, en Sicile, et assurer ainsi la possession de cette île, d'où on aurait pu méditer d'ultérieures expéditions. Toutefois, il n'était pas homme d'exécution, et ne se laissa point aller à cette velléité qui, en cas d'échec, l'eût exposé aux railleries des deux partis. (WIELAND.)

5. *Je ne me rebuterai point.* Il y a dans le latin *Peloponnesum ipsam sustinebimus :* « Je ferai l'impossible; le Péloponnèse viendrait tout entier, que je soutiendrais son effort. » Les critiques ont fait plusieurs conjectures sur les allusions que peut renfermer ce passage; et peut-être, en effet, cette plaisanterie a-t-elle quelque rapport avec l'adage de la lettre 368, où il est aussi question de la difficulté de conduire Quintus.

LETTRE CCCLXXIX. 1. *Il ne faut pas que les lions d'Antoine.* Antoine nourrissait des lions, et peut-être les faisait-il dés-

lors atteler comme il le fit depuis. Pline et Plutarque ne nous parlent que de l'époque qui suivit la bataille de Pharsale.

2. *L'île d'Ænaria.* Sur les côtes de Campanie, maintenant *Ischia.*

3. *Apparemment que Silius, Ocella.* Le premier était préteur de Bithynie en 702, le second est Servius Ocella. Ils étaient retenus en Italie pour qu'ils ne pussent rejoindre Pompée.

4. *J'apprends que Curtius vous en fait.* Probablement en ne remboursant point à Atticus ce qu'il lui devait, ce qui l'empêchait de partir pour l'Épire; ou bien en refusant à Atticus la permission de sortir de l'Italie, parce que Postumus Curtius, qui était du parti de César, se méfiait de lui.

5. *Quoique vous ayez, ce me semble, un passe-port.* On ne sait ce qu'il y avait dans ce texte. Bosius, à force de rapiécer, de conjecturer et de restaurer, est parvenu à lire κέλητα ἄοκνον, un coursier infatigable; puis tout le monde s'est écrié qu'il s'agissait d'un passe-port, ou, si l'on veut, d'une de ces feuilles de route qui mettaient à la disposition du voyageur les chevaux du service public et les relais. On se sert de l'analogie de ce passage, lettre 383, pour conjecturer qu'il faut lire ici : *habes ex diplomate,* κέλητα ἄοκνον. En effet, Atticus, s'étonnant de cette pensée de Cicéron, la réfute, et celui-ci à son tour dit : *De diplomate admiraris.* Toutefois il y a une difficulté, c'est qu'il n'y a pas de trace certaine de ces relais avant les empereurs.

LETTRE CCCLXXX. 1. *Il vaut mieux que je lui cache mon départ.* L'absence d'un mot rend ici le texte fort obscur. Je crois qu'il faut suppléer *quam ad idem cohortandus* ou *vocandus.*

LETTRE CCCLXXXI. 1. *Par un de ses débiteurs.* Il y a mille manières de corriger ce passage, si corrompu qu'il a exercé tous les commentateurs. Grévius a trouvé la leçon la plus plausible, celle que nous avons suivie avec Schütz et Mongault. Funisulanus n'est point payé de son débiteur, *cui expensum tulerit morari;* cependant il lui a écrit pour le presser : « S'il paie, et que déjà vous ayez l'argent, envoyez-le-moi par vos messagers, car telle est son intention.

2. *Il y a une infinité de gens auxquels il ne faut qu'un drapeau.*

Tel est le sens de *vexillum*, et non pas *qu'un chef;* il s'agit d'un signe de ralliement.

3. *Qui se repent d'avoir été consul.* Parce que, dans son consulat, il s'était fortement prononcé contre César, et s'était ainsi attiré sa colère.

4. *Il se donne beaucoup de peine à emprunter afin de vous payer.* C'est le sens de *versura*, que Mongault avait complètement méconnu. *Versuram facere,* c'est éteindre une dette en en contractant une autre. Il ne fallait donc pas dire : « S'il ne vous a point encore payé, ce n'est pas ma faute. » Cicéron, au lieu d'abandonner son frère, ou de séparer sa cause de la sienne, rend hommage à son zèle et à sa bonne foi.

5. *Gallius.* Ce Gallius, les commentateurs en font le fils d'Axius passé par adoption dans la famille Gallius; en sorte qu'il devait s'appeler Gallius Axianus. Cicéron, qui avait déjà prêté treize mille sesterces, se plaint qu'au lieu de les lui rendre, on lui en demande encore.

LETTRE CCCLXXXII. 1. *Curion m'a mandé.* Curion avait eu mission de César de s'emparer de la Sicile, contre le parti de Pompée, et Caton n'avait pas tenu. Aussi Cicéron pense que la conduite ferme de M. Aurelius Cotta sera opposée à sa mollesse, et sera pour lui un sujet de honte; mais, peu de temps après, Cotta lui-même fut chassé par les troupes de César.

2. *Je me suis souvenu du sort de Célius.* Dans la lettre 378, il avait promis de l'imiter; désormais il ne songe plus qu'à sa fin malheureuse. L'occasion pouvait n'être pas belle, mais les commentateurs font ici de graves reproches à Cicéron de cet excès de prudence.

3. *C'est savoir mieux vivre qu'Antoine.* Celui-ci, son collègue dans l'augurat, n'était pas même venu le voir. Il se faisait suivre de la fameuse comédienne Cythéride.

LETTRE CCCLXXXIII. 1. *Que je voudrais qu'il fût toujours de même!* Le latin est fort laconique. Je serais tenté de croire que c'est une phrase inachevée que Cicéron a suspendue à dessein. *Vellem cetera ejus....* « Je voudrais que pour le reste.... »

2. *L'équinoxe nous arrête; il est fort orageux cette année.* Voilà le véritable sens. Mongault l'a méconnu en traduisant :

« Nous attendons l'équinoxe, il est fort reculé cette année. » Il n'était pas, cette année, plus reculé que les autres ; mais l'année était dérangée par les mauvaises intercalations, par le système erroné introduit dans le calendrier. Il ne faut donc rien changer à la date de cette lettre. Corradus a eu une idée bien ridicule, quand il a dit que l'équinoxe n'était autre qu'Antoine lui-même, parce qu'il dormait tant, qu'il égalait les nuits aux jours.

3. *On ne peut être mieux disposé.* Et non pas *plus honnête*, ce qui s'écarte du véritable sens de *liberalius*, pour en faire une niaiserie.

4. *Quant à ce que je vous ai écrit de ce passe-port.* — Voyez la lettre 379, où cette affaire est déjà indiquée. Le crime eût été de reconnaître l'autorité de César.

LETTRE CCCLXXXIV. 1. Cicéron a Atticus. Cette lettre est la dernière de l'an 704 qui soit adressée à Atticus. Le 7 juin, Cicéron s'embarqua avec son frère et les deux jeunes Cicéron, pour passer au camp de Pompée auprès de Dyrrachium. Il n'est pas croyable que pendant sept mois entiers toute correspondance ait cessé entre les deux amis. Sans doute les occasions de s'écrire étaient devenues bien rares, mais enfin on en profitait quand il s'en présentait une. Wieland suppose que ces lettres étaient de nature à n'être point conservées, et qu'Atticus les a détruites.

2. *Ses belles promesses n'étaient que des enfantillages.* Les promesses d'Hortensius n'étaient qu'un vain babil d'enfant, sans consistance. Mongault a traduit : « s'en sont allées en fumée. » Ce n'est pas l'idée ; Cicéron veut dire qu'Hortensius se laisse mener par Salvius comme un faible enfant.

3. *J'ai partout des espions à mes côtés.* Il y a dans le texte Κωρυκαῖοι. Il y avait dans l'Ionie un promontoire appelé Corycus ; les peuples de Pamphylie qui en portaient le nom, cherchant un moyen de n'être point maltraités des pirates qui s'étaient établis chez eux, imaginèrent de se déguiser et de parcourir les ports voisins. Là, ils s'informaient du nombre des vaisseaux qui allaient appareiller, de leur cargaison, de leur destination, du nom de leurs maîtres et des passagers ; puis ils rapportaient le tout aux pirates : aussi le nom des Corycéens devint-il l'équivalent de celui d'espion. Il y avait en Cilicie un autre promontoire du même

nom dont les habitans s'appelaient *Corycii*, ou Κωρυκαῖοι. Il ne faut pas confondre les uns avec les autres.

4. *Je juge.... que je ne dois point me retirer à Malte.* Balbus était l'interprète de la pensée de César. Cicéron conclut de la conversation de Balbus avec Atticus, que ce parti déplaît à César, qui ne le verrait pas avec plaisir à Malte, d'où il ne manquerait pas de joindre Pompée.

5. *Dans une situation où le courage et la prudence ne servent plus à rien.* Littéralement : « Il n'est plus possible de se conduire avec courage ni avec prudence. » Mongault s'était trop éloigné du texte.

LETTRE CCCLXXXV. 1. *Notre Tullia.* Prévost a soin d'en faire « notre *petite* Tullia. » En effet, la pauvre *petite* avait été mariée et répudiée une couple de fois, et la qualification lui va bien ! Le diminutif latin ne demandait pas un adjectif aussi mignon. J'ai aussi changé le reste de la phrase, que Prévost avait rendue passablement impertinente pour la femme de Cicéron ; il y a : « Qui nous est plus chère que la vie. » C'est un sentiment commun aux deux époux, et non exclusif.

2. *Je vous prie de lui en rendre grâces.* Prévost, se fondant sur une interpolation de la glose, avait introduit dans son texte Apollon et Esculape, et il chargeait Tullie de *leur* en rendre grâces. Ce n'est pas tout encore ; il veut, dans sa note, que la piété des femmes ait été plus spécialement chargée de pratiques superstitieuses : mais qui ne voit que Tullie, étant seule à Rome, pouvait seule répondre au désir de Cicéron ; et qu'il est tout simple que les femmes soient allées fréquenter les temples ?

LETTRE CCCLXXXVI. 1. *J'ai en Asie deux millions deux cent mille sesterces.* Environ quatre cent cinquante mille francs, et non pas deux cent mille livres, comme le dit Mongault, en faisant passer la somme pour le montant des économies de Cicéron pendant une année de gouvernement.

2. *Sur la foi d'un homme qui depuis long-temps ne vous trompe plus.* J'ai suivi la leçon ordinaire. Wieland me semble avoir fait ici un contre-sens, en disant, « qui depuis long-temps ne me trompe plus. » C'est Atticus qui était désabusé sur le compte de Philotime, et non pas Cicéron.

LETTRE CCCLXXXVII. 1. *On ne m'avait pas dit qu'on eût retranché sur sa dot, etc.* Il s'agit probablement de dilapidations de dot commises par Dolabella. On a fort bien remarqué qu'il ne pouvait être ici question de la dot de Terentia; il est plus vraisemblable que Terentia et Philotime, son affidé, avaient contribué à cette déprédation. Je ne crois pas du tout qu'il soit question de Crassipès, auquel Mongault applique ce passage dans une note assez longue sur les restitutions de dot.

2. *Ce que Chrysippus m'a dit de ma maison.* Les gens du parti de César voulaient la lui ôter, parce qu'il avait passé du côté de Pompée.

LETTRE CCCLXXXVIII. 1. *Oui, je sens que la colère et la tendresse m'ont fait renoncer à la raison.* La colère contre Appius qui s'était déclaré pour Pompée; la tendresse pour Curion, partisan de César. Cette lettre paraît avoir été écrite après la bataille de Pharsale. Édile curule, Célius s'était d'abord déclaré pour l'aristocratie; mais c'était un homme perdu de dettes : quand César eut passé le Rubicon, Célius fut un des premiers à se déclarer publiquement pour lui. Il en donne ici d'assez mauvaises raisons. Les projets qu'il annonce sont extravagans. Il ne réussit qu'à se faire dépouiller de la préture et chasser du sénat. Alors, secondé par Milon, il essaya de soulever contre César quelques peuples de la haute Italie, et fut tué en cette même année à Thurium, par quelques cavaliers gaulois et espagnols qu'il essayait de détacher du parti de César.

2. *Les cruelles menaces de votre Pompée.* Il avait fait proclamer qu'il traiterait en ennemis tous ceux qui étaient demeurés dans la ville.

3. *A la réserve de quelques usuriers.* Ils étaient dévoués à César, parce qu'il leur avait garanti la rentrée de leurs capitaux en y affectant des fonds de terres.

LETTRE CCCLXXXIX. 1. DOLABELLA A CICÉRON. Au moment où Dolabella écrivait cette lettre, il était tribun du peuple, en 705, sous le second consulat de César. Tous les amis de Cicéron lui écrivaient alors dans le même sens.

2. *S'est vu enlever une armée de vétérans.* Cette armée d'Espagne était la meilleure ressource de Pompée. De là, Suétone fait

dire à César, lorsqu'il partit pour l'Espagne, qu'il allait contre une armée sans chef, et qu'il reviendrait combattre un chef sans armée. (Prévost.)

LETTRE CCCXC. 1 *L'on m'a même écrit que la fièvre vous avait saisie tout d'un coup.* C'est cette même maladie dont Dolabella parle dans la lettre précédente.

LETTRE CCCXCI. 1. *Cette affaire du 1er juillet.* En l'absence de Cicéron, et pendant qu'il songeait à marier sa fille, celle-ci, de concert avec sa mère, s'était liée à Dolabella, dont les qualités aimables les avaient séduites. Cicéron n'eut donc qu'à donner son consentement à cette union. Cependant elle ne prospéra pas : Dolabella était un grand dissipateur; il donna, d'ailleurs, d'autres sujets de plaintes à Tullia, qui songeait sérieusement au divorce. Dès-lors, pourquoi payer un terme de la dot? D'un autre côté, Dolabella peut être utile à Cicéron près de César, ce n'est pas le moment de rompre. Que de raisons d'incertitude! on conçoit les hésitations de Cicéron.

2. *Si, avant de partir, je vous avais consulté plutôt de vive voix que par lettres.* Depuis que Cicéron eut quitté Rome avec Pompée, jusqu'à ce qu'il partit pour la Grèce, il ne vit plus Atticus. Il se repentait alors d'avoir été le jouet de Pompée, et il suppose que si Atticus l'eût vu, il l'aurait déterminé à rester en Italie, en lui faisant mieux connaître le mauvais état où étaient ses affaires domestiques.

LETTRE CCCXCII. 1. *Je serai bien aise de retirer la maison de Frusino.* On voit par la lettre 408, qu'il l'avait vendue sous condition de réméré. Cette terre était située au pays des Volsques, près du moderne *Frusillone*, en deçà de la rivière Cosa.

2. *Céler.* Q. Pilius Céler, frère ou cousin de la femme d'Atticus.

3. *Nous viendrons aussi aisément à bout du reste.* Le combat de Dyrrachium inspira tant de confiance au parti de Pompée, que déjà il regardait la guerre comme finie.

4. *Brutus.... fait paraître beaucoup de zèle.* Avant la guerre civile, il avait toujours affecté de faire paraître sa haine pour Pompée, qui, pendant la première guerre de Sylla, avait fait mourir son père. Brutus ne lui avait jamais parlé, et ne le saluait

même pas lorsqu'il le rencontrait; mais il sacrifia à la république et à la bonne cause un si juste ressentiment.

LETTRE CCCXCV. 1. Dans l'édition de Schütz, cette lettre commence une nouvelle série, qui s'étend du retour de Cicéron en Italie, jusqu'au temps où César partit pour la guerre d'Afrique.

2. *Secondez-moi donc autant que vous le pourrez.* Il avait offensé doublement César : premièrement, en prenant les armes contre lui ; secondement, en revenant en Italie sans sa permission. D'un autre côté, il était en grande inquiétude ; car le parti de Pompée, quoique vaincu à Pharsale, pouvait se relever et lui en vouloir beaucoup de sa défection, s'il allait rejoindre César.

LETTRE CCCXCVI. 1. Wieland place cette lettre avant la précédente. « Atticus, dit-il, dut être bien étonné du parti que Cicéron prit si brusquement, tandis que peu auparavant il écrivait encore de Dyrrachium, qu'il irait en Thessalie joindre Pompée. Depuis ce moment, il s'était passé des choses si extraordinaires, que Cicéron pouvait et devait avoir changé d'idée. Caton était à Dyrrachium avec quinze cohortes, quand la nouvelle de la bataille de Pharsale y parvint : il offrit à Cicéron le commandement; mais celui-ci s'y refusa, préférant, comme toujours, le parti de la paix. S'il en faut croire Plutarque, Sextus, l'aîné des fils de Pompée, en fut si irrité, qu'il tira son glaive, et que, sans Caton, il eût sur-le-champ tué Cicéron, qu'il appelait déserteur de la bonne cause. » Cette anecdote ne peut être regardée comme authentique. Toutefois, Cicéron dit quelque part qu'il pensa lui en coûter la vie, pour avoir si courageusement conseillé la paix. Wieland croit que Cicéron aura eu, pour revenir en Italie, d'autres raisons encore, des raisons domestiques que nous ne pouvons connaître, et qu'il ne se serait pas, sans cela, exposé au blâme public, en donnant un démenti à sa conduite passée.

2. *Je ne sais que vous demander.* J'en suis revenu au véritable sens, dont Mongault s'est trop écarté, puisqu'il ne s'agit pas de recommandation à faire à Atticus, mais de services à obtenir de lui.

3. *Basilus.* C'est Minutius Basilus qui avait été préteur, et qui

NOTES. 377

fut l'un des meurtriers de César. La lettre 15 du livre vi lui est adressée.

4. *Servilius.* P. Servilius Isauricus, consul avec César, était collègue de Cicéron dans le collège des augures.

5. *Vatinius.* Autrefois ennemi de Cicéron, il s'était réconcilié avec lui. Cet orateur avait même plaidé pour lui.

6. *A Patras, mon frère.* Je ne sais pourquoi Mongault rejette l'indication de cette ville à la phrase suivante, comme il lui plaît d'ajouter que l'on est parti pour « aller trouver César. » Au moins, Wieland a mis cette destination entre parenthèses ; mais il ne faut pas faire dire par les auteurs eux-mêmes ce que nous savons d'ailleurs. Peut-être les deux frères se querellèrent-ils sur les conseils qu'ils s'étaient donnés, quant au parti à suivre.

LETTRE CCCXCVII. 1. *La maladie de notre chère Tullia.* Tullia était malade à Rome, et non à Brindes, auprès de son père. S'il en eût été ainsi, il n'aurait plus eu besoin de s'approcher pour être à portée d'avoir de ses nouvelles.

LETTRE CCCXCVIII. 1. *Je les ai fait revenir dans ma maison.* Cela a rapport aux licteurs que Cicéron ne voulait pas quitter avant d'être rentré dans Rome, et que cependant il perdit dans la foule à Brindes, pour éviter une rixe avec les soldats de la garnison : il les réunit ensuite chez lui : *Recepi tamen postea ad me domum.* Ces mots achèvent le sens, au lieu d'en commencer un nouveau. Mongault lisait *recipio tempore me domum*, et traduisait : « Je vous promets d'aller à Rome quand il en sera temps. » Wieland a aussi suivi la leçon de Grévius, selon laquelle Cicéron ne quittait guère son logis à cause de cela ; mais, comme on voit, dans un tout autre sens, puisqu'il fait garder la chambre à Cicéron, tandis que Mongault le met en belle humeur. Quant à moi, je pense, avec Gronovius et Schütz, qu'il faut lire *recepi tamen postea ad me domum*, et sous-entendre *lictores*. Il faut joindre dans le paragraphe suivant Oppius et Balbus.

2. *La mort de Pompée.* Les amis du jeune Ptolémée le firent tuer quand il débarqua à Péluse. On envoya pour cette expédition Atilius, préfet royal, et Septimius, tribun des soldats. Que l'on ne s'étonne pas que Cicéron parle ici de la mort de Pompée avec

tant d'indifférence ; ce chef avait terni sa gloire par son hésitation et sa faiblesse; et, dans ces circonstances, c'est encore beaucoup de l'éloge qu'il reçoit ici.

3. *Fannius*. Il périt apparemment en Égypte, ainsi que Lentulus, celui qui avait été consul l'année précédente. Ptolémée fit mourir ce dernier en prison.

LETTRE CCCC. 1. Cicéron a Atticus. Cette lettre est pour Wieland l'occasion de juger fort sévèrement Cicéron, qui laisse voir, à découvert, toutes ses faiblesses et tout son orgueil : voulant toujours se ménager des interprétations honorables aux démarches les plus incertaines et les plus timides, et reculant sans cesse devant les conséquences du parti qu'il vient de prendre.

2. *Il peut me laisser les miens sans inconvénient.* Ses licteurs; parce qu'ils lui avaient été donnés à l'occasion de son gouvernement de Cilicie, et par conséquent à une époque antérieure à celle où les tribuns Q. Cassius et Antoine sortirent de Rome, en protestant contre tout ce qui se faisait; raison pour laquelle César considérait tous les actes du pouvoir comme nuls.

3. *Il pouvait, sans me nommer, me comprendre dans l'exception générale.* On se demande comment la proscription était la règle, et la tolérance l'exception. Toutefois, il n'était pas besoin d'afficher les noms de Cicéron et de Lélius, puisque, par le fait, ils étaient de ceux sur lesquels César avait déjà prononcé. On comprend que la proclamation du nom de Cicéron lui fut un sujet de gêne et d'anxiété : de gêne, parce que cela l'enchaînait en Italie, et lui défendait de rejoindre les restes de son parti; d'anxiété, parce que cette faveur devait exaspérer ce parti contre lui.

4. *Sulpicius*. Il paraît être resté dans une ville neutre; Caton se rendit en Afrique.

LETTRE CCCCII. 1. *Fufius*. J'ai suivi la correction de Popma, tandis que Mongault et Wieland lisent *Furnius*, et s'étonnent du procédé, attendu que ce Furnius avait toujours été l'ami de Cicéron. Les manuscrits sont d'accord sur la leçon *Furnius*.

2. *Mon frère*. Quintus, autrefois lieutenant de César dans les Gaules. Il avait à se défendre du reproche de défection, et il rejetait tout l'odieux de cette affaire sur son frère, qu'il suppose, mais à tort, avoir écrit contre lui à César, ce qu'il aurait pu

d'autant mieux que c'était ce même Quintus qui l'avait pressé de rejoindre Pompée.

LETTRE CCCCIII. 1. *Volumnia.* C'était probablement la sœur du sénateur Volumnius, qui était lié d'amitié avec Cicéron.

2. *Ceux qui m'ont fait abandonner mon sentiment.* Qui étaient-ils, et de quel sentiment s'agit-il? Prévost croit qu'il s'agit de Dolabella, qui lui manda que César lui-même souhaitait son retour en Italie. Mais cela ne s'accorderait pas avec ce qu'il écrit à son ami, M. Marius, sur la manière dont il a librement quitté le parti de Pompée, après la bataille de Pharsale.

LETTRE CCCCIV. 1. *Que me sert-il d'être arrivé avant que les tribuns entrassent en charge?* On pouvait craindre de leur part quelque motion contre le parti de Pompée.

2. *Que puis-je espérer d'un homme qui n'a jamais été de mes amis?* Quoique Antoine, avant la mort de César, ne fût point ennemi déclaré de Cicéron, il avait pris de grands engagemens contre lui, en épousant Fulvie, veuve de Clodius, et d'ailleurs sa mère avait épousé en secondes noces Lentulus, l'un des complices de Catilina, que Cicéron avait fait mourir. (MONGAULT.)

3. *Pourquoi est-il né de ma mère encore autre chose après moi?* J'ai rétabli l'expression latine au lieu de la périphrase. Quintus donnait à son frère assez de sujet de maudire sa naissance, en le dénonçant, en le calomniant envers tous leurs amis, et en cherchant à le perdre près de César.

LETTRE CCCCV. 1. *Terentius.* C'est P. Terentius Hispo, probablement le même que, dans la lettre 65 du livre VII, Cicéron recommande à P. Silius, propréteur de Bithynie, comme l'un des fermiers les plus considérables de l'impôt d'Asie, et comme son ami intime. Mongault dit : « Un des plus intéressés dans les fermes d'Asie; » mais cela ne rend pas le *pro magistro,* qui marque une idée de supériorité.

2. *Ils ne me laisseront pas même le droit de me plaindre.* L'expression de Mongault s'écartait trop du latin : « Malgré tant de sujets de plaintes, il faudra encore que j'aie tort. » Cependant le sens en est vrai : il y a des gens avec lesquels on ne se raccommode qu'en prenant à son compte les torts qu'ils ont eux-mêmes

3. *L'Espagne s'est déclarée pour eux.* Il ne s'agit pas encore de la guerre du fils de Pompée, mais de celle que préparait la mauvaise conduite de Cassius Longinus.

4. *En Italie, les esprits sont fort prévenus contre César.* Les cruautés d'Antoine et ses brigandages avaient aliéné beaucoup de monde à la cause de César.

LETTRE CCCCVI. 1. *Duquel je puisse disposer.* Cicéron veut pouvoir rendre sur-le-champ ce qu'on lui aurait prêté, et non, comme le dit Mongault, « tirer quelques lettres de change, » ce qui est une singulière prolepse. Ne sait-on pas que Cicéron ne pouvait connaître les lettres de change, puisque ce furent des Juifs qui les imaginèrent au moyen âge?

LETTRE CCCCVII. 1. *Les prouesses de mon gendre.* Dolabella, qui était alors tribun du peuple, voulait faire passer plusieurs lois séditieuses, et une, entre autres, qui frustrait tous les créanciers de ce qui leur était dû, et qui ôtait aux propriétaires des maisons une année de loyer. Trebellius, autre tribun, s'y opposait, et ils se faisaient accompagner l'un et l'autre par des gens armés qui en venaient souvent aux mains. Le sénat, pour calmer ce tumulte, fut obligé de permettre à Antoine de faire entrer dans Rome des soldats. Mais cela ne servit qu'à augmenter le désordre, qui ne cessa que lorsqu'on apprit que César, après avoir soumis Alexandrie, revenait à Rome.

2. *Je crois qu'il n'y a que moi d'héritier institué avec délai pour délibérer.* Et non pas « qu'il n'y ait que moi d'héritier. » Là *cretio* est un délai d'un certain nombre de jours accordé à un héritier institué pour se décider. Il y a *cretio simplex,* quand cette faveur n'est stipulée que pour un seul héritier, et que les autres en sont privés.

LETTRE CCCCVIII. 1. *Il faut..... que je souhaite ce que j'ai toujours craint.* Le triomphe de César; car si le parti de Pompée reprenait le dessus, Cicéron avait tout à craindre de lui pour être revenu en Italie.

2. *Fufidius.* Il est probable que c'était un des cliens de Cicéron.

3. *Je ne vis pas même celui que je prêtai à Pompée.* Parce qu'il

le lui fit compter en Asie par des publicains chez lesquels il était déposé.

LETTRE CCCCIX. 1. *Non-seulement ceux qui ont su l'état des affaires, mais ceux même qui ne le savaient pas.* J'aimerais mieux entendre le *quibus ignotum* dans un autre sens : ceux auxquels César avait pardonné, et ceux auxquels le pardon n'était pas encore parvenu. Cependant j'ai suivi Mongault et Wieland, qui pensent qu'il s'agit de la connaissance qu'on pouvait avoir du mauvais état des affaires de César en Égypte, et des progrès du parti contraire en Afrique.

2. *J'écrirai à Minucius, à Tarente.* J'ai fait comme Wieland, j'ai accepté la correction de Gronovius, *Tarentum* pour *parentem*, et, par conséquent, j'ai changé la traduction.

3. *Je serais surpris que*, etc. Tout ce passage est fort altéré : il faut l'accepter tel que nous l'a fait Grévius, sous peine de ne nous en jamais tirer.

LETTRE CCCCX. 1. *Qu'il n'ose pas écrire ici ce qui s'y passe.* J'ai ramené l'expression au véritable sens. César avait plusieurs sujets de rougir : d'abord, son attachement pour Cléopâtre ; en second lieu, la durée de cette guerre, dans laquelle les eunuques Polinus, Achillas et Ganymède lui donnaient beaucoup d'occupation, tant par leurs refus qu'en se mettant à la tête des troupes ; ce ne fut qu'après neuf mois et une bataille décisive qu'il put réduire cette seconde ville du monde, et faire régner, conformément au testament de Ptolémée Auletès, son jeune fils et Cléopâtre. Il est probable que César ne s'amusait pas à envoyer à Oppius et à Balbus les bulletins de son armée, et que ce silence permettait à beaucoup de fausses nouvelles de se joindre aux bruits qui couraient avec plus de fondement sur les lenteurs de l'expédition.

2. *Ceux qui d'eux-mêmes sont allés trouver Fufius.* Après la bataille de Pharsale, César l'avait fait gouverneur d'Achaïe, et il reçut la soumission d'un grand nombre de vaincus.

3. *On dit que Cassius ne pense plus à aller à Alexandrie.* Il est donc faux que ce Cassius, commandant de la flotte d'Asie, se soit rendu à César lorsqu'il allait à Alexandrie, quoiqu'il ignorât la défaite de Pompée, et quoiqu'il eût des forces supérieures. Mongault croit que cet évènement eut lieu quand César passa

d'Alexandrie dans le Pont pour aller combattre Pharnace; et Q. Appien et Plutarque ne se sont trompés que sur l'époque.

4. *Je ne saurais même me consoler du fils d'Ésopus.* L'acteur Ésopus avait laissé vingt millions de sesterces à son fils unique Clodius. Horace nous cite un trait des prodigalités de ce Clodius. Il détacha une boucle de l'oreille de Metella, la fit fondre dans le vinaigre et l'avala, pour détruire un million d'un seul coup. Il paraît que Dolabella voyait aussi cette Metella, et que ses désordres, et sa liaison avec le fils d'Ésopus, étaient pour Tullie une cause d'amers chagrins. Cicéron dit que c'est là ce qui met le comble à ses maux.

LETTRE CCCCXI. 1. *Depuis que les affaires de César ont si mal tourné en Asie.* En effet, la fortune semblait l'abandonner : en Asie, Domitius Calvinus, l'un de ses lieutenans, avait été battu par Pharnace; en Illyrie, Gabinius par Octavius Dolabella; en Espagne, Cassius Longinus s'était si mal conduit qu'il y avait des soulèvemens fréquens, ce qui facilita la victoire du parti contraire. Toute l'Italie s'attendait à un débarquement de Scipion, et se disposait à se déclarer pour lui. Les légions que César y avait laissées pour la garder n'étaient point payées et menaçaient de s'insurger. Mais le génie trouve toujours des ressources.

2. *Ceux qui sont en Achaïe diffèrent l'espérance de soumission qu'ils avaient donnée à Fufius.* J'ai suivi la leçon *diffèrent* : les longueurs de la guerre d'Alexandrie et les bonnes nouvelles d'Afrique et d'Espagne les rendent plus difficiles. Ils ne se soumettent pas encore, ce qui gâte d'autant plus la cause de Cicéron, qui demeure seul, et qui s'est rendu à un vainqueur dont la cause est devenue fort douteuse.

3. *Camille.* On voit par plusieurs lettres qu'il faisait les affaires de Cicéron. « C'était, dit Mongault, précaution inutile, que de parler à Terentia d'un testament : elle vécut encore cinquante ans, et alla jusqu'à cent trois ans. On voit néanmoins que le principal but de cet avertissement est de l'engager à payer ses dettes. »

4. *Cela me fera connaître du moins qu'il n'y a pas de remède.* C'est la leçon *pro desperato*, au lieu de *pro explorato* qu'a suivie Mongault.

LETTRE CCCCXII. 1. *Nasidius.* Chevalier romain du parti

de Pompée qui l'avait précédemment envoyé au secours des Marseillais (*voyez* au livre II de la *Guerre civile*). Il était défendu de quitter l'armée d'Afrique, parce qu'on ne voulait pas que César pût être informé de l'état de cette armée. C'était donc une exception que Nasidius obtint pour Terentius.

LETTRE CCCCXIV. 1. *Par ce discours d'Oppius que vous m'avez communiqué.* Je me suis rapproché du texte. Mongault a dit « par ce que vous a dit Oppius. » Wieland parle d'une déclaration d'Oppius. Il y a du vague dans le texte, il faut le conserver dans la traduction.

LETTRE CCCCXVI. 1. *Entre les mains de quelque personne sûre.* Cette lettre aurait eu besoin aussi d'être conservée en meilleur état, car nous ne savons ce que nous lisons. Il y avait dans un manuscrit très-ancien *apud epistolinas velim ut possim advertas*; et comme il fallait bien en faire quelque chose, Bosius a corrigé *apud* εὔπιστον *illas velim cur ingenium* : mais, en vérité, je ne vois pas sur quoi cela se fonde, et quoique, dans la lettre suivante, il soit question de la même affaire, je ne suis rien moins que sûr de lire Cicéron.

2. *La folie de ma malheureuse fille.* C'est-à-dire son aveuglement sur Dolabella, qui l'a égarée sur les affaires d'intérêt. Je lis avec Grévius *fatuitate* au lieu de *facultate*. Je le rapporte, non à Terentia, et à sa mauvaise administration, mais à Tullie elle-même.... Plus bas, Cicéron s'accuse aussi d'aveuglement pour avoir acquitté le second terme de la dot; en sorte qu'il était loisible à Dolabella d'en abuser.

3. *Je ne crois pas qu'il y ait jamais eu rien de semblable.* Et non pas : « Vit-on jamais femme plus malheureuse ! » Wieland déjà avait corrigé cette aberration.

LETTRE CCCCXVII. 1. *Son ancien amour de la boisson.* On voit que je me déclare pour la leçon de Bosius, qui a aussi pour elle l'autorité des manuscrits : *Ut vini*. De la sorte, ces mots commencent la série des reproches qui auraient fondé la demande en divorce de Dolabella. Ceux qui lisent *ut vivi*, comme Wieland, sous-entendent, « nous aurions au moins donné signe de vie, » et rattachent ces mots à ce qui précède. Enfin, on lit aussi *ut viri*; ce qui, selon moi, heurte le sens commun.

2. *Son entreprise contre les créances.* C'est-à-dire l'abolition des dettes, éternel sujet de basse popularité pour les brouillons qui se mêlaient du gouvernement. Mongault s'était singulièrement écarté du sens.

3. *Metella.* Femme de Lentulus Spinther, qui la répudia depuis. Elle avait eu commerce aussi avec le fils du comédien Ésopus.

LETTRE CCCCXIX. 1. *La violence de notre ennemi.* C'est de Dolabella qu'il est ici question, et non de César

2. *C'est peut-être de lui que le repos nous viendra.* Parce qu'il nous fournira une cause de divorce.

LETTRE CCCCXXI. 1. *Une cruelle injure, sans qu'il me soit permis de faire éclater mon ressentiment.* Il n'attaquait point encore Dolabella, parce que cela n'eût pas été prudent avant d'avoir fait la paix avec César. Du moins, c'est ce qu'Atticus lui avait conseillé.

2. *Mais je prends la plume.* Jusqu'ici un secrétaire avait écrit sous la dictée de Cicéron. Le reste est trop secret pour le confier même à ses plus intimes. Il écrit donc lui-même. Ce qui suit est tellement altéré, que Victorius, Manuce et Grévius n'ont pas même tenté de le rétablir. Wieland et Mongault l'ont laissé sans traduction. Y avait-il *hærere* ou *quærere?* Que signifie tout cela? On n'en sortira jamais. Plus bas, s'agit-il, à l'avance, du projet de répudier Terentia? c'est fort douteux. — *Je cache à cette pauvre femme.* C'est ici de Tullie qu'il s'agit. — *Ce qui m'oblige à prendre ces précautions.* On pourrait croire que Cicéron redoutait un pillage; peut-être aussi est-ce la mauvaise conduite de Terentia en affaires. Devinons, ne décidons pas.

LETTRE CCCCXXIV. 1. Cicéron a Cassius. Caïus Cassius Longinus, auquel est adressée cette lettre, est le célèbre Cassius qui avait sauvé les restes de l'armée de Crassus dont il était le questeur. Au commencement de la guerre civile, il s'était déclaré pour Pompée, et il remporta pour lui quelques avantages sur les côtes de Sicile, où il commandait une flotte. Après la bataille de Pharsale, il fut un des premiers à se soumettre; puis il fut le principal des conjurés, et se tua après la bataille de Philippes.

2. *Desquelles vous-même avez été le représentant et le média-*

teur. On voit que je me suis attaché à la leçon de Gronovius : *Te, ut opinor, ipso allegato et deprecatore.* Il ne s'agit pas ici de César, comme l'ont cru Corradus, Manuce et Mongault. Il était juste que Cassius, qui le premier avait fait sa jonction avec César, eût quelque crédit pour sauver ceux qui suivaient son exemple.

3. *Cette première lettre que vous m'écrivîtes de Lucérie.* Pompée y était à cette époque avec Cassius avant son départ d'Italie. Il y a lieu de croire que ce conseil était celui de ne pas quitter l'Italie.

LETTRE CCCCXXV. 1. *C. Trebonius.* C. Trebonius, chevalier romain dont César parle dans le livre VI de la *Guerre des Gaules*, et qu'il ne faut pas confondre avec celui qui était préteur l'année précédente, et qui avait alors le gouvernement de l'Espagne Ultérieure.

2. *Séleucie-Piérie.* Ville de Syrie, non loin d'Antioche et d'Apamée. Il y avait neuf Séleucies : aussi chacune avait-elle un nom distinctif. Piérie était le nom d'une montagne voisine.

3. *Il a aussi fait grâce à Sallustius.* Ce n'est pas l'historien, qui fut toujours du parti de César, et qui fut, l'année suivante, gouverneur d'Afrique.

4. *Tout cela sera sujet à révision.* César ne faisait grâce que pour se débarrasser du soin d'examiner les affaires dans un moment inopportun. Cicéron croyait que, plus tard, il examinerait une à une les demandes qui lui étaient adressées, et qu'alors il se montrerait juge fort sévère.

LETTRE CCCCXXVI. 1. *Lorsque j'ai lu sa lettre.* En rapprochant la suivante de celle-ci, on voit que César avait remis à Balbus, pour les communiquer à Cicéron, les lettres où Quintus se plaint de lui. Cette indignité avait révolté César; elle accabla Cicéron de douleur. Quant à la lettre qu'Atticus lui envoie en ce moment, pour qu'il y eût nécessité de la lui donner, il fallait qu'elle lui fût adressée, et non à Atticus, qui, dans ce cas, aurait pu la garder. Cette lettre avait été, sans doute, écrite par Quintus, antérieurement au compliment qu'il lui fit sur son raccommodement avec César.

2. *La douzième légion, à qui Sylla a porté les ordres de César.* Il avait l'ordre de faire passer les légions en Sicile, parce que César y devait aller de Patras.

LETTRE CCCCXXVII. 1. *Pour rendre publique une affaire si désagréable pour moi.* On voit ici un rare exemple de susceptibilité : il ne pouvait y avoir aucun doute sur l'intention de César, et voilà pourtant que Cicéron se met l'esprit à la torture pour donner une autre tournure à l'affaire.

2. *Qu'ils ne marcheraient pas qu'ils n'eussent touché de l'argent.* César leur avait promis des gratifications payables après la guerre; mais les soldats insistaient, et quand ils revinrent en Italie, ils demandèrent leur congé plutôt que de faire un pas sans être payés. César, contre toute attente, s'empressa de leur accorder leur congé. Les soldats, tout étonnés de ce résultat de leur sédition, le supplièrent de vouloir bien les emmener en Afrique; ce à quoi il ne consentit qu'avec une peine infinie.

3. *Pharnace le retardera.* Cicéron se trompa pour cette fois : cette guerre fut finie en cinq jours, et César en rendit compte au sénat par ces trois mots : *Veni, vidi, vici.* Il ôta à Pharnace le royaume du Bosphore que Pompée lui avait laissé pour prix de sa trahison, et le donna à Mithridate de Pergame, qui l'avait bien servi dans la guerre d'Alexandrie.

LETTRE CCCCXXVIII. 1. *Nos messagers.* Ceux que Cicéron avait envoyés, soit à César, soit à ses amis, pour connaître quelque chose de plus positif sur la décision de son sort.

LETTRE CCCCXXX. 1. Cicéron a Trebonius. Trebonius, préteur de la ville en 705, résista avec force aux entreprises désordonnées et coupables de Célius son collègue, au commencement de la guerre civile. Néanmoins, il s'était rangé au parti de César, probablement parce qu'il crut qu'on lui avait fait injustice en rejetant ses propositions pacifiques. Ce fut lui qui commanda le siège de Marseille, et la prit après une résistance opiniâtre. Cependant il pénétra bientôt les desseins ambitieux de César, et quand ce dernier revint victorieux d'Espagne à Rome, Trebonius s'occupait déjà des moyens d'en délivrer la république. Ce qu'il y a de certain, c'est qu'il fut au nombre des conjurés, et qu'il amusa Antoine par une conversation sur la place publique, pendant que le meurtre de César s'accomplissait. Le sénat le nomma ensuite proconsul d'Asie, où il périt victime de la perfidie de Dolabella, l'ancien gendre de Cicéron. Ce Trebonius avait réuni les bons

mots de Cicéron; il y avait joint des commentaires et des explications historiques, et lui avait adressé cette espèce de *Ciceroniana*, ou recueil d'anecdotes et de saillies. Cicéron lui répond qu'il y a mis beaucoup plus d'esprit que lui, et que son explication a déjà épuisé le rire du lecteur, quand il arrive au *bon mot* dont elle est la préface. Wieland a raison, sans doute, de voir dans cet éloge un léger coup de patte. J'en ai changé l'expression.

2. *Ma lettre à Calvus.* Ce C. Licinius Calvus est fort loué dans le *Brutus* de Cicéron, ch. LXXXI, LXXXII; l'on s'y peut convaincre que Cicéron ne répondait à Trebonius que pour ne pas heurter son opinion, et que sa véritable pensée était favorable à Calvus. *Voyez* notre traduction de *Brutus*.

LETTRE CCCCXXXI. 1. CICÉRON A M. TERENTIUS VARRON. Son amour de la science ne lui permit pas de s'adonner aux affaires publiques, en sorte qu'il ne s'éleva pas au dessus de la préture. Il mérita néanmoins la couronne navale en faisant la guerre contre les pirates sous les ordres de Pompée. Dans la guerre civile, il fut du parti de ce chef, et commanda en Espagne avec Petreius et Afranius; il fut même particulièrement chargé de défendre la Lusitanie à la tête de deux légions. Toutefois, il ne put tenir devant un général du génie de César; après la défection d'une de ses légions, il se rendit avec l'autre au vainqueur, puis il rejoignit Pompée à Dyrrachium. A son retour en Italie, il se livra tout entier à l'étude; mais, dans la suite, le triumvir Antoine le proscrivit : Auguste le réintégra dans la possession de tous ses biens, et le mit à la tête de ses bibliothèques.

2. *Des affaires fort tumultueuses avec une troupe de compagnons très-infidèles.* Ceci s'applique peu aux hésitations et aux incertitudes du parti de Pompée. Wieland suppose que cette lettre fut écrite par Cicéron, à la sollicitation d'une personne de la famille de Varron, et pour prévenir un acte de désespoir, qui eût été, soit de rejoindre Caton en Afrique, soit même de s'ôter la vie.

LETTRE CCCCXXXII. 1. CICÉRON A DOMITIUS. On ne sait quel effet produisit cette lettre sur le jeune Domitius. Toutefois, il y a lieu de croire qu'elle ne manqua point son but. Domitius fut au nombre des conjurés contre César, et même Dion Cassius

le nomme parmi ses meurtriers. Il fut ensuite du parti du sénat, puis de celui d'Antoine, et le quitta pour Octave ; mais il mourut peu de jours après. Domitius laissa un fils qui releva la splendeur de sa maison. Néron était arrière-petit-fils du Domitius à qui est adressée cette lettre.

LETTRE CCCCXXXIII. 1. CICÉRON A CN. PLANCIUS. Le Plancius à qui est adressée cette lettre est celui dont il reçut tant de consolations dans son exil, et pour lequel il prononça un si beau plaidoyer.

LETTRE CCCCXXXIV. 1. CICÉRON A L. PLANCUS. Lucius Munatius Plancus était lié avec Jules César, qu'il suivait alors dans la campagne d'Afrique.

2. *Pour la moitié et le tiers.* Tout l'héritage s'appelait *assis*. — *Hæres ex asse* était le légataire universel. Les parties de l'héritage se divisaient comme celles de l'*assis*, en *uncia*, *sextans*, *quadrans*, *triens*. Ainsi la moitié et le tiers d'un héritage, ce serait *semis* et *triens*; ou en un seul lot, *dextans*. Cependant on ne trouve d'exemple dans les anciens que de *uncia*, *sextans*, *quadrans*, *triens*, *semis*, *dodrans* et *assis* ; ce qui semble marquer que l'usage avait là-dessus ses bornes. Nous ne dirions point en français une *treizaine*, quoiqu'on dise une *douzaine*. (PRÉVOST.)

LETTRE CCCCXXXV. 1. CICÉRON A ALLIENUS, PROCONSUL. Allienus est tantôt appelé proconsul, tantôt préteur par l'auteur de la *Guerre d'Afrique.* Il n'avait pas encore été consul; mais il commandait la Sicile, ainsi que cela résulte de la lettre suivante.

LETTRE CCCCXXXVI. 1. *C. Avanius Flaccus.* Avianus était un surnom de la famille des Émiliens, Flaccus de celle des Valerius. Peut-être celui de qui il est ici parlé réunit-il ces deux noms, parce que, né dans la famille Valeria, l'adoption l'aura fait passer dans la famille Émilia.

LETTRE CCCCXXXVII. 1. CICÉRON A BRUTUS. Au moment où Cicéron écrivait cette lettre à Brutus, celui-ci était propréteur de la Gaule Cisalpine. Celui de qui il est parlé n'est pas le célèbre polygraphe Varron. On ne conçoit pas à cet égard la méprise de Manuce et d'Ernesti. Le grand Varron avait alors plus de soixante-dix ans, et ne pouvait être un jeune questeur à recommander à

son chef. C'est peut-être un parent éloigné du grand Varron ; peut-être Varron Atacinus, dont Horace fait mention, liv. 1, sat. 10.

LETTRE CCCCXXXVIII. 1. Cicéron a L. Mescinius. Mescinius était l'ancien questeur de Cicéron en Cilicie.

2. *Si celui que vous n'avez jamais aimé.* Je ne doute point qu'il ne soit question de Pompée, qui, au lieu de seconder Cicéron dans ses vues de bien public, a suivi le parti de son ambition, et a bouleversé la république. Il y a des commentaires qui appliquent ce passage à César ; d'autres à Caton, qui avait contribué au désordre par des excès de sévérité ; mais cela n'est pas présumable.

3. *Vous supportez l'injustice.* Mescinius avait suivi Pompée, et, choisissant Cicéron pour exemple, il avait pris le parti de la soumission après la mort de son chef ; mais il était du nombre de ceux qui n'avaient point encore obtenu la liberté de rentrer dans Rome. Cicéron regardait cette espèce d'exil comme un outrage, parce que c'était punir un citoyen de la vertu qui l'avait rendu fidèle à la république. Comme il promit à Mescinius de l'aller voir incessamment, on doit croire qu'il n'était exclu que de la ville et qu'il lui était permis de vivre dans quelque canton de l'Italie voisin de Rome.

LETTRE CCCCXXXIX. 1. *Je vous rejoindrai incessamment.* A Baïes, où Varron invitait Cicéron de se rendre. Cela résulte de la lettre suivante.

2. *Dans le temps que l'état est en feu.* Il s'agit de l'agitation que causa la guerre d'Afrique, dont on ne connaissait pas encore l'issue à la date de cette lettre.

LETTRE CCCCXL. 1. *Quoique ma lettre fût vieillie.* Et non pas *d'ancienne date*. Elle était vieillie, parce que, dans ce peu de jours, était arrivée à Rome la nouvelle de la victoire que César venait de remporter à Thapsus sur le consulaire Scipion et sur le roi Juba. C'est aussi dans cette année que fut corrigé le calendrier. *Voyez,* à ce sujet, Ideler, *Chronologie.* C'est peut-être pour cela que Cicéron dit : *Tantis nobis rebus allatis.*

2. *Ceux qui s'indignent de notre défaite.* Prévost s'était grandement trompé en traduisant : «Ceux qui ne pouvaient nous sup-

porter après nous avoir vaincus. » Outre qu'il y a contre-sens, ce serait une absurde *tautologie*.

LETTRE CCCCXLI. 1. Cicéron a Atticus. Quoique datée du 25 mai, cette lettre est néanmoins de la fin de mars; le calendrier était alors dérangé de plusieurs mois, et l'on se rappelle sans doute qu'il fut réformé dans la même année.

2. *Anagnie*. Capitale des Herniques, à deux lieues de Rome; elle a conservé son nom.

3. *La petite Attica*. C'était une charmante petite fille, alors âgée de sept à huit ans.

LETTRE CCCCXLII. 1. *Murcus*. L. Statius Murcus, lieutenant de César. La nouvelle de ce naufrage était fausse; car il servit contre les fils de Pompée dans la guerre d'Espagne, fut préteur en 708, et obtint, en 709, le gouvernement proconsulaire de Syrie. Après la mort de César, il se joignit à Cassius, qui lui donna le commandement de sa flotte; et après la bataille de Philippes, il passa en Sicile, où Sextus Pompée, à qui il devint suspect, le fit mourir.

2. *Asinius*. C'est le célèbre Asinius Pollion, tribun l'année précédente, et consul sept ans plus tard. Après la bataille de Modène, il se joignit à Lépide et à Antoine. C'est un des hommes les plus remarquables de son époque. Il était poète, orateur, musicien. *Voyez* une dissertation de M. Thorbecke sur sa vie et ses écrits.

LETTRE CCCCXLIII. 1. *Diodotus*. Diodotus était un stoïcien que Cicéron avait suivi depuis son enfance, qui habitait sa maison, y mourut et l'institua son héritier.

2. *Si votre bibliothèque est accompagnée d'un jardin*. Wieland croit que ceci est une plaisanterie, et que Varron, connaissant le goût de Cicéron pour les arbres, lui avait promis de faire porter dans sa bibliothèque des arbres en caisse. Wieland pousse la sagacité bien loin!

LETTRE CCCCXLIV. 1. *Les îles Fortunées*. Iles fabuleuses, fort célèbres chez les Grecs. On a voulu les retrouver depuis dans les Canaries.

2. *Vennonius*. Historien assez médiocre, s'il en faut juger d'après

ce que dit Cicéron dans ses *Lois*, liv. 1, ch. 3, où il l'appelle un *exilé dans l'histoire.*

3. *Cependant, pour ne pas paraître négliger mes affaires.* Tout ce paragraphe a été horriblement défiguré par les copistes, les savans, les traducteurs et surtout par Mongault. J'ai suivi en tout l'opinion de Wieland. D'abord, ce n'est pas César qui est débiteur : il s'est borné à autoriser les poursuites de Cicéron. On ne concevrait pas que celui-ci, qui était débiteur de César au moment de la guerre civile, et qui, pour cette raison, se trouvait gêné envers lui, fût tout-à-coup devenu son créancier dans un temps où toute relation, toute négociation était rompue entre eux. Milon aura sans doute suivi le parti de Pompée, puisque ses biens se vendaient à l'enchère, et que César connaissait de la validité des réclamations des créanciers.

4. *Cette année ne sera-t-elle pas réellement un cycle de Méton?* Il joue sur le nom de son débiteur : c'est le même que celui de l'astronome qui avait institué un cycle de dix-neuf ans. Il ne sait quel sera l'acquéreur, et cette année de terme pourrait bien être l'année de Méton.

5. *Je crains même que celui, etc.* Wieland condamne toute la fin de cette lettre et ne la traduit pas. Il ne sait pas ce qu'est cet *iste.* La pensée est que Méton pourrait bien courir à Préneste où l'on donnait des jeux.

LETTRE CCCCXLV. 1. *L'éloge de Caton.* Dès qu'on sut, en Italie, que Caton s'était donné la mort à Utique, Cicéron fut invité à en écrire l'éloge. Celui-ci s'en défendit, en disant qu'il aimerait mieux, pour la difficulté, résoudre un problème d'Archimède.

2. *Aledius.* Ami d'Atticus et partisan de César. Les commentateurs se sont donné la torture pour tirer du nom d'Aledius de quoi prouver que c'est de César lui-même qu'il est ici parlé. On n'a pas fait attention que Cicéron parle d'Aledius comme étant à Rome, tandis que César était en Espagne.

LETTRE CCCCXLVI. 1. *Que vous en fassiez retenir un aux deux endroits.* On ne sait, en effet, si César suivra les conseils de ses amis, ou sa propre impression. Prévost avait traduit, selon la leçon *utrique* : « Songez à nous loger tous deux. » Mais

il n'est pas du tout question de Cicéron, et la véritable leçon est *utrobique*.

2. *D'avoir recours aux éléphans du roi Juba.* Prévost avait dit : « A l'assistance des bêtes ; » ce qui est vraiment par trop naïf, sans rendre aucunement la pensée. Les partisans outrés du parti de Pompée auraient voulu qu'on vînt les prendre en Afrique, pour combattre avec eux ; ils étaient soutenus par le roi Juba. De là le *bestiarum auxilium* dont parle Cicéron.

LETTRE CCCCXLVII. 1. *Seius.* M. Seius était ami de Cicéron et d'Atticus ; il mourut en 706.

2. *Il est temps de partir.* Pour aller au devant de César.

3. *Mettez mes tergiversations antérieures sur le compte de ma malice.* Prévost, trompé par le mot *calumniatus*, et en oubliant le véritable sens, a vu, dans cette lettre, une idée d'accusation. Il dit : « Lorsque je vous accusais mal-à-propos : » mais il n'y a pas un mot de cela dans le texte. C'est plutôt l'idée de retards apportés par Cicéron au départ de Varron sous différens prétextes.

4. *Le sort de L. César.* Ce parent du vainqueur était demeuré fidèle au parti du sénat pendant toute la guerre civile, et récemment encore il avait été le questeur de Caton. Il fallut bien se rendre après la bataille de Thapsus. Il fut reçu ; mais bientôt après, on le fit secrètement mettre à mort, parce qu'il avait fait souffrir les plus cruelles tortures aux esclaves de César, et qu'il avait fait mourir les bêtes qu'il tenait en réserve pour ses jeux.

5. *Épargnera-t-il le père ?* C'est un vers de l'*Andrienne* (acte 1, v. 85). Cela signifie, que me fera-t-il à moi, s'il traite ainsi ses proches ?

6. *Il n'a point encore vu cette ferme.* César considérait tout l'empire romain comme son domaine. C'est dans ce sens que Cicéron parle de la Sardaigne comme de l'une de ses fermes.

7. « *Il est maint écolier qui vaut mieux que son maître.* » Cela s'applique à Dolabella, qui avait été l'élève de Cicéron pour l'art oratoire, et qui maintenant le passait en puissance, et surpassait aussi César dans ses excès de pouvoir.

LETTRE CCCCXLVIII. 1. *Et moi aussi je pense qu'il en sera encore temps aux nones.* Cette lettre est une réponse à une pro-

position de Varron, d'aller trouver César aux nones de juillet. Varron et Cicéron avaient chacun une terre à Cumes. César était arrivé en Sardaigne trois jours après les ides de juin.

2. *Quand ceux qui n'ont pas pris le même parti.* Ceux qui, après la défaite de Pharsale, étaient restés sous les armes, s'en repentaient. Cicéron dit que, lors même qu'ils ne s'en repentiraient pas, il s'applaudirait d'être revenu.

LETTRE CCCCXLIX. 1. *Luperques de César.* On appelait *Luperques* les prêtres du dieu Pan, dont le culte avait été apporté d'Arcadie par Évandre. Tous les ans, le 15 février, on célébrait les Lupercales, et on immolait un bouc au dieu Pan. La cérémonie avait lieu au pied du mont Palatin. Les prêtres se frottaient du sang de bouc, se ceignaient d'une peau de chèvre et couraient la ville tout nus, en faisant mille contorsions. Ils fouettaient les passans, et beaucoup de respectables matrones se faisaient fustiger sur leur passage, parce que les coups du fouet procuraient un heureux accouchement. Dès les temps les plus anciens, les Luperques avaient été partagés en deux confréries, celle des *Fabiani* et celle des *Quintiliani*. Après la guerre d'Afrique, Antoine, qui était Luperque lui-même, imagina une troisième confrérie, celle des *Juliani*. La jeunesse romaine s'empressa de briguer cet honneur. Cela devait être une occasion de grande dépense.

2. *Il ne suffit pas de savoir ce qu'on a.* J'ai totalement changé la traduction de Mongault. L'affaire de laquelle il s'agit est une énigme pour nous; mais je crois que les paroles de Cicéron veulent dire que, pour se fier à un débiteur, il faut connaître autant sa moralité, son caractère, que sa fortune. Je ne pense pas qu'il puisse être question du bon aloi des espèces.

3. *Vous parlerez à Mustela.* Il fallait attendre l'arrivée de Crispus, parce que Mustela était son cohéritier.

4. *Et qu'il le dît à Pison.* Aulus devait-il signifier à Pison que Cicéron connaissait assez bien le prix du change pour ne se point laisser duper par lui? devait-il l'amener à des conditions plus raisonnables? Tout ce que nous savons, c'est que ce Pison était banquier, et que Cicéron recourait souvent à lui par l'intermédiaire d'autrui.

5. *Je vois que Tubulus a été préteur.* Cicéron avait besoin de

toutes ces dates pour lesquelles il ne pouvait mieux s'adresser qu'à Atticus; car alors il travaillait au traité *de Finibus bonorum et malorum* : or, il est question de ce Tubulus, ch. 16 du livre II. Tubulus fut accusé d'avoir vendu la justice pendant qu'il était préteur. Ce fut le tribun Scévola qui se porta accusateur, et c'est pour cela que Cicéron demande sous quels consuls il avait été tribun, et il ajoute qu'il pense que ce fut sous ceux qui suivirent, c'est-à-dire qui entrèrent en charge l'année d'après la préture de Tubulus. Je ne sais pourquoi Mongault avait omis leurs noms. Le raisonnement sur lequel s'appuie Cicéron, c'est que Scévola fut préteur sous le consulat de Furius et d'Atilius, en 611; or, il y avait eu quatre ans d'intervalle entre son tribunat et sa préture.

6. *L. Libon.* Il accusa Galba, qui, pendant qu'il commandait en Espagne, avait fait mourir des Lusitaniens, contrairement à la foi des traités. Cicéron en parle dans le livre *des Orateurs illustres*, qu'il venait d'achever, mais qu'il ne voulait point rendre public, qu'il n'eût vérifié tous ces points de concert avec Atticus. Libon avait été effectivement tribun, en 604, sous le consulat de Censorinus et de Manilius.

7. *L'abrégé que Brutus a fait des Annales de Fannius.* Je m'en tiens à la leçon *in Bruti Epitome Fannianorum*, telle que Gronovius l'a retirée du désordre des manuscrits. Brutus avait fait plusieurs abrégés pareils, entre autres un de l'histoire de Célius Antipater.

8. *Pour ne point voir messieurs les usuriers.* Pourquoi Cicéron appelle-t-il les usuriers *Nicasiones*? Nous savons que Cécilius avait fait une comédie intitulée *Nicasio*, mais nous n'en connaissons pas le sujet. On retrouve aussi ce nom dans les *Verrines*, et dans un fragment d'une comédie d'Afranius. Peut-être y avait-il eu à Rome un célèbre usurier dont le nom passa à tous ceux de sa profession. Gronovius voulait lire νεικοστώνων ἀρχέτυπα, en ce sens qu'il fut question pour Cicéron d'éviter les nouveaux fermiers du vingtième.

LETTRE CCCCL. 1. *Silius.* C'est celui qui avait été propréteur de Bithynie, et auquel sont adressées les lettres 234 et 251. Dans ce moment, sans doute, il apportait la nouvelle de la vic-

toire de César en Afrique. Peut-être avait-il fait naître, dans l'esprit de Cicéron, quelques doutes sur la continuation des bonnes grâces de César.

2. *Servius.* Servius Claudius mourut sous le consulat de Metellus et d'Afranius. Pétus avait fait présent de ses livres à Cicéron.

3. *Quelques volumes d'apophtegmes.* Suétone les appelle *dicta collectanea.* Voyez *Vie de César,* ch. LVI.

4. *Accius.* Il avait pris, pour sujet de tragédie, Énomaüs, roi de Pise, père d'Hippodamie. Nous ne savons pas quels sont les vers dont Cicéron repousse ici l'application.

5. *Que me parlez-vous de vos poissons, de vos thons et de vos salaisons ?* Je lis, en effet : *Quem tu mihi pompilum, quem thynnarium narras ? quam tyrotarichi patinam ?* De la sorte, tout se suit : c'est de la réception que doit lui faire Pétus que plaisante Cicéron. Je ne sais pourquoi on a introduit ici des hommes pour des poissons, en les appelant Pompilius et Denarius ? Ce sont des leçons tout au moins ridicules.

6. *N'espérez pas vous en tirer en me jurant votre insolvabilité.* C'est le sens de *bonam copiam ejurare;* Prévost s'y est complètement mépris.

7. *Aujourd'hui que vous perdez si tranquillement votre fortune.* César avait permis aux débiteurs de faire abandon de leurs biens, en les faisant évaluer ce qu'ils valaient avant la guerre civile. Cette base était très-défavorable aux créanciers, à raison de la baisse qui avait eu lieu dans le prix des terres.

8. *Il suffit que ce qu'on sert soit magnifique.* Et non pas simplement *bon;* ce qui détruit la plaisanterie de Cicéron, qui déclare se contenter de faisans, de paons, etc., etc.

9. *Qui ressemble à notre Jupiter Enluminé.* Pline (liv. XXXIII, ch. 7, et liv. XXXV, ch. 12) nous dit que l'on avait coutume de teindre la face de Jupiter au Capitole. Le polype, poisson dont il s'agit, n'était pas rouge de sa nature, et prenait cette couleur de l'assaisonnement.

10. *La maison de Selicius.* C'était un chevalier romain qui faisait les affaires de Lentulus, ainsi que nous l'avons vu par la lettre 96 de ce Recueil. Il paraît qu'après sa mort Cicéron voulut

acheter à ses héritiers une terre qu'il avait près de Naples, mais que Pétus l'en détourna.

11. *Non qu'il n'y ait assez de sel, mais peu d'occasion d'en faire usage.* Cicéron dit qu'il ne manque pas de matière à plaisanterie, de traits à décocher sur le parti de César; mais que les railleurs, les *sanniones* sont rares, parce qu'il y a danger à se moquer d'hommes aussi puissans. On appelle *sanna* une plaisanterie par le geste, comme de faire les cornes avec les doigts. Sans doute, il y avait des salines dans cette terre. Wieland a traduit cette fin, qu'il avoue ne pas comprendre, d'une manière bien bizarre : « Nous avons assez de sel, mais peu de harengs saurs; » et il sous-entend des farceurs, des plaisans.

LETTRE CCCCLI. 1. *J'ai envoyé mes disciples au devant de César.* Hirtius et Dolabella.

2. *Pompée, votre ami Lentulus, Scipion, Afranius.... ont péri misérablement.* Les deux premiers assassinés par les Égyptiens; Afranius, prisonnier, fut tué dans une insurrection de soldats. Il paraît que Cicéron n'était pas bien informé quant à la fin de Scipion, qui était mort honorablement les armes à la main. (WIELAND.) Il paraît même, d'après le témoignage d'un contemporain, qu'il se donna la mort.

3. *Vous faites vos délices des ragoûts d'Aterius, et moi de ce que me sert Hirtius.* Le jeu de mots est dans le *jus*, qui signifie à la fois *droit* et *sauce.* Cela ne peut se traduire en français.

4. *C'est un pourceau qui en remontre à Minerve.* J'ai rétabli dans la traduction le proverbe latin.

LETTRE CCCCLII. 1. *Sans un certain combat.* Celui de Dyrrachium. César reconnut lui-même que, si Pompée eût su profiter de ses avantages, c'en était fait de lui. Cicéron en parle ici comme un homme mal informé. (WIELAND.)

2. *Une retraite auprès de Juba.* Roi de Mauritanie, chez qui Scipion, beau-père de Pompée, et ceux qui voulurent continuer la guerre, allèrent chercher un asile en Afrique. Le fils de ce Juba était encore enfant, lorsque après la mort de son père il fut mené en triomphe par César, fut élevé à Rome, et devint ensuite si savant qu'il fut compté entre les meilleurs écrivains. Pline assure

qu'il composa un ouvrage sur les affaires d'Arabie, et qu'il le dédia à Caïus, fils d'Auguste. (Prévost.)

3. *Si Rome est encore une république.* Rien de plus niais que la traduction de Prévost : « Si Rome est encore une ville. C'est méconnaître entièrement le sens de *civitas.*

4. *A Rhodes ou à Mitylène.* Après la bataille de Pharsale, beaucoup de Romains s'y étaient réfugiés, parce que c'étaient des cités libres.

LETTRE CCCCLIII. 1. *Hégésias.* De Magnésie, orateur athénien, avait pris un genre saccadé. Cicéron avait écrit le commencement de cette lettre d'une manière fort coupée. Il paraît que cela plaisait à Varron. Denys d'Halicarnasse a porté d'Hégésias le même jugement que Cicéron.

2. *Tyrannion.* Il avait écrit un traité sur la prosodie, où il était parlé des accens graves, aigus, circonflexes.

3. *Une autre fois je me ferai payer,* etc. La traduction de ce passage est loin de me satisfaire; mais Wieland déclare qu'on ne peut le rendre dans aucune langue, et je suis disposé à souscrire à cet arrêt. — *Pour ce soleil brûlant dont vous avez abusé sur mon gazon, je vous réclamerai un soleil plus poli, plus onctueux.* Cela signifie, dit Mongault, que les Grecs et les Romains se promenaient toujours au soleil : quand ils se faisaient frotter d'huile auparavant, *unctum solem;* quand ils se promenaient sans se frotter, c'était *assus sol;* ce que Platon exprime par ἥλιος καθαρὸς, que j'aimerais autant appeler *du soleil au naturel.* D'autres commentateurs veulent que cela signifie que Cicéron demandera à souper à Atticus.

4. *Chrémès.* J'ai rétabli dans la traduction ce nom qui indique une citation de Térence dans l'*Heautontimorumenos,* acte 1, v. 23.

5. *Mettez Aristophane.* Dans le ch. ix de *l'Orateur,* Cicéron, par défaut de mémoire, avait cité Eupolis, tandis qu'il fallait citer Aristophane, qui, dans *les Acharnés,* en parlant de Périclès, dit : « Il éclaire, il tonne, il foudroie la Grèce. » Cette faute fut corrigée.

6. *César s'est moqué de votre* quæso. — Ce mot se trouve dans une pétition d'Atticus à César, pour le supplier de ne point faire vendre les terres des habitans de Buthrotum. Peut-être re-

venait-il trop souvent ; car en lui-même le *quæso* n'avait rien de choquant.

LETTRE CCCCLIV. 1. *Les rois*. C'est par ironie que Cicéron appelle ainsi les puissans du parti de César.

2. *Qu'il n'ait point été plus tôt chez son patron*. C'est la leçon *suum*, le sien. *A porta domum meam venit. Neque hoc admiror, quod non suam potius, sed illud, quod non ad suum.*

FIN DU VINGT-DEUXIÈME VOLUME.

TABLE
DES MATIÈRES CONTENUES DANS CE VOLUME.

Lettres	Pages	Lettres	Pages
352. Cicéron à Atticus......	3	378. Cicéron à Atticus......	127
Cicéron à César.......	7	379. Au même...........	133
353. Cicéron à Atticus......	11	380. Au même...........	135
354. Au même............	15	381. Au même...........	139
Balbus à Cicéron......	23	382. Au même...........	143
César à Oppius et à Balbus..............	23	383. Au même...........	147
		384. Au même...........	149
355. Cicéron à Atticus......	25	385. Cicéron à Terentia et à sa fille Tullia.......	153
356. Au même............	27		
Matius et Trebatius à Cicéron...........	33	386. Cicéron à Atticus......	155
		387. Au même...........	157
357. Cicéron à Atticus......	33	388. Célius à Cicéron......	159
César à Cicéron.......	35	389. Dolabella à Cicéron....	163
358. Cicéron à Atticus......	36	390. Cicéron à Terentia.....	167
359. Au même............	37	391. Cicéron à Atticus......	167
360. Au même............	41	392. Au même...........	171
361. Au même............	45	393. Cicéron à Terentia.....	173
362. Au même............	51	394. A la même..........	173
363. Au même............	53	395. A la même..........	175
364. Au même............	55	396. Cicéron à Atticus......	175
365. Cicéron à Sulpicius.....	55	397. Cicéron à Terentia.....	179
366. Cicéron à Atticus......	59	398. Cicéron à Atticus......	179
367. Célius à Cicéron.......	73	399. Cicéron à Terentia.....	185
368. Cicéron à Atticus......	77	400. Cicéron à Atticus......	185
369. Au même............	79	401. Cicéron à Terentia.....	193
370. Au même............	81	402. Cicéron à Atticus......	193
371. Cicéron à Sulpicius....	85	403. Cicéron à Terentia.....	195
372. Cicéron à Célius.......	89	404. Cicéron à Atticus......	197
373. Cicéron à Rufus.......	95	405. Au même...........	201
374. Cicéron à Atticus......	99	406. Au même...........	203
Antoine à Cicéron.....	111	407. Au même...........	205
César à Cicéron.......	113	408. Au même...........	209
375. Cicéron à Atticus......	115	409. Au même...........	213
376. Au même............	117	410. Au même...........	217
377. Au même............	121	411. Au même...........	225

TABLE DES MATIÈRES.

Lettres	Pages	Lettres	Pages
412. Cicéron à Atticus	225	434. Cicéron à Plancus	275
413. Cicéron à Terentia	229	435. Cicéron à Allienus, proconsul	283
414. Cicéron à Atticus	229		
415. Cicéron à Terentia	231	436. Au même	283
416. Cicéron à Atticus	231	437. Cicéron à Brutus	285
417. Au même	235	438. Cicéron à Mescinius	289
418. Cicéron à Terentia	239	439. Cicéron à Varron	295
419. A la même	239	440. Au même	297
420. Cicéron à Atticus	241	441. Cicéron à Atticus	303
421. Au même	243	442. Au même	305
422. Cicéron à Terentia	247	443. Cicéron à Varron	307
423. A la même	247	444. Cicéron à Atticus	309
424. Cicéron à Cassius	249	445. Au même	311
425. Cicéron à Atticus	253	446. Cicéron à Varron	313
426. Au même	255	447. Au même	317
427. Au même	257	448. Au même	321
428. Cicéron à Terentia	261	449. Cicéron à Atticus	323
429. A la même	261	450. Cicéron à Papirius Pétus	327
430. Cicéron à Trebonius	263	451. Au même	337
431. Cicéron à Terentius Varron	267	452. Cicéron à Marius	341
		453. Cicéron à Atticus	347
432. Cicéron à Domitius	271	454. Cicéron à Papirius Pétus	351
433. Cicéron à Plancius	273	Notes	352

10 ANS DE CRÉDIT

BIBLIOTHÈQUE LATINE-FRANÇAISE

C. L. F. PANCKOUCKE, ÉDITEUR,
Rue des Poitevins, n° 14.

Cette Collection se compose de CENT SOIXANTE-DIX-HUIT [vol]umes, et comprend QUARANTE ET UN AUTEURS. Chaque auteur se vend séparément.

7 francs le volume in-8°, papier des Vosges, NON MÉCANIQUE, [satí]né, caractères neufs.

[L]es DIX ANNÉES DE CRÉDIT seront accordées à toute PERSONNE BIEN [CON]NUE, et de la manière suivante : Les 178 volumes, à 7 fr. chacun, représentant une [som]me de 1,246 fr. — L'*Iconographie*, contenant 48 bustes et médailles, et plus de 40 pages [de t]exte d'explication, formant 7 livraisons, 30 fr. — La *Médaille* de bronze, sur laquelle se[ron]t gravés le nom et les titres du souscripteur, 18 fr. — Cartonnage des 178 volumes, en [pap]ier maroquin lisse, étiquettes dorées, à 75 cent. le volume, 133 fr. 50 cent.

[T]otal général : 1,427 fr. 50 cent.

[C]ette somme sera soldée en traites de la maison *de librairie*, sur l'acquéreur. — 1re année, [de]ux traites de 30 fr., de six mois en six mois ; 2e année, deux traites de 40 fr. ; 3e année, [de]ux traites de 50 fr. ; 4e année, deux traites de 60 fr. ; 5e année, deux traites de 65 fr. ; [6e] année, deux traites de 75 fr. ; 7e année, deux traites de 85 fr. ; 8e année, deux traites [de] 95 fr. ; 9e année, deux traites de 105 fr. ; et la 10e et dernière année, deux traites de [11]0 fr.

[S]ur l'acceptation positive de ces conventions, toute personne BIEN CONNUE recevra aussitôt [les] 178 volumes cartonnés, *francs de port, à son domicile*, soit à Paris, soit dans les départe[me]ns, et sera prévenue des époques fixes des traites qui seront tirées sur elle durant les dix [ann]ées. Les acquéreurs de moitié ou du quart de la Collection payeront en 5 ans ou [2 a]ns 1/2, etc., etc.

[C]eux qui ne prendraient ni l'*Iconographie*, ni la *Médaille*, ni le cartonnage, en préviendront [la] maison de librairie, rue des Poitevins, n° 14, et ces valeurs seront déduites de la somme [tot]ale.

www.ingramcontent.com/pod-product-compliance
Lightning Source LLC
Chambersburg PA
CBHW052115230426
43671CB00009B/1011